やわらかアカデミズム・〈わかる〉シリーズ

よくわかる
社会保障

第5版

坂口正之・岡田忠克 編

ミネルヴァ書房

はじめに

■よくわかる社会保障［第5版］

　「大きな政府」を目指すのか，それとも「小さな政府」を構築するのか。このテーマはわが国の行財政改革の論点の一つになっています。前者は国民生活の安定に不可欠な制度，たとえば社会保障や教育などの政策の実施に関して，国が積極的に財政支出を行い，責任を負う政府です。後者は，国の役割を最低限にとどめ，財政的な効率性を重視しながら，効果的な行政サービスの提供を目指す政府です。

　これまで，わが国では「大きな政府」が指向されてきました。それは資本主義経済による貧困の発生を背景に，労働者保護を目的とした社会保険制度の制定によって成立した福祉国家の登場にさかのぼります。以来，先進諸国は社会保障制度を充実させ，福祉国家の構築を目指すことになりました。わが国では日本国憲法第25条の生存権規定を背景に，政府は国民生活のさまざまな生活場面に介入していきました。しかし，70年代に始まるオイルショックや財政赤字の増大によって，「大きな政府」は批判にさらされ見直しが求められたのです。

　つまり，私たちは，これまでの拡大指向の社会保障制度のあり方とは異なる，真に持続可能な社会保障制度を目指していくことが求められるようになったのです。しかし，このための改革が単純な国民への負担増で終わっては視野が狭いものになってしまいます。私たちの生活を見直し，本当に私たちに必要な社会保障制度は何なのかを，私たち自身が考えていくことが要請されるのです。一人ひとりに関わる問題として考えなければなりません。さらにその上で，そのための財源をどのように確保するかが重要な課題になります。

　それでは理想的な社会保障制度とはどんなものでしょうか。実のところ社会保障制度は，国によってそのあり方はさまざまです。なぜなら，その国民の生活様式や価値観，歴史的背景や条件によって，その国に求められる社会保障制度が異なるからです。つまり，社会保障制度がどのように機能しているか，行財政構造とどのように関係しているのかを理解することは，私たち自身が必要としている社会保障制度のデザインを明らかにすることにつながることになるのです。

　本書は，社会保障の理念・歴史・概念，所得保障制度，医療保障制度，介護保険制度，労働保険制度等をバランスよく整理し，わかりやすさを基本に編集したものです。本書は初めて社会保障を学ぶ人のことを考え，理解ができるように工夫しています。もし，本書がみなさんの社会保障制度の理解を広げるきっかけになれば幸いです。

編　者

もくじ

■よくわかる社会保障［第5版］

はじめに

I 社会保障の基礎理論

1 社会保障とは何か ……………… 2

2 社会保障の権利 ……………… 6

3 社会保障の機能 ……………… 8

4 社会保障における社会保険方式と
公費負担方式 ……………… 12

5 社会保障の財政方式 ……………… 14

6 生存権保障とナショナルミニマム …16

7 社会保障における再分配とは何か …18

8 福祉国家の原理と社会保障 ………20

9 社会保障と諸科学①
経済学 ……………… 22

10 社会保障と諸科学②
法律学 ……………… 26

11 社会保障と諸科学③
政治学 ……………… 28

II 社会保障をとりまく状況

1 ライフステージと社会保障 ………30

2 少子化の現状と課題 ……………… 32

3 高齢社会の現状と課題 …………… 34

4 国民医療費の増大 ……………… 36

5 介護問題の現状と課題 …………… 38

6 パートタイム労働と社会保障 ……40

7 雇用問題の現状と課題 …………… 42

8 男女共同参画社会と社会保障 ……44

9 国民負担率とは何か ……………… 46

10 貧困と社会保障 ……………… 48

11 「福祉国家の危機」以降の社会
保障 ……………… 50

III 社会保障の歴史

1 欧米における社会保障の歴史
（戦前） ……………… 52

2 欧米における社会保障の歴史
（戦後） ……………… 54

3 医療保障制度の歴史（戦前・戦後）…56

4 年金保険制度の歴史（戦前・戦後）…58

5 社会福祉制度の歩み（戦前） ……60

6 社会福祉制度の歩み（戦後） ……62

IV 社会保障の実施体制

1 わが国の社会保障制度の体系 ……64

2 社会保障の法律 ……………… 66

3 社会保障の関連法 ……………… 68

4 社会保障の行政機関 ……………… 70

もくじ

5 社会保障の財政 ……………………72

6 社会保障と税制 ……………………76

7 不服申立と社会保険審査制度 ……78

V 年金保険制度

1 年金保険制度の実施体制（概要）…80

2 1985（昭和60）年改正 ……………84

3 1989（平成元）年改正 ……………86

4 1994（平成6）年改正 ……………88

5 1996（平成8）年改正 ……………90

6 2000（平成12）年改正 ……………92

7 国民年金 ……………………………94

8 厚生年金 ……………………………98

VI 医療保険制度

1 医療保険制度の実施体制（概要）…102

2 診療報酬の仕組み …………………106

3 医療保険給付の内容 ………………108

4 国民健康保険 ………………………112

5 健康保険組合 ………………………114

6 共済保険組合 ………………………116

7 後期高齢者医療制度 ………………118

8 医療機関 ……………………………120

9 地域医療と医療計画 ………………122

10 公費負担医療制度 …………………124

11 医療保険制度改革の展望と課題 …126

VII 介護保険制度

1 介護保険制度の実施体制 …………128

2 介護保険における要介護認定 …132

3 介護保険サービスと給付内容
（施設）………………………………134

4 介護保険サービスと給付内容
（居宅）………………………………136

5 ケアマネジメントとケアプラン …138

6 介護保険制度改革の動向と課題
………………………………………140

VIII 社会福祉制度

1 社会福祉の概要と実施体制 ……142

2 社会福祉サービスの利用システム …146

3 社会福祉サービスの提供システム …148

4 生活保護制度 ………………………150

5 生活困窮者支援の現状と課題 …152

6 児童福祉制度 ………………………154

7 老人福祉制度 ………………………156

8 障害者福祉制度 ……………………158

9 成年後見制度と日常生活自立支援
事業 ………………………………164

10 社会福祉改革の展望と課題 ……166

iii

もくじ

IX　労働保険制度

1　労働保険の成立と展開　…………168

2　雇用保険の概要　……………170

3　労災保険の概要　……………172

4　雇用安定事業　……………174

5　労働保険改革の展望と課題　……176

X　民間保険制度

1　民間保険の概要　……………178

2　民間保険と社会保険　…………182

3　企業年金　……………184

4　確定拠出型年金（401k）　………186

5　民間医療保険と民間介護保険　…188

6　民間保険の展望と課題　…………190

XI　諸外国の社会保障制度

1　イギリスの社会保障制度　………192

2　アメリカの社会保障制度　………194

3　ドイツの社会保障制度　…………196

4　スウェーデンの社会保障制度　…198

5　韓国の社会保障制度　……………200

6　中国の社会保障制度　……………202

さくいん　……………………204

やわらかアカデミズム・〈わかる〉シリーズ

よくわかる
社　会　保　障
第 5 版

I 社会保障の基礎理論

 社会保障とは何か

1 生活の危険とセーフティネット

今日，多くの人々は，一般に社会保障とは社会的「弱者」を対象とし，生活困窮に陥った人々に救助を行う制度であり，通常はその恩恵に浴する可能性は少なく，転落したときに作用するので**セーフティネット**であると理解しているようです。そのような理解の裏には，人々の多くが中流意識をもち，自らをむしろ「強者」であると自負することにも深く関わっているようです。

一見豊かにみえる私たちの生活は，実はさまざまな危険・リスクにさらされています。たとえば，自然災害，疾病・負傷，障害，失業・転職，生計維持者の死亡そして老衰などのリスクをあげることができます。不幸にして，そのような大きな事故に遭遇し，稼得能力を長期的に損耗または喪失するような事態に陥れば，家族を含めて生命・生活が脅かされる恐れがあります。

そのなかで，人々が安定した生活を維持できるためには，第1に生活リスク・危険が現実化しないという幸運が必要であり，第2には不幸にしてそのような事故が起きたとしても，事故による損害を回復し，補償することができるだけの十分な資力が必要です。しかし，そのような幸運を呼び込み，個人的な資力で対応できるのは，豊かな財力を有する一部の人々に限られるでしょう。したがって，多くの人々は実は「強者」ではなく，むしろ常に多くの危険にさらされ，その生活は不安定な状態におかれているとみなければなりません。

多くの人々が安定した生活を維持するためには，個人的な対応では不十分であり，それを補うために何らかの社会的な対応策を必要とします。その方法は時代とともに変遷しますが，そのような対応策の最も近代的な政策が社会保障制度であるといえます。人々の生活が長期にわたり安定的に営まれるためには，収入や収益の一定部分を生活危険に対応するための準備に当てなければなりません。それを個人的に行えば貯蓄であり，共同して行えば相互扶助であり，商業ベース的に危険を分散すれば民間保険であり，社会的に強制的に制度化すれば社会保険となり，さらには税負担を大きくすれば社会保障へと発展します。

2 社会保障という用語と概念

社会保障とは Social Security の邦訳語ですが，社会保障を世界で最初に公式用語として用いたのは**アメリカ連邦社会保障法**（1935年）です。同法は1929年

▶1　セーフティネット
（safety net）
サーカスの綱渡りや空中ブランコなどの曲芸を行う際に，万が一の落下に備えて，その衝撃を和らげるためにその下に張られる網のこと。ここでは，生活困窮を転落にたとえ，困窮への最低生活保障としての救済・支援策をさす。

▶2　アメリカ連邦社会保障法
1935年にルーズベルト大統領により制定された。内容は3種の州営の公的扶助への連邦政府補助金，2種の連邦政府と州政府直営の社会保険（年金と失業）および州営の社会福祉サービスへの連邦政府補助金で構成された。

以来の大恐慌の打開策として登場し，当初は経済保障法として提起されました。その流れをうけ，現在のアメリカでは社会保障とは公的年金とほぼ同義に理解されています。

　また，イギリスでは，第二次世界大戦中の1942年11月にいわゆる「**ベヴァリッジ報告**」が公表されていますが，そのなかで社会保険および関連サービスの普遍化と統合をうたい，それを社会保障計画として具体的に提案しています。ここでは，社会保障とは所得保障を意味しますが，所得保障が十分に機能する前提条件として，児童手当，包括的な保健医療サービス，完全雇用政策をあげています。これらの総合的な制度を，ベヴァリッジは社会政策 Social Policy と呼び，今日のイギリスでは教育政策や住宅政策を含めて「社会サービス」を構成しています。日本の社会保障制度は，住宅や教育を除けばイギリスの社会サービスに近い概念といってよいでしょう。

　アメリカに次いで，ニュージーランドで1938年に社会保障法が成立しますが，それは後述するようにヨーロッパの社会保障とは異なる体系に属するものです。また，1941年8月にアメリカ大統領ルーズベルトとイギリス首相チャーチルの会談に基づいて「大西洋憲章」が発表されますが，そのなかで戦後各国における社会保障の確保のための協力が要請されます。ILO（国際労働機関）はこの大西洋憲章を支持し，1942年3月に『社会保障への途（Approaches to Social Security）』を刊行しています。さらに，ILO は1944年の総会で社会保障問題を議題とし，フィラデルフィア宣言を採択し，所得保障と医療保障などに関する勧告を行っています。

　これらの報告や宣言，勧告をもとに，第二次大戦後，先進諸国における社会保障は理念や原則の上で大きな影響をうけ，その制度の樹立に向かうこととなり，福祉国家における重要な地位を築くようになります。しかし，多くの先進諸国では，生活危険への対応策がそれぞれ先行しており，その影響と均衡のために，社会保障制度は機能や目的では同質性をみせながら，体系や形態は必ずしも一様であるとは限りません。

③ 日本の社会保障の整備と体系化

　そのような国際的な動向に後押しされて，日本でも，第二次大戦後に本格的な社会保障の形成をみます。公式用語として最初に登場したのは日本国憲法第25条においてであり，健康で文化的な最低限度の生活を保障するために，社会福祉，社会保障および公衆衛生の向上および増進が国の義務としてうたわれます。ここでは社会福祉が社会保障の前におかれていますが，社会保障とは社会保険を意味すると考えると，アメリカ社会保障の構想に影響を受けていると考えられます。1948年7月のアメリカ社会保障制度調査団の「**ワンデル報告書**」も同様の構想を提起しています。

▷3　ベヴァリッジ報告
チャーチル戦時内閣は1941年6月に W. H. ベヴァリッジを委員長とする「社会保険および関連サービスに関する委員会」に，戦後の来るべき社会のあり方について諮問したが，その報告書はベヴァリッジ報告書と呼ばれた。

▷4　塩野谷九十九・平石長久・高橋武訳，東京大学出版会，1972年。

▷5　ワンデル報告書
連合軍総司令部 GHQ は，日本の社会保障制度を構築するために1947年8月に W. H. ワンデルを委員長とするアメリカ社会保障制度調査団を派遣し，1948年7月に「社会保障制度えの勧告」を得た。

Ⅰ　社会保障の基礎理論

しかし，同勧告に基づいて設立された社会保障制度審議会は，1950年10月に，「社会保障制度に関する勧告」を公表し，独自の構想と枠組みを提示します。それはむしろベヴァリッジ報告の強い影響をうけ，社会保険を中心として，生活困窮の原因に対して経済保障を行い，また生活困窮に陥った者に対して最低限度の生活を保障する国家扶助（公的扶助）を補完的に行い，さらに公衆衛生と社会福祉（サービス）を図るという，社会保障制度の構築を勧告するものです。この勧告は，医療保障の位置づけにおいて曖昧さをもっていましたが，社会保険，公的扶助，公衆衛生，社会福祉の4つの**社会保障の体系**[6]を示し，その後の日本の社会保障制度の発展の出発点をなすものです。

④　社会保障の仕組み——公的扶助と社会保険

先進諸国の社会保障は第二次大戦後に確立する制度ですが，多くの国でそれ以前に救貧制度と社会保険の歴史が先行しています。救貧法の歴史は古く，イギリスでは，1601年**エリザベス救貧法**や1834年**新救貧法**[7]が有名ですが，劣等処遇の原則や院内処遇の原則に基づいて，生活困窮者・貧民に劣悪な救助を行ってきました。しかし，19世紀末に失業者・貧民が増加したので，20世紀初頭には貧民救済制度として十分に機能しなくなり，救貧制度の見直しが提起され，後に公的扶助に転換します。

今日の公的扶助は，国民の権利として確立されたとはいえ，租税を主たる財源とするので，救助の対象を資力調査によって生活困窮者に限定した選別主義的な性格をもっています。また，生活困窮を確認した後のいわば事後的救助であり，その救助水準は，年々改定されるとはいえ一般世帯の生活費の一定割合にとどめられ，最低生活を維持するだけの低い水準となっています。

このような低水準の事後的救助だけに頼るならば，生活困窮状態が改善されない限り救助は継続されるので，かえって救助費用の増大を招き，20世紀初頭のイギリス救貧制度でも問題になりました。その対応策が1911年**国民保険法**[8]です。これは，生活困窮の原因となる事故（傷病・失業）が生じた際に，生活困窮であるかどうかに関係なく，その原因を除去し，あるいは損害を補償するという防貧的救済を行うものです。そして，多くの国々で1910〜20年代にかけて社会保険制度が導入され，日本では1922年に健康保険法が成立します。

この社会保険は保険事故ごとに危険を分散する相互扶助の制度で，強制加入であり，被保険者は保険料を拠出しなければなりませんが，事業主負担あるいは公費負担を伴うのが一般的で，自助の不足を補います。しかし，被保険者は拠出することにより給付を権利化するとともに，拠出額を給付額に反映させる制度を採用することにより，最低生活水準を超えた給付水準も可能となり，生活の安定を図ることができます。このように，社会保険はその対象を生活困窮者に限定せず，広く一般の労働者に拡大し，給付水準も従前の生活水準を反映

▷6　社会保障の体系
社会保障制度審議会は社会保障を広義と狭義に分け，狭義を公的扶助，社会福祉，社会保険，公衆衛生・医療，老人保健とし，恩給と戦争犠牲者援護を加えて広義としている。また，住宅および雇用（失業）対策を関連制度としている。

▷7　旧救貧法と新救貧法
エリザベス1世はそれ以前の救貧法を集大成し1601年救貧法を制定したが，ウェッブ夫妻はこれを旧とし，1834年改正救貧法を新とした。新法は都市における貧民の増加による救貧税の増大を抑制する目的をもち，厳しい抑制が図られた。

▷8　国民保険法
19世紀末以来の貧民の増加は防貧の有効性を認識させ，20世紀初頭のリベラル・リフォームを推し進め，自由党（ロイド・ジョージ首相）政府のもとで，1911年に国民保険法（健康保険と失業保険）が成立した。

させる体系を採用したので，より普遍主義的な制度として発展します。

⑤ 社会保険から社会保障へ

　ところが，当初の社会保険は職業グループ別に制度化されたので，危険分散の母集団が分立化し，制度ごとに格差が生じることになりました。1930年代の大恐慌によって大量の失業者が排出され，保険数理は破綻し，社会保険の見直しが必要になりました。アメリカやイギリスの対応策は前述したところですが，第二次大戦後の多くの国々で，社会保険の対象を一般国民に拡大するとともに，公費負担の投入の規模を拡大し，普遍主義化の方向を一層推し進めることになりました。それとともに，社会保険を一つの保険事故に限定せず，包括的な生活事故に対する総合的な生活保障制度とし，生活の安定と最低保障を目的として，社会保険と公的扶助および福祉サービスとの連携が図られます。

　社会保険は経済保障の制度ですが，社会保障は所得保障として発展する一方で，医療の分野では現金給付の他に，現物給付である医療給付の質も重要視されるようになります。後者の視点が重視されるようになると，社会保障は所得保障と医療保障の2つの制度に大別され，これを社会保障の二元論と位置づけます。医療保険では，傷病の治療費や休業に対する経済的な補償を目的とし，給付内容も保険事故である傷病に対する治療を中心としています。一般的に，予防やリハビリテーションは保険事故対象となりませんし，医療の質や医療供給体制も制度の対象外におかれることが多くなります。また，公衆衛生も単に感染症予防や衛生対策にとどまらず，健康診断や相談，指導，教育，さらには環境保全にまで拡大し，医療，保健および福祉との関連が深まっています。このような医療，保健，福祉サービスの連携を重視すると医療保障という体系が独自に成り立ちます。この医療保障の運営は社会保険方式だけでなく，税や公費で運営される社会サービス方式を採用する国（北欧・英国）もあります。

⑥ 総合的な生活保障としての社会保障

　今日では，確かに生活水準は上がり，生活困窮に対する社会的な救済方法は整備されています。生活内容も豊かになり，多様化し，それに対応して社会保障も現金給付からサービス給付へとその重要性を変化させ，従来の障害者，老人，児童，母子などに対象が限定された社会福祉サービスから，普遍主義的な福祉サービスへと比重を移行させています。その結果，今日の社会保障は大きく所得保障，医療（保健）保障，社会福祉サービスの3部門に大別されます。

　これらの発展状況に応じて，社会保障制度審議会は1996年に勧告を公表し，「広く国民に健やかで安心できる生活を保障すること」を新たな社会保障の理念として，普遍性，公平性，総合性，権利性，有効性の観点から「社会保障制度の再構築」を提起しました。

（坂口正之）

Ⅰ　社会保障の基礎理論

 社会保障の権利

1 憲法第25条の生存権保障と社会保障

わが国の社会保障は社会保険や公的扶助などの制度で構成され，それらは個別の社会保障法によって規定されています。その各法のいくつかは社会保障制度の確立に先だって制定されていましたが，社会保障として法律のなかで登場するのは第二次大戦後に制定された新しい日本国**憲法第25条**においてです。

この憲法第25条は，第1項で国民は最低生活を保障される権利（生存権）を保有し，第2項でその生存権保障に対する国の義務と保障のあり方（立法的措置）を規定しますが，このなかで社会保障の権利が位置づけられています。

そこでまず，第1項の生存権保障の権利性に関してですが，次の3つの考え方があるといわれます。第1は実質的な権利を保障する規定とみなさず，国家の政策的または道義的な目標（プログラム）を掲げたにすぎず，その具体化は政府の裁量に委ねられているとするプログラム規定説です。第2は抽象的権利説で，生存権に法的権利性は認めるが，憲法の条項からは直接に具体的な権利を主張することはできず，国が立法的または行政的に必要な措置を講ずることにより初めて具体的な権利性（たとえば給付請求権）が生じるというものです。第3は具体的権利説で，生存権保障の立法措置等が不十分な場合であっても，不作為（法律の不存在）の違憲確認訴訟を裁判所に求め，国に対して具体的な政策を講じることを請求することができるとするものです。

この生存権保障を巡り訴訟で争われましたが（**朝日訴訟**），最高裁判決はプログラム規定説の立場に依っています。しかし，その後，生存権保障の手段としての社会福祉（生活保護を含む），社会保障および公衆衛生の立法措置と改善策が講じられ，実際には生存権保障の権利性は具体化されつつあるといえます。

2 社会保障の権利の構造

次に，憲法第25条の第2項は，第1項を実現するために国は社会保障制度（社会福祉，社会保障，公衆衛生を総称する）の向上と増進に努めなければならないと規定するのですが，それは国の法的義務というよりは努力義務ともいえる規定になっています。つまり，最低生活保障は各種の社会保障の立法措置（社会保障法）によって実現が図られますが，その具体的な保障の範囲，内容，水準，対象者などについて具体的に規定されているわけではなく，国の裁量に委

▷1　憲法第25条
「国民の生存権，国の保障的義務」，「①すべて国民は，健康で文化的な最低限度の生活を営む権利を有する。②国は，すべての生活部面について，社会福祉，社会保障及び公衆衛生の向上及び増進に努めなければならない。」

▷2　朝日訴訟
朝日茂氏は生活保護基準の違法性を訴えたが，憲法第25条の最低限度の生活を満たすかどうかが争点になった。東京地裁判決（1960年10月）は違憲判断を示したが，東京高裁（63年11月）は合憲判断を下した。最高裁は，朝日氏の死亡により訴訟の終了を認めたが，第二審とほぼ同様の判断を示した（67年5月）。

ねられ，個々の社会保障法において確定されることになります。したがって，社会保障制度の創設段階で国民の権利を保障することが重要です。

そこで，**社会保障の権利**を国民または受給者の視点からとらえると，次のように整理することができます。第1は給付請求権であり，国民は平等に一定の要件に基づいて一定水準の給付を国に請求でき，またその受給権を不当に侵害されないという権利です。この点に関して，給付の要件や水準については明確な保障規定は社会保障各法に委ねられていますが，福祉サービスや介護保険に関してはサービスの質が問題になり，受給者の意志や個人の尊厳を尊重される権利は今後重要な課題となるでしょう。また，わが国の社会保障は社会保険を中心にしていますが，保険料の納付が困難な者にも給付を保障し，あるいは保険料負担を軽減することも何らかの形で保障されなければならないでしょう。

第2は，手続き的保障の権利です。これは，1つには，上述の請求権が確実に保障されるためには，国民は社会保障制度の内容や請求の手続きなどの情報も知らされていなければならず，国民は知る権利を有するということです。2つには，手続きの過程で生じる問題点に関することで，申請が適正に受理され，給付の決定が迅速かつ公正に行われるとともに，受給者に不利な決定や処分を行う場合に申請者または受給者の意見を聞くなどのことが行われるという権利を有するということです。

第3は不服申立てと権利侵害の救済に関する権利で，社会保険では不服申立機関が設けられていますが，国民が不利な取り扱いを受けた場合に審査を請求し，あるいは訴訟を起こし，権利の侵害に対する救済を求める権利です。

③ 社会保障制度における権利の具体化

今日の社会保障法は多岐にわたりますが，大きくは社会保険，公的扶助，社会手当，社会福祉サービス，公衆衛生の領域で具体的に制度化が行われます。これらの社会保障制度は，対象，目的，負担と給付の関係，公的な財源の関わり方などの面で同一ではなく，権利の内容や重点の置き所も異なります。

まず，社会保険法では，基本的には保険料を支払いその見返りとして給付がなされるので，受給権は理解されやすいのですが，保険の未加入者や保険料の未納者には給付の根拠を失い，生存権は満たされない恐れがあります。

他方，公的扶助や社会福祉サービス，社会手当では，財源は税であることから，受給者は給付について拠出を根拠に権利性を論じることに困難を伴いがちです。しかし，生活困窮者はこれらの制度へのニーズが高いので，制度の網の目から脱落させない配慮が必要です。また，サービス給付は受給の決定でおわらず，処遇過程での取り扱いも重要な権利内容になります。

このように，社会保障制度の権利性を全体にわたって確立するとともに，社会保障各制度に即して権利性の具体化を図る必要があります。　　（坂口正之）

▷3　社会保障の権利
社会保障の権利（の構造）について，河野正輝は，次の4つの権利構造が存在すると主張している。それは，1．給付請求権，2．処遇過程の権利，3．費用負担の免除権，4．救済争訴の権限である（『社会保障・社会福祉事典』労働旬報社，1989年，566〜567頁）。

I 社会保障の基礎理論

社会保障の機能

 1 社会保障の機能

社会保障の機能にはどのようなものがあり，どのような役割を果たしているのでしょうか。

社会保障をテーマに取り上げた『厚生白書(1999年版)』では，社会保障の機能として，①社会的安全装置（社会的**セーフティネット**），②所得再分配，③リスク分散，④社会の安定および経済の安定・成長，の4つをあげています。

▷1 セーフティネット
⇒ Ⅰ-1 を参照。

2 社会的安全装置（社会的セーフティネット）

社会保障には，失業，傷病，老齢退職，死亡など，生活を脅かすライフサイクル上のさまざまなリスクに対して，生活の安定を図り，安心をもたらすための社会的な安定装置（セーフティネット）の役割があります。

たとえばわが国では，失業というリスクに対しては，雇用保険を通じて失業者に必要な給付を行い，労働者の生活の安定を図ります。また，いつかかるかもしれない病気やけがに対しては，医療保険を整備することによって，医療に要する費用を保障し，誰もが気軽に医療サービスを受けることができるようにしています。高齢期には，年金制度により老齢年金を支給して老後の所得保障を行うとともに，介護保険によって介護サービスを提供し介護の社会化を図っています。このように，生活を困窮に陥れるようなさまざまな事態に対して重層的にセーフティネットを整備しています。

さらに，社会保険制度など他の制度で救済しきれない生活困窮に対しては，生活保護制度が困窮の程度に応じた必要な保護を行い，すべての人々に最低限度の生活を保障しています。その意味で，生活保護制度は最後の社会的セーフティネットであるということができます。生活保護制度が保障する「最低限度の生活」とは単なる生存のための生活ではなく，人間として尊厳ある生活のことであり，その給付水準は国民全体の生活水準の向上に合わせて引き上げられます。すべての人がその社会の構成員にふさわしい，健康で文化的な最低限度の生活を送れるよう保障することは，社会保障の最も基本的な役割といえます。

このように，社会的セーフティネットとしての社会保障制度が整備されていることによって，人々は人生において生活を脅かすさまざまな事態を恐れずに，安心して日常生活を送ることができるのです。

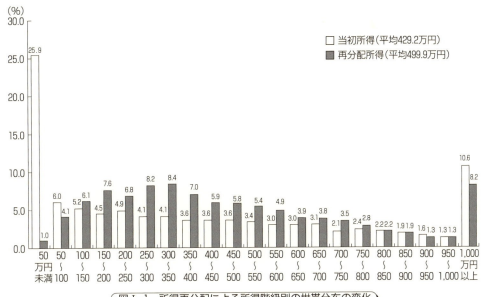

図 I-1 所得再分配による所得階級別の世帯分布の変化

出所：厚生労働省「平成29年所得再分配調査」2017年。

3　所得再分配

　経済的な面からみた社会保障の機能として，所得再分配の機能をあげることができます。市場経済・自由経済のもとでは，個人の所得は基本的に生産活動に対する報酬という形で得られます。個人はこうした所得を用いて生活に必要な財やサービスを購入します。しかし，市場経済の成り行きだけに任せていると，市場経済のルールに乗りにくい高齢者や障害者，乳幼児を抱えたひとり親などの世帯の所得は低くなりがちです。そこで，社会保障制度は，市場経済メカニズムを通して分配された所得に対して政府が租税や社会保険料を課すことで得られた財源を用いて，高齢者等の生活保障のための給付を行っています。賃金等の形で一度分配された所得をもう一度分配することになるので，こうした機能を「所得再分配」と呼びます。社会保障制度による所得再分配には，年金等の現金給付の支給による再分配だけではなく，医療サービスや保育・介護サービス等の現物給付を通じての再分配もあります。

　では，再分配によって，所得はどのように変化するのでしょうか。「平成29年所得再分配調査」によると，市場経済メカニズムを通して確定する一世帯当たりの平均当初所得額は429.2万円ですが，この当初所得から社会保険料（58.0万円）と税金（53.5万円）を差し引き，社会保障給付の受給合計額（182.3万円）を加えた再分配所得は499.9万円となっています。これを当初所得に対する比率でみると，社会保障給付は42.5％，社会保険料は13.5％であり，差し引き29.0％が一世帯当たり平均で社会保障によりプラスになっています。

　図 I-1は所得再分配によって所得階級別の世帯分布がどのように変化するか

I　社会保障の基礎理論

をみたものですが，社会保障や税による所得再分配によって，100万円未満の所得階級および1,000万円以上の所得階級で世帯数が減少し，100万円以上800万円未満の世帯数が増加しています。すなわち，所得再分配後の世帯分布は当初の分布より中央に集中しており，所得再分配により所得格差が縮小したことがわかります。

　世帯類型別にみると，**高齢者世帯**や**母子世帯**については，再分配所得が当初所得を上回っています。とりわけ，高齢者世帯の平均当初所得は100.4万円ですが，年金給付等の社会保障給付の受給により，再分配所得は365.4万円となっています。受給額の内訳は，年金・恩給68.4%，医療22.7%，介護7.9%，その他1.0%となっています。一方，母子世帯においても，平均当初所得は236.7万円ですが，再分配所得は285.1万円となっています。

　このように，社会保障制度は税制とともに，市場経済メカニズムに任せていては公正な所得分配が確保されない状態に対して，所得を個人や世帯の間で移転させることにより，所得格差を縮小したり，低所得者の所得を引き上げる所得再分配の役割を果たしています。

❹　リスク分散

　私たちは，人生において失業や病気など生活を困窮に陥れるようなさまざまなリスクに遭遇することがあります。そのため，私たちは普段からそうしたリスクにあわないよう予防に努めています。また，もし万が一そうしたリスクが発生した場合でもその被害を最小限にくい止められるよう各自で備えをしています。

　もしこうした人々の自主的な備えだけで誰もが不安のない安定した生活を送ることができるなら，社会保障制度は必要ないかもしれません。しかし実際には，こうしたリスクの多くは，予測しがたい，あるいは個人の力だけでは対応できない不確実なものです。いつ起こるか，もし起こったらどの程度の費用がかかるかわからないリスクに対して，各自が十分な金額を蓄えることは容易ではありません。人々の自助努力だけに任せていては，すべての人々に安定した生活を実現することは困難なのです。

　そこで，社会保障制度を通じて，人々の生活を脅かす共通のリスクに対して共同で対処する仕組みをつくり，実際にそうしたリスクが発生した場合にはその個人に必要な給付を支給し，リスクがもたらす影響をできるだけ小さくしています。こうした機能をリスク分散機能と呼びます。社会保障制度のうち，主として社会保険制度がこの機能を担っています。

　社会保険制度は生活を危機に陥れるような一般的なリスクに対して，リスク分散の技術である「保険」の技術を用いて対応する制度です。多数の人が少しずつ保険料を出し合って集めた資金を，実際にリスクに遭遇した人に支払うこ

▷2　高齢者世帯
65歳以上の者のみで構成するか，またはこれに18歳未満の未婚の者が加わった世帯（「所得再分配調査」の定義）。

▷3　母子世帯
死別・離別・その他の理由で現に配偶者のいない65歳未満の女と，20歳未満のその子（養子を含む）のみで構成している世帯（「所得再分配調査」の定義）。

とで，一人では準備できないような多額の保険金を支給することができます。社会保険制度が対象とするリスクには，失業，傷病，老齢退職，障害，要介護状態，死亡などが含まれます。所得の中断や喪失，出費の増大を招くようなこうした共通のリスクに対して，社会保険制度を通じたリスク分散の仕組みを用意しておくことは，社会保障制度が社会的セーフティネットとしての役割を果たすためにたいへん重要です。

❺ 経済の安定・成長および社会の安定

◗ 経済を安定させる機能

　社会保障制度は，個人に十分な所得があるときに税や保険料等を拠出させて消費を抑え，傷病や失業などにより所得が減ったり途絶えたときに給付を行って消費を助けます。これは，社会全体でみた場合にも，景気がよくて所得が増えるときには消費を減らし，景気が悪くて所得が減ったときには消費を増やすという効果があります。自動的に景気の変動に対して逆方向に安定化させるように働く，社会保障のこうした機能は，景気の「自動安定装置（ビルト・イン・スタビライザー）」と呼ばれています。

　たとえば，好況期には雇用が増加し失業は減少するため，雇用保険の保険料収入が増大する一方で失業給付の支給は減少し，保険資金が蓄積されます。一方，不況期には雇用は減少し失業が増加するため，失業給付の支給が増大し，保険資金は減少していきます。雇用保険によるこの失業給付の支給には，失業者個人の生活の安定を図るとともに，不況期における有効需要を喚起し，消費が大きく落ち込まないようにするという効果があります。また，医療保険の存在によって人々は病気になった場合にも安心して医療サービスを受けることができ，健康状態の早期回復が可能になりますが，このことは，勤労者の労働能力の保持・増進につながるという意味で，経済発展にとっても重要です。さらに，保育サービスや介護サービスの充実は，育児や家族介護のために働くことができなかった人々の労働力化を促進します。このように，社会保障制度は，経済変動が個人の生活に与える影響を緩和するとともに，経済の安定や成長に深く関わっているのです。

◗ 社会を安定させる機能

　また，社会保障には社会を安定させる機能もあります。すでに述べたように，社会保障制度は所得格差を是正したり，貧困の予防と救済を行うことによって，人々の生活に安心感を与えることができます。人々は，社会保障制度が充実していることにより病気や失業等を心配せずに，長期の生活設計のもとで日々の仕事や生活に励むことができるようになります。こうした役割を通じて，社会保障は，現在の政治・経済体制に対する人々の不満を緩和し，社会や政治を安定化させる役割を果たしています。

（寺本尚美）

I 社会保障の基礎理論

社会保障における社会保険方式と公費負担方式

1 社会保障の財政方式としての社会保険方式と公費負担方式

社会保障の財源調達にはいろいろな方法がありますが，大別すると，社会保険方式と公費負担方式に分けることができます。それぞれの財政方式にはどのような特徴があり，どのような社会保障制度に適しているのでしょうか。

2 社会保険方式

○社会保険方式とは

社会保険方式とは，保険制度への加入を条件に保険料を主たる財源として給付を行う方法です。保険料は通常，被用者保険では被用者と事業主が分担しますが，**労働者災害補償保険**では事業主が単独で負担します。保険料の負担方法として一般的な方法は報酬に対する一定比率として保険料を課す報酬比例制ですが，その他に定額制もあります。主要財源は保険料ですが，補足的財源として国庫負担が投入されることがあります。

○社会保険方式のメリット・デメリット

財源調達の方法として社会保険方式を採用した場合の主たるメリットは，保険料という独自財源をもつので，租税を財源とする場合のようにその配分において他の政策と競合する心配がなく，財源の安定性を確保しやすいことです。また，保険料の使途が保険給付に限定されており，保険料の負担が重くなってもその分給付が充実するため，被保険者の比較的高い拠出意欲が期待できることがあげられます。さらに，保険料の負担方法として報酬比例制が採用される場合には所得水準の上昇に応じた保険料収入の増加が期待できるので，財政的に安定的であり，給付の改善も行いやすくなります。

しかし，その反面，制度そのものへの未加入や，保険料の未納・滞納に関わる問題が避けられないことがデメリットとしてあげられます。これは保険料の徴収率を低下させ，制度の財政基盤を危うくします。それとともに，保険料を未納・滞納した者は受給権を取得できなかったり，保険料が十分に払えなかった者には十分な保障が行えないという事態が生じます。わが国の**国民年金**制度においても，未加入や保険料の未納・滞納による，いわゆる空洞化問題が深刻化しています。

▷1 労働者災害補償保険
業務上の災害や職業病，通勤途上の災害に対して，使用者の責任において，労働者に必要な給付を行うことを目的とした政府管掌の保険制度。財源は，基本的に事業主が支払う保険料でまかなわれるが，若干の国庫負担もある。くわしくはIX-3を参照。

▷2 国民年金
原則として，20歳以上60歳未満の者を加入対象とし，65歳以降に全国民共通の基礎年金を支給する年金制度。財源は，自営業者等が負担する保険料，被用者年金制度からの拠出金，国庫負担，積立金の運用収入である。

12

③ 公費負担方式

○公費負担方式とは

一方，公費負担方式は，給付にあたって拠出を要件とせず，租税を財源として給付を行うやり方です。**普通税**によるものと**目的税**によるものを区別することができますが，わが国では，公費負担方式の財源として目的税を用いる社会保障制度は現在のところありません。

公費負担方式を採用している社会保障制度のなかには，必要な経費の全額を公費で賄っている生活保護のような制度もあれば，社会福祉サービスのように公費に加えて利用者負担を導入している制度もあります。また，社会保険方式を採用している制度のなかにも，事務費や給付費の一部に国庫負担等の公費負担が投入されているものがあります。

○公費負担方式のメリット・デメリット

公費負担方式のメリットとしては，たとえば生活保護制度において，生活困窮者だけに財源を集中し，その困窮の程度に応じて給付を行うというように，最小限の費用で効率的に最低生活の保障を達成できることがあげられます。また，社会保険方式と違って，事前に保険料を拠出しておく必要がないので，誰にでも無差別平等に給付を行うことができ，社会保険でみられるような保険料の未納・滞納に関わる問題がいっさい生じないこともメリットです。

一方，デメリットとしては，負担と給付の関係がわかりにくく，**モラルハザード**を招くおそれがある，所得・資産による給付制限が行われる場合がある，などがあげられます。また，普通税を財源とする場合は，財源の使い道に関して他の政策と競合することになり，その時々の経済的事情や政治的圧力などの影響を受けやすく，財政の安定性に欠けるというデメリットもあります。

④ 社会保険方式か公費負担方式か

社会保障の個々の制度の財政方式として社会保険方式と公費負担方式のどちらを選択するべきかについては，上述したような両方式のメリットとデメリットをよく考慮した上で，当該制度の目的や性格に照らして検討する必要があります。

一般的にいうと，生活困窮者を事後的に救済する生活保護のような公的扶助の制度においては，保険料の拠出を受給の要件とする社会保険方式はなじまないため，公費負担方式が採用されます。一方，所得比例型の公的年金のように，給付がある程度まで所得に比例する制度の場合は，負担も所得に比例させることが多いため，社会保険方式が適しています。それに対し，医療保障のように，所得との相関が比較的小さい制度においては，社会保険方式と公費負担方式のどちらの方式を採用することも可能です。

（寺本尚美）

▷3　普通税・目的税
税収の使途が特定されていない税を普通税または一般税という。一方，特定の使途のために，または事業に要する経費にあてるために課される税を目的税という。

▷4　モラルハザード
本来は，保険に加入したことにより，リスクを回避しようとするインセンティブが低下し，保険がない場合と比べてかえってリスクの発生率が高くなることをいう。公費負担方式の制度においても，同様の問題から必要以上の給付が行われ，財源の無駄遣いが生じることがある。

Ⅰ 社会保障の基礎理論

社会保障の財政方式

 社会保障の財政方式

社会保障制度は，**現金給付と現物給付（サービス給付）**を行いますので，一定の財源が必要です。この財源を調達する方法は，財政方式といわれますが，財源の源泉からみると前節でみたように税方式と保険料方式に分けることができます。社会保障制度のうち，公的扶助や社会福祉サービス，社会手当などの主要な財源は税で，一般に毎年単年度会計で収支の均衡が図られ，後述する賦課方式で運営されます。これに対して，社会保険の主要な財源は保険料ですが，税を財源とする国庫負担も一定割合で投入されることもあります。

社会保険制度の多くは比較的短期間で収支計算を行いますので，賦課方式で運営されます。しかし，普遍的な公的年金保険財政は積立方式から始まる場合が多いのですが，長期にわたって財政収支の均衡を図るので，財政方式も複雑です。そこでまず，賦課方式と積立方式について，基本的な相違をみます。

2 賦課方式

賦課方式とは，一般的には，ある一定期間の社会保障給付に必要な財源を費用を負担すべき者に賦課する，つまり割り当てる方式です。医療保険などの社会保険では，一定期間の医療給付などに必要な費用を被保険者に保険料として賦課し，また生活保護や社会福祉サービスなどの費用は公費（税）に負担を振り当て，毎年予算を組んで支出を行いますから，この場合も賦課方式です。

税の場合は単年度決算ですが，社会保険制度の場合には年度を超えて，財政の収支均衡が図られることがあります。短期間で収支の均衡を図る場合には，期間ごとに給付に大きな変動があれば，賦課される保険料も大きく変動します。これを避けるために，収支均衡計算期間を長くとれば，賦課方式であっても短期間の給付や保険料の変動を平均化することができます。たとえば，介護保険では収支の見通しの期間を3年にして，3年間の平均をとって年間保険料を計算します。このように，中期的に財政収支均衡期間を延長すると，1年単位でみた余剰金を，不足の年度に備えることができます。この余剰金を積立金として毎年積み立てていくことも可能です。実際に，医療保険や失業保険（雇用保険）では，支払い準備金以上に積立金を保有していた時期もありました。

▷1 現金給付と現物給付（サービス給付）
社会保障が対象とする事故の発生には経済的損失または経済的支出を伴うが，それを補塡する費用を金銭で支給する方式が現金給付であり，損失の回復や必要とする支援を物やサービスで給付する方式が現物給付である。

③ 積立方式

　積立方式とは，一般的には，中長期にわたる期間の給付に備えて，その費用をあらかじめ積み立てておき，必要な時期に引き出し，期間全体で収支の均衡を図る仕組みです。したがって，この方式では積立金が累積されるところに大きな特徴があります。しかし，積立方式は財政計算期間が長期にわたるがゆえに，単年度主義の税方式の社会保障制度ではほとんど採用されず，社会保険でも一般の制度では危険準備に見合う程度の積立金の保有にとどまり，本格的な積立方式はむしろ例外的です。それゆえに，積立方式は社会保険制度のなかでも主として公的年金において採用される方式であるといえます。

④ 公的年金制度の財政方式

　そこで，公的年金制度を中心に，積立方式と賦課方式の比較を試みます。受給者が限定された恩給や無拠出制の年金は賦課方式で運営される場合がみられますが，一般的な公的年金の創設には積立方式を採用する場合が多いようです。賦課方式によれば制度発足と同時に給付を開始できますが，人口高齢化に伴い負担側に不公平感が生じます。むしろ，徐々に保険料を引き上げながら長期に積み立て，積立額に比例する給付体系にする方が負担者からの理解を得やすいといえます。また，積立金の運用収益も利点といえます。

　しかし，積立方式は，積立期間が長期にわたるので，賃金や物価上昇率が運用利率よりも高い場合には，積立金の実質価値が目減りするという問題点があります。それを見込んで保険料を徴収すれば高額になる恐れがあります。積立金と運用益に見合うような給付水準に抑制すれば，受給者の生活は不安定になります。そこで，日本の公的年金制度は完全積立方式を修正して，給付水準を賃金・物価に併せて改訂する**確定給付型年金**に移行するとともに，現役被保険者の保険料を段階的に引き上げて不足する財源に充当するという修正積立方式に傾いていきました。そして，その行き着く先は賦課方式になります。

　次に，賦課方式についてみると，この方式は積立金を保有しないので積立金の目減りには影響されないし，制度の成熟化を早めることもできます。現行の基礎年金制度は賦課方式で運営され，老後生活費の基礎的部分を賄うとしています。このように，賦課方式は受給者の給付費用を現役世代の被保険者が担うという，世代を超えた社会的な助け合いのシステムであるといえます。しかし，それだけに，少子高齢化が進展すると現役被保険者の保険料は重くなるという問題点があります。また，被用者年金制度も同様の問題を抱えています。

　これに対して，被用者年金を完全積立方式の**確定拠出型年金**に移行させるという考え方もあります。しかし，その場合には財源負担上の世代間の不公平は解消されますが，老後生活保障の面では問題点が残ります。　　　　　（坂口正之）

▷2　確定給付型年金
（defined benefit）
給付建て年金制度とも呼ばれ，まず給付水準を予め確定・約束した上で，それを賄うのに必要な掛け金を算定する財政方式の年金制度である。給付水準の確定は必ずしも金額で表示する必要はなく，給与等の一定割合などで示してもよい。

▷3　確定拠出型年金
（defined contribution）
拠出建て年金制度とも呼ばれ，掛け金の拠出方法が確定し，被保険者ごとに個人勘定が設けられ，運用上の損益が個人ごとに繰り入れられるが，運用リスクは個人が負う。よって，給付額は運用結果により事後的に決まるので，給付水準は不確定となる。
⇒ X-4 を参照。

I 社会保障の基礎理論

 # 生存権保障とナショナルミニマム

1 わが国における生存権保障

　生存権とは，人間が人たるに値する生活を営む権利であり，基本的人権の一つとして，これを社会的に保障することが，現代国家の責任とされています。わが国では，憲法第25条において，次のように生存権を規定しています。

> 【国民の生存権，国の保障義務】
> 第1項　すべて国民は，健康で文化的な最低限度の生活を営む権利を有する。
> 第2項　国は，すべての生活部面について，社会福祉，社会保障及び公衆衛生の向上及び増進に努めなければならない。

　このように，わが国における生存権保障とは，単に生命を長らえるというだけでなく，「健康で文化的な最低限度の生活」を保障することを内容としています。また，国家の責任において，すべての国民に最低生活保障を行うという意味で，いわゆるナショナルミニマムとしての生存権保障となっています。

2 ナショナルミニマムとしての生存権保障

　ナショナルミニマムの概念は，19世紀末のイギリスにおいて，**ウェッブ夫妻**◀1によって提唱されました。ウェッブ夫妻のナショナルミニマム論は，生活のあらゆる分野において必要不可欠な最低条件を国で定めて保障するという壮大な構想でしたが，その後，ナショナルミニマムの考え方は，1942年の**ベヴァリッジ報告**◀2による社会保障計画に継承され，社会保障の分野における所得保障の給付水準に関わる具体的な政策目標として用いられました。

　第二次世界大戦後，ナショナルミニマムの概念はイギリスのみならず，先進諸国における社会福祉・社会保障政策の基本理念となりました。わが国においても，憲法第25条において，生存権保障と国の責務が規定されるとともに，社会福祉，社会保障などの公共政策が，最低生活保障のための基本的役割を担うものとして位置づけられました。

3 最低生活保障の水準

　生存権保障としてのナショナルミニマムとは，具体的にはどのような水準なのでしょうか。

　社会保障の制度体系のなかで，生存権を具体的に保障している制度は公的扶

▶1　ウェッブ夫妻
夫シドニー，妻ベアトリスは，ともに漸進的な社会改革を目指すフェビアン協会の理論的指導者で，ナショナルミニマム論は，彼らの代表的な著作の一つ『産業民主制論』（1897年）のなかで提唱された概念である。

▶2　ベヴァリッジ報告
Ⅰ-1を参照。

I-6 生存権保障とナショナルミニマム

表 I-1 世帯類型別生活扶助基準（2016年度）

（単位：円）

	3人世帯 33歳男・29歳女・4歳子	高齢単身世帯 68歳女	高齢夫婦世帯 68歳男・65歳女	30歳女・4歳子・2歳子
1級地-1	160,110	80,870	120,730	189,870
1級地-2	153,760	77,450	115,620	183,940
2級地-1	146,730	73,190	109,250	174,860
2級地-2	142,730	71,530	106,770	171,940
3級地-1	136,910	68,390	102,090	164,820
3級地-2	131,640	65,560	97,860	159,900

出所：厚生労働省編『平成30年版　厚生労働白書』日経印刷, 2018年, 資料編 CD-ROM 205頁。

助です。公的扶助は，国民の最低生活を保障するための最後の**社会的セーフテ
ィネット**[3]として位置づけられています。わが国における公的扶助は生活保護制
度です。生活保護法は，憲法第25条の生存権保障の理念に基づき，「国が生活
に困窮するすべての国民に対し，その困窮の程度に応じ，必要な保護を行い，
その最低限度の生活を保障するとともに，その自立を助長すること」（第1条）
を目的とし，同法により保障される最低限度の生活は，「健康で文化的な生活
水準を維持することができるものでなければならない」（第3条）と定めてい
ます。

　生活保護法で保障される「健康で文化的な生活水準」とは具体的にどのよう
な水準か，ということについては，ナショナルミニマム自体が絶対的な基準で
はなく，社会の発展とともに変化していく社会的・歴史的な概念であることに
留意する必要があります。生活保護基準の算定方式は，初期の段階では，最低
生活費を理論的に物量の積み上げによって算定する方式が用いられていました
が，国民の生活水準の上昇につれて，一般世帯の消費水準との相対比較のなか
で決定する方式が採用されるようになりました。これは，今日における生存権
保障においては，単なる肉体的生存の保障ではなく，社会的・文化的存在であ
る人間が，その時点での社会慣行にしたがった生活ができうるような保障を行
う必要があり，そのためには一般の国民生活の動向を十分考慮し，これに対応
した保護基準を設定しなければならないからです。表I-1は，生活保護制度の
中心的な扶助である生活扶助の基準について，いくつかの世帯を想定して，
2016年度の基準を示したものです。生活扶助の基準は，1984年以降，一般国民
の消費動向等に対応して改定する水準均衡方式により改定されています。

　なお，生存権保障としてのナショナルミニマムは，生活保護制度による最低
生活保障がその根幹ですが，年金・医療・介護等の社会保険，児童手当等の社
会手当，保育等の社会サービス，最低賃金施策等によって重層的にセーフティ
ネットとしてのナショナルミニマムを構築することが必要です。

（寺本尚美）

▷3　社会的セーフティネ
ット
⇒ I-1 を参照。

I　社会保障の基礎理論

社会保障における再分配とは何か

1　社会保障における所得再分配

　社会保障にはさまざまな機能がありますが，「社会保障の機能」 I-3 で述べたように，所得再分配は経済的な面からみた社会保障の機能の一つです。

　市場経済の成り行きだけに任せていると，市場経済のルールに乗りにくい障害者や高齢者，ひとり親世帯の母親等の所得は低くなりがちであるため，租税や社会保険料を財源として社会保障給付を支給することによって，こうした人々の生活保障を行っています。賃金等の形でいったん分配された所得をもう一度分配することになるので，これを「所得再分配」と呼びます。

　社会保障には，このように，市場経済メカニズムに任せていては公正な所得分配が確保されない状態に対して，所得を個人や世帯の間で移転させることにより，所得格差を縮小したり，低所得者の所得を引き上げる機能があります。なお，社会保障制度による所得再分配は，年金等の現金給付制度を通じた再分配だけではありません。医療サービスや保育・介護サービスなどの現物給付制度においても，そのかかった費用の全額をサービス受給者から徴収せず，租税等を財源に組み込んで行われるときは所得再分配が行われています。

　当初所得と再分配所得

　では，社会保障制度による再分配によって，所得はどのように変化するのでしょうか。

　厚生労働省「平成29年所得再分配調査」から，市場経済メカニズムを通じて確定する「当初所得」の所得格差が，社会保障制度や税制を通じた再分配によってどのくらい是正されるかをみてみましょう。図Ⅰ-2は，所得再分配による所得格差是正効果を，所得分配の不平等度を測る指標である**ジニ係数**によって示したものです。同じ年次の再分配所得と当初所得のジニ係数を比較し，再分配所得のジニ係数の方が小さくなっていれば，所得再分配が行われて所得格差が改善されていることを示します。2017年の調査では，当初所得のジニ係数が0.5594であるのに対して，再分配所得（当初所得から税・社会保険料を控除し，年金・医療費等の給付を加えたもの）のそれは0.3721となり，所得再分配によって所得格差が改善されていることがわかります。また，ジニ係数の改善度を，租税負担を通じた改善度と社会保障を通じた改善度とに分けてみると，図Ⅰ-2

▶　ジニ係数
所得格差の大きさをあらわす代表的な指標である。ジニ係数は0から1までの値をとり，値が小さいほど分配が平等であることを示す。なお，「所得再分配調査」によるジニ係数は世帯単位での所得格差を示すものだが，世帯規模の相違は考慮していない。

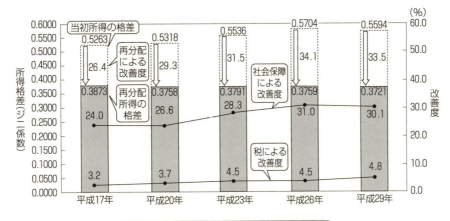

図 I-2 所得再分配によるジニ係数の変化

出所：厚生労働省「平成29年所得再分配調査」2017年。

からわかるように，社会保障による改善度が31.0％と大きいが，前回調査時の31.0％と比べると小さくなっています。

3 垂直的再分配・水平的再分配・世代間再分配

このように，社会保障制度は給付と負担において所得の再分配機能をもっていますが，その再分配のタイプは，垂直的再分配，水平的再分配，世代間再分配などに区別することができます。

垂直的再分配とは，所得の高い人から所得の低い人への再分配をいいます。たとえば，累進的な所得税や資産課税で徴収した租税を財源として，基礎年金や生活保護給付の費用を賄うことなどがそれにあたります。この場合高所得者から低所得者へ所得が移転されるので，所得分配を均等化する効果があります。

一方，水平的再分配とは同一所得階層内での再分配をいいます。すなわち，同一所得階層内でも，働いている人々から，傷病・失業等のために一時的に働けなくなった人々へ医療サービスや失業給付等を通じて所得移転を行う場合や，子どもの多い世帯へ児童手当等を通して所得移転を行うことなどがそれにあたります。水平的再分配は，今日の社会保障においてより一般的にみられる再分配です。

また，世代間再分配とは若年世代から高齢世代への所得の移転をいいます。たとえば，賦課方式をとる年金制度において，各年の老齢年金給付の費用をその年の稼働世代が負担する場合には世代間の再分配が行われます。わが国の年金制度では，少子高齢化の進行につれて若年世代の費用負担が重くなっており，世代間の所得分配のバランスをどのようにとるかが課題となっています。

（寺本尚美）

I 社会保障の基礎理論

 ## 福祉国家の原理と社会保障

1 福祉国家はどんな国

○ 福祉国家とは

　福祉国家とは，所得保障，医療保障，社会福祉サービスなどの社会保障政策と**完全雇用**を基本的な政策として実施し，**ケインズ理論**に基づいた混合経済体制のもとで，国家が積極的に社会に介入していくことによって資本主義経済が構造的にうみだす社会問題に取り組むことを目的とする国家・国家体制をいいます。福祉国家の概念は多義的です。国民所得に占める社会保障支出の割合が高い国をもって福祉国家と呼ばれることもあり，時代背景や文化，政治システムによってそのあり方は異なります。福祉国家の成立を押し進めた政策原理には，平等主義，博愛主義，ベンサムの「最大多数の最大幸福」，ナショナルミニマムといったものをあげることができるでしょう。また，その他の要因としては，当時の社会において社会問題化されていた貧困観の転換，つまり貧困は個人的な道徳的怠惰ではなく，社会的な仕組みによって生み出されるとする考え方の展開や失業対策・経済対策なども要因としてあげることができます。

　福祉国家を大きく分類すると，①アメリカに代表される個人主義が強く自助の精神が根強い，福祉のための高負担の税金はかからないけれども，手厚い社会保障制度の確立や社会福祉サービスの提供も行われない低福祉低負担型の福祉国家，②イギリスのような，ナショナルミニマムの設定と完全雇用政策を実施し，資本主義経済の枠組みを維持しつつ，社会保障の理念に基づいて社会政策を推進する積極型の福祉国家，③スウェーデンなどの北欧諸国に代表される積極的に福祉を推進し，そのための費用を国民への課税によってまかなう高福祉高負担型の福祉国家に分けることができます。

○ 福祉国家の展開

　福祉国家という言葉の起源は，第二次世界大戦の前後，イギリスにおいて権力国家（power state）や戦争国家（warfare state）に対比して使用されたところにあります。それが具体的な制度として動き始めた原初的形態は，1601年にイギリスで制定された救貧法にまでさかのぼることができます。今日的な意味で飛躍的に福祉国家の成立が唱えられるようになった契機は，第二次世界大戦中のイギリスにおいて出された，ベヴァリッジ報告で提案された社会保障計画とそれを支えるケインズ経済学の理論的な支援でした。そこで提案された政策

▷1　**完全雇用**
雇用の需給が双方ともに均衡を保ち，就職する意思のある者の全員がその要求を満たされている状態をいう。ただし失業者が存在しないわけではなく，自発的に失業していない者が全員雇用される状態である。

▷2　**ケインズ理論**
完全雇用の実現のために国家が積極的役割を果たすことを重視し，そのために有効需要の拡大をもたらす政策の必要性を説いたケインズの提唱した理論。ケインズの代表作は，『雇用，利子および貨幣の一般理論』（1936年）がある。

は，戦後，家族手当の創設，国民保健サービス，公的扶助という形で具体化され，世界的に福祉国家イギリスとしてその名をはせることになりました。

その後，スウェーデンなどの北欧諸国をはじめとして福祉国家政策が先進諸国で実施され，わが国においても高度経済成長による生活・社会基盤の強化，産業政策の発達を背景に，さまざまな社会保障制度が確立していくことになりました。

しかしながら，その後1970年代に起こったオイルショックをはじめとする世界的な不況を契機として一転して低成長時代を迎え，世界的に福祉国家は見直しを迫られることになっていきました。イギリスではサッチャー首相によって，また，アメリカではレーガン大統領によって福祉国家の再編が進められました。わが国においても行財政システムの見直しが進められ，「**日本型福祉社会**[3]」の構築を旗印に，補助金の削減や高齢者医療の一部負担などの社会保障・社会福祉改革が推進されていきました。「福祉国家の危機」と呼ばれた時期以降，各国ではさまざまな福祉改革が行われています。

▷3　日本型福祉社会
わが国の伝統的な家族による扶養意識と地域社会による相互扶助を強調し，関係行政の縮減，効率化を図ることを目的とした福祉国家論。

② 福祉国家から福祉社会へ

福祉社会とは，国民自らが，生活環境を取り巻く社会問題の発生と現状について意識化し，それを共通基盤として国民が連帯，行動を起こすことにより福祉問題の解決と個々の市民が有する諸権利，自己実現を目指す社会をいいます。福祉社会の概念については，そもそも福祉社会が，現在の福祉国家体制とどのような制度的，政策的な違いがあり，また，引き継いでいく共通基盤があるのかも明確でないため，理念的で価値的なものであることも留意しておく必要があるでしょう。

③ 近年の福祉国家研究の動向

1980年代の「福祉国家の危機」以降，福祉国家に関する比較研究が盛んに行われるようになってきています。単に社会保障費の支出動向や立案制度の種別によって福祉国家を分類するのではなく，政治的要因（体制）や福祉国家の発展要因，ジェンダーアプローチ，「福祉国家の危機」に対する各国の対応などさまざまなアプローチで福祉国家のあり方が明らかにされています。古くは，**リチャード・ティトマス**[4]による三分類，①残余的モデル，②産業的業績達成モデル，③制度的再分配モデルがありますが，近年最も注目されているものに，エスピン-アンデルセン（Esping-Andersen, G.）の福祉国家レジームの類型[5]があります。彼は，脱商品化指標と階層化指標の2つの指標を組み合わせて，3つの福祉国家類型，①社会民主主義モデル，②自由主義モデル，③コーポラティズムモデルを提示し，福祉国家の比較研究に新たな視点をもたらしています。

（岡田忠克）

▷4　リチャード・ティトマス（Richard Titmass；1907-1973）
イギリスのソーシャルアドミニストレーション研究の代表的な理論家。著書に『福祉国家の理想と現実』（1985年），『社会福祉と社会保障』（1968年）がある。

▷5　G. エスピン-アンデルセン，岡沢憲芙・宮本太郎監訳『福祉資本主義の三つの世界』ミネルヴァ書房，2001年。

I 社会保障の基礎理論

 ## 社会保障と諸科学①
経済学

1 経済学とは

　経済（economy）の定義は多様ですが，その一つに「人間の共同生活の基礎をなす財・サービスの生産・分配・消費の行為・過程，並びにそれを通じて形成される人と人との社会関係の総体」（『広辞苑』第5版）というものがあります。この定義を援用するならば，社会関係のよさ，正しさといった事柄に関わる学問が経済学（economics）であるといえます。この広い意味での経済学の歴史はそうとう古く，洋の東西を問わず古典哲学にその記述がひろくみられます。今日，一般に経済学と称される狭い意味での経済学は，政府の重商主義を批判し，市場の自己調整機能について論じた，18世紀後半の古典派経済学に始まります。産業革命が進み，資本家と労働者の対立や貧困が目立つようになると，資本主義の解明を課題とするマルクス経済学が登場しました。また同じ頃，1870年代の限界革命によって，新古典派経済学が登場しました。その後，ケインズ学派など，さまざまな理論が生まれています。

2 経済学と社会保障

○ミクロ経済学の場合

　経済学で最も基本的な**モデル**の一つは，家計や企業など個々の経済主体の活動を分析するミクロ経済学の対象である需要―供給曲線です。近代の経済学は，レッセ・フェールを支える価格弾力性が十分にフレキシブルではないことの発見を通じて，市場メカニズムを「神の見えざる手」としてもはや信奉していません。それでもなお，いくつもの仮定と条件によって，市場メカニズムが完全に作動することを前提としています。社会保障にかかわる財・サービスの価格と需給量も，市場取引の対象となる限りにおいて，図Ⅰ-3のように均衡すると考えられています。

○マクロ経済学の場合

　もう一つの基本的なモデルは，国民経済を構成する諸要素の分析を行うマクロ経済学の三面等価の原則です。この原則は，国内総生産（GDP）が生産面，分配面，支出面のいずれから見てもすべて等しい価値をもつことを述べています。社会保障にかかわる財・サービスも三面の構成要素です。

　　　国内総生産≡総生産≡総分配≡総支出

▷1　スミスは，主著『諸国民の富』（1776年）のなかで，個人の利己心に発する需給の不均衡が価格という市場メカニズムによって調整されるというように，レッセ・フェール（自由放任主義）が社会全体の利益につながると論じた。

▷2　ジェヴォンズ，メンガー，ワルラスによって，ある物の消費量が増えると消費者の効用は逓減するためその物の価値が下がるというように，労働量によってではなく，消費者の需要によって物の価値が決まることが明らかにされた。

▷3　モデル
経済学でいう「モデル」は単純化された理論のことである。

▷4　マクロ経済学の始祖ケインズは，『雇用・利子および貨幣の一般理論』（1936年）のなかで，政府による総需要管理を主張した。

I-9 社会保障と諸科学① 経済学

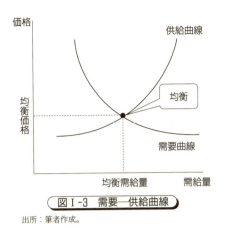

図 I-3 需要―供給曲線
出所：筆者作成。

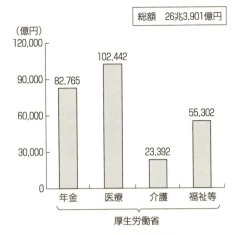

図 I-4 2012年度社会保障関係費の姿
出所：財務省ホームページ（http://www.mof.go.jp）より。
筆者により一部改変。

ところで，2012年度の国の一般会計予算では，一般会計歳出90兆3,339億円のうち，社会保障関係費は26兆3,901億円となっています。その内訳が図 I-4 です。

◯財政学の場合

財政学は，政府によって提供される公共財，すなわち非排除性と非競合性を特徴とする，代償を支払わなくても利益をうけることができる財・サービスの分配を扱います。年金，医療，介護といった財・サービスは，実際にはすべての国民に等しく無料で分配されていないため，財政学では準公共財として扱われています。国民経済において，公共財ないし準公共財の分配制度，つまり社会保障制度が充実すると，病気や老後に対する人々の心配が減り，貯蓄率が低下するため，現在の消費が増え，景気がよくなると考えられています。他方で，社会保障制度の充実は税・保険料の引き上げにつながり，可処分所得の低下による消費の減少によって，景気が悪くなる可能性があることも指摘されています。

◯厚生経済学の場合

狭義の経済学が前提とする競争市場は，「勝者」を生みますが，同時に「敗者」も生みます。そこで，競争市場がもたらすひずみに対処する目的で生まれた厚生経済学は，人々の欲望が財・サービスの消費によって満たされる度合いを効用として計算し，社会を構成する少なくとも誰か1人の効用を減少することなしには他の誰かの効用を向上することができない状態，すなわち財・サービスの分配が効用の観点で最も効率のよい状態の達成につながる財・サービスの分配を目標とします。図 I-5が示すように，2人が2種類の財を交換する社会を想定する場合，2人の**無差別曲線**が接する点（A, B, C, D, E）が最

▷5　公共財はサミュエルソンの「公共支出の純粋理論」（1954年）やマスグレイブの『財政学』（1959年）において定義された。

▷6　「ライフサイクル仮説」と呼ばれるこの仮説は，個人の消費行動は今期所得ではなく生涯所得の大きさによって決められることを前提としている。

▷7　その状態は考案者パレートの名を冠して「パレート最適」状態と呼ばれる。社会を構成する少なくとも誰か1人の効用を減少することなく，他の誰かの効用を向上することができる場合，社会全体の厚生は「パレート的に改善した」ことになる。

▷8　**無差別曲線**
消費者の選好は合理的であると仮定した場合に，消費者が同じ程度の効用を得ることができる財・サービスの組み合わせの点を結んだ曲線である。

I　社会保障の基礎理論

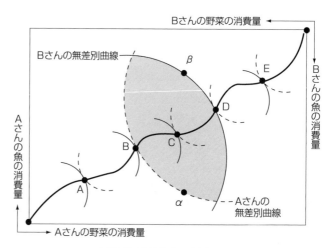

図Ⅰ-5　パレート最適分配

出所：岩田規久男『ゼミナールミクロ経済学入門』日本経済新聞社，1993年，211頁を参考に筆者作成。

適の分配状態となります。パレート最適点で誰か1人の効用を高めるためにその人の財の消費量を増やすと，他の人の財の消費量（効用）が減少します。パレート最適点ではありませんが，誰か1人の無差別曲線上の点（たとえばα，β）からパレート最適点（B，D）に移動すると，社会全体の厚生はパレート的に改善することになります。図Ⅰ-5で薄くぬりつぶされた領域内での財の交換ならば，2人の効用はともに高まります。

3　経済学がかかえる問題

パレートの意味での最適な分配にせよ，あるいは他の種類の社会的厚生にせよ，競争市場でそれらを達成するのは困難です。市場経済モデルの外に**外部性**があるからです。それによって市場が効率的な財・サービスの分配に失敗することは「市場の失敗」と呼ばれます。外部性を負のコストとしてモデルに内部化することで，あるいは，負のコストを政府に負担してもらうことで，市場を補正しようとする理論には，人間のすべての社会関係を市場原理で説明しようとすることの限界が見え隠れしています。

近代以降の経済学は，国民経済が人々の合理的な選択の結果であるようにモデルを組み立てようとしており，高度な数学を用いたモデルづくりに長けていますが，他方で，過度の余剰のなかの欠乏や極端な貧富の差という矛盾やアンバランスを解消・是正できずにいます。その一例が所得格差です。国民経済における所得格差の実際は，図Ⅰ-6で示すローレンツ曲線から算出されるジニ係数によって示されます。ジニ係数は，所得が完全に平等ならばゼロ，完全に不平等ならば1の値をとります。2014年の日本のジニ係数は当初所得で0.5704ですが，再分配所得のジニ係数は0.3759であり，34.1％の改善がなされています。社会保障制度がもつ所得再分配効果の重要性がうかがえます。

▷9　外部性
外部性は，「外部効果」とも呼ばれる。産業廃棄物による環境汚染や騒音による心理的苦痛などが例である。

▷10　厚生労働省ホームページ（http://www.mhlw.go.jp）。

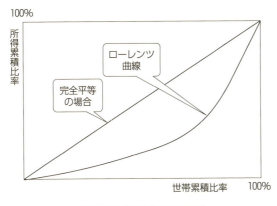

図 I-6　ローレンツ曲線

出所：小塩隆士『社会保障の経済学（第2版）』日本評論社，2001年，39頁を一部改変。

4　新しい潮流

　近年では、経済学のあり方が再検討されています。たとえば、厚生経済学の発展に寄与し、その功績を称えられてノーベル経済学賞を受賞したセンは、経済学には倫理学的なものと工学的なものという2つの源流があると言います。人々がただ生きるだけではなく、よく生きるとはどういうことか、そして人々がよく生きるために経済はどうあるべきかを模索する前者の流れがほぼ途絶えてしまった今日の経済学においては、何らかの所与の目的を効率的に達成する方法の模索に焦点を合わせる後者の流れが優勢になっていると指摘しています。[11]

　たしかに、多くの経済学の教科書では、人間は自己利益や企業利益を追求する存在として、また、財・サービスの消費を通じて自らの効用を高める存在として描かれています。しかし、実際の人間は、他者あるいは社会全体のために、さまざまな**コミットメント**[12]を行っています。コミットメントによって、自己の物質的持分が減少したり、自社の生産効率が低下したりするとしてもです。また、実際の人間は、生産者であり消費者であると同時に、さまざまな夢や希望をもち、それらを実現させる可能性を模索しています。センは、こうした人間像にもとづき、**ケイパビリティ**[13]という新しい概念を経済学に取り入れようとしています。ケイパビリティ・アプローチでは、社会保障の一番の目的は、人々の財・サービスの所有量を増やすことでも、人々の効用を高めることでもなく、人々のケイパビリティを拡大することだと理解されます。センとは異なる立場から、人間の必要――人間の尊厳の維持にとって不可欠なもの――の保障を中心に据える経済システムを構築しようとする試みも継続されています。[14]

　社会保障を必要とする人々は競争市場の「敗者」ではありません。生まれの偶然性や自然の恣意性によって誰もが社会保障を必要としうるのです。このことを踏まえた社会関係の発展を促す経済学がいま求められています。

（神島裕子）

▷11　アマルティア・セン，徳永澄憲・松本保美・青山治城訳『経済学の再生――道徳哲学への回帰』麗澤大学出版会，2002年。

▷12　コミットメント
センの用語で、他者や社会の改善されるべき境遇や状態に対して、自ら行動を起こすこと、あるいは行動を起こす意欲のあることを意味し、共感とは区別される。

▷13　ケイパビリティ
人間が財・サービスを成果に変換する過程に存在する実質的自由のこと。アマルティア・セン，鈴村興太郎訳『福祉の経済学――財と潜在能力』岩波書店，1988年。

▷14　L. ドイヨル&I. ゴフ，馬嶋裕・山森亮監訳『必要の理論』勁草書房，2014年。
佐藤良一編『市場経済の神話とその変革――〈社会的なこと〉の復権』法政大学出版局，2003年。

I 社会保障の基礎理論

10 社会保障と諸科学② 法律学

▷1 朝日訴訟
⇒ I-2 を参照。

▷2 憲法第25条
⇒ I-2 を参照。

▷3 朝日訴訟は行政府の裁量が問題となった事例である。なお，障害福祉年金と児童扶養手当の併給禁止規定の合憲性が争われた堀木訴訟の最高裁判決（1982年7月7日）は，生存権立法の違憲審査基準を示したが，こちらは立法府の裁量が争われた事案である。

▷4 生存権の法的性格論については，藤澤宏樹・高木さやか「生存権の法的性格論（1），（2・完）」『福島工業高等専門学校研究紀要』第40号，2000年，123，133頁。

1 朝日訴訟

　法律学が社会保障についてどのようなことを考え，取り組んでいるかをみるときに，社会保障裁判が非常に役に立ちます。ここでは「**朝日訴訟**」を例にとって考えてみます。朝日訴訟は，生活保護を受けていた朝日茂さんが，兄からの仕送りを受けることになったことを理由に，福祉事務所によって日用品にかかる生活扶助費を廃止されてしまったため，訴訟をおこしたというものです。日用品費に関して厚生大臣（当時）の定めた生活保護基準が，健康で文化的な最低限度の生活を営む権利を保障する**憲法第25条**に合致するかが争われました。

　第一審は，生活保護基準は低すぎて違憲であるとして朝日さん勝訴の判決を下しました。第二審では，生活保護基準は低いけれど違憲とまではいえないとして，処分は合憲であるとの判決が示されました。朝日さんは上告しましたが，最高裁で争われている途中に亡くなってしまいました。そのため，最高裁は1967年の大法廷判決で訴訟終了を宣言しました。訴訟は終了したのですが，最高裁は，その傍論で，憲法第25条の法的性格，厚生大臣の生活保護基準に対する司法審査のあり方について，基本的な考え方を示しました。そこでは，憲法第25条は具体的な権利ではないということ，司法審査は，基本的に行政府の判断を尊重すべきこと，が示されたのでした。

　朝日訴訟は「人間裁判」とよばれ，当時の日本において大きな反響がありました。そして，この訴訟で示された論点は，現在でも法律学が取り組んでいます。順に紹介していきましょう。

2 法律学の取り組み その1──生存権はどういう意味で「権利」か

　最高裁判決は，憲法第25条は具体的な権利ではないといいましたが，生存権規定には「権利」という言葉があります。これをどのように考えたらいいのでしょうか。法律学は，この問題を生存権の法的性格論という形で論じてきました。そこでは，生存権は国に政治的道義的義務を課したもので個々の国民に具体的権利を課したものではないとするプログラム規定説，生存権の内容は抽象的で不明確ではあるが，それを具体化する法律によって具体的な権利となるとする抽象的権利説，生存権の内容を具体化する立法がない場合，立法不作為違憲確認訴訟を提起することができるとする具体的権利説が唱えられました。

26

現在では，生存権が裁判規範性を有することを前提として，どのように立法府の裁量を統制するかといった観点からの議論が展開されています。また，この点に関連して，「なぜ生存権が保障されなければならないのか」という生存権（あるいは社会保障の権利）の根拠づけの議論が展開されています。そこでは，個人の自由を確保するための条件として社会保障をとらえる見解が有力であり，あわせて「個人の生の尊重」「ニーズ」といった理念が検討されています。[5]

③ 法律学の取り組み　その２——社会保障制度をつくる

　朝日訴訟では，社会保障制度のあり方自体が問い直されました。最低生活保障を担うのは生活保護なのか年金なのか，それとも新しい制度なのか，などです。法律学は，あらたな社会保障立法が制定されるときその具体的内容について考えます。社会保障の政策や制度は，法律学以外の社会保障論，社会福祉学などの専門家が考える場合が多いようですが，それらは，立法という形をとって初めて実施に移されます。なぜなら，法治国家では，法律によらないで，国民に権利を与えたり，義務を課したりすることはできないからです。ですから，法律学の手助け抜きに社会保障制度を構築するわけにはいかないのです。法律学は，社会保障実現の手助けをしています。

④ 法律学の取り組み　その３——社会保障制度を変える

　社会保障制度を変えるのも，法律学の役割です。朝日訴訟の例でいうと，この裁判で，原告側が当時の生活保護基準の低さを強く主張した結果，裁判自体は敗訴しましたが，その後，保護基準が著しく向上したという事実があります。社会保障裁判は，処分等をめぐる争いであるというだけでなく，社会保障制度を変革する役割をも担っているというわけです。同様の例として，生活保護費の貯金が問題となった**加藤訴訟**[6]や，学資保険を収入と認定した処分が問題となった**中嶋訴訟**[7]をあげることができます。これらの訴訟の後，生活保護費の貯蓄のあり方，学資保険の取り扱いが見直されることとなりました。このほかにも様々な訴訟が提起されています。調べてみるとよいでしょう。[8]

　もちろん，法律学だけが社会保障制度を変えるわけではありません。しかし，訴訟を通じて制度を変えるというのは，法律学独自の働きかけということがいえるでしょう。

⑤ 社会保障と法律学

　このように，法律学は，社会保障制度をつくったり，変えたりする際に重要な役割を果たします。そして，生存権はどういう意味で権利なのかという理論的根拠づけについての議論も行っています。社会保障を学ぶ人は，法律学についても勉強しておく必要があります。

（藤澤宏樹）

▷5　この点について，憲法学の側からの議論として，尾形健『福祉国家の憲法構造』有斐閣，2011年，葛西まゆこ『生存権の規範的構造』成文堂，2011年。社会保障法学の側からの議論として，菊池馨実『社会保障の法理念』有斐閣，2000年，同『社会保障法制の将来構想』有斐閣，2011年。

▷6　加藤訴訟
秋田地判1993年4月23日，判例時報1459号48頁。

▷7　中嶋訴訟
⇒ Ⅳ-3 を参照。

▷8　岩村正彦編『社会保障判例百選［第5版］』有斐閣，2016年，が便利である。

I 社会保障の基礎理論

11 社会保障と諸科学③
政治学

政治学と社会保障

　現在のわが国の政治体制は自由主義，民主主義であるといわれています。私たちの生活が何者かによって制限されることなく，それぞれの人々が自由な生活を営むことがお互い認識され，尊重されている社会の実現が目指されています。また，その実現にはできるだけ多くの人々の意思が反映されるべきであり，民主主義の考え方は大変重要です。このように，人々にとって平和と安定をもたらす社会を実現するためには，政治が大きな影響を与えています。この政治のあり方を学問的に研究するものが政治学です。自由主義，民主主義というものは，ある社会の実現に向けて指針となる考え方であり，社会保障制度にも少なからず関係しています。

　明治時代以降，わが国は富国強兵，帝国主義を掲げ，経済的には資本主義システムの導入を目標としてきました。その結果，人々の貧富の格差は拡大し，貧困層の生活の不安定は社会問題となりました。ここで社会保障制度の必要性が政治的に認識されていくことになります。社会保障制度の必要性は，経済学的には生産力の維持とされていますが，国を動かし，制度を構築する国家にとっては政治課題でした。人々の国家への信頼と社会基盤の安定のためには，人々の生活に介入しそれを支える社会保障制度（当時は，**社会政策**）が要請されたのです。政治学においても社会民主主義や社会主義といった，これまで自由放任，夜警国家と称された国家の役割が見直され，国家が人々の生活場面に介入すべきであるという考え方が出てきたのです。この考え方は，やがて訪れる福祉国家の構築にも影響を与えています。

▶ 1 社会政策
資本主義経済の構造的な問題に対処する政策。とりわけ労働問題と社会保障問題を政策課題としている。

2 民主主義と社会保障

　最近では，社会保障制度における人々の参加が重視されています。とりわけ社会福祉制度において住民参加は，地域福祉の実現には不可欠です。この背景には単なる代表民主主義の行き詰まりがあります。全国的な社会制度の構築には民主主義に代表制をとらざるをえません。なぜなら国民一人ひとりの意思を反映した制度の構築は困難だからです。しかし，今日では地域に根ざした地域住民の意思を反映した制度の構築が目指されています。そこには地方自治といった政治学においても重要な考え方も影響を与えています。このように代表民

主主義が行き詰まってくると，人々の参加を重視する参加型民主主義の実現が望まれるようになってくるのです。

③ 行政学と社会保障

行政学は政治学の一分野です。行政学からはサービス評価，政策決定，**アカウンタビリティ**[2]，計画化等といった課題が社会保障制度に突きつけられています。とりわけ社会保障制度の構造的な課題である「行政国家」への批判は，永年の課題でもあります。

戦後のわが国は行政内部の担当部局の設置や福祉事務所，児童相談所の設置をはじめとして専門化と組織化が進んでいきました。このような行政の専門化と複雑化は，他の行政分野でも同様の動きをみせることになり，行政の肥大化，いわゆる「行政国家」となったのです。この段階では，政治による社会保障制度に対する国家責任という観点が極めて乏しくなることに注意する必要があります。行政国家が発達し，その専門化と組織化が進展することは，社会保障制度の責任の所在が複雑化していくことを意味しています。

④ 地方自治と社会保障

政治学において地方自治は民主主義の小学校であるといわれています。近年，社会保障制度にとって地方自治はキーワードになっています。そして，その担い手である地方自治体の役割はますます大きくなっています。地方自治体は，サービス提供者としての役割だけでなく，直接住民と向き合い対話することができる可能性をもっています。住民参加を含めて福祉社会の構築に要請される公共の担い手としての役割が期待されています。現在求められている「地方の時代」とは，私たちの生活を支える諸制度が真に住民の意思を反映し，われわれ住民の手で，目に見えるように生活環境や行財政システムの転換を進めることができる時代です。つまり，住民が自らを取り巻く生活環境に目を向け，地縁・血縁のみではなく，住民同士が共同で諸問題の解決に取り組んでいく住民自治の創造が中核となる時代といえるでしょう。

⑤ 公共哲学と社会保障

「公共性」という言葉をよく耳にするようになりました。実は社会保障と公共哲学との関係を考えることは，現在の社会保障制度を取り巻く諸課題を改めて問い直すことにつながるのです[3]。社会保障と公共哲学の接点は，社会保障制度が課題とする諸問題の解決において，公共的な視点をもって取り組まなければならないという性格にあります。「福祉国家の危機」以降，行政のみの論理，住民のみの論理では通用せず，公私協働を基盤とする公共哲学をもって，社会保障問題に対処しなければならない時代になっています。　　　　　　（岡田忠克）

▷2　アカウンタビリティ
本来は会計責任という意味。税金・財政を司る行政が国民に対して会計的な責任を負うことを指している。近年では，行政が行政活動一般について，議会，住民に対して自らの行動の弁明を行う説明責任を解されている。

▷3　岡田忠克「行政と住民の協働──公共性をめぐって」岡本栄一・澤田清方編著『社会福祉への招待』ミネルヴァ書房，2003年。

II 社会保障をとりまく状況

 # ライフステージと社会保障

ライフステージとは何か

　人間は，生まれてから死ぬまで，さまざまな経過を経ながら生活をしていきます。このような生活の経過をライフサイクルやライフステージといいます。日本語では，家族周期や家族の段階と呼ばれています。

　生活は，個人レベルでとらえられる部分と，家族レベルでとらえられる部分との両方があります。たとえば，3歳の子どもと両親が生活している家庭があるとします。この家庭の状況は，個人のレベルでとらえると，乳幼児期の子がいる，子どもを抱えて働く親がいる，あるいは子育てをしている親がいるということになりますが，家族というレベルでとらえると，子育て期にある核家族があるということになります。最近では，両者の関係に着目して，**ライフコース**という考え方もされるようになっていますが，基本的な考え方にあまり大きな違いはありません。

　社会保障は，人間が生活をしていく上で生じる，共通性の高いさまざまな生活問題に対して，予防的視点を含めて対応する社会的施策の総称です。生活問題には，ライフステージにかかわらず共通に発生するものもありますし，特定のライフステージあるいは複数のライフステージに特徴的にあらわれるものもあります。また，特定の家族形態や生活状況に特徴的にあらわれるものもあります。社会保障施策もこれに応じて，多様に展開されています。

　少子高齢社会を迎え，社会福祉や社会保障の改革が進められています。この改革は，ライフステージの全体を視野に入れたもので，社会保障の基本理念である社会連帯の精神だけでなく，生涯を通じた給付と負担のバランスという現実的な視点からも見直しが図られています。

② ライフステージを超えた社会保障制度

　ライフステージを超えた共通の生活問題とは，たとえば，病気やケガ，失業，突然の家計の破綻などです。

　病気やケガに対応する社会保障制度としては，国民健康保険，社会保険，各種共済組合などの医療保険制度，**生活保護**世帯を対象とした医療扶助制度などがあります。また，失業に対しては雇用保険制度があります。

　突然の家計の破綻や収入減に対しては，問題の発生原因に応じた年金制度

▷1　ライフコース
個人の一生の歩み。ライフコース研究では，個人の地位・役割のありようと時間的経過のなかでのその変遷，そしてこれに変化をもたらすような社会的・個人的出来事が焦点となる。ライフサイクルやライフステージ研究が静態的であるのに対して，ライフコース研究では，個人の生活史と社会の歴史のダイナミックな相互影響関係をとらえようとしている。

▷2　生活保護
生活保護の扶助制度には，生活扶助，教育扶助，住宅扶助，医療扶助，介護扶助，出産扶助，生業扶助，葬祭扶助の8つがある。また，施設としては，救護施設，更生施設，医療保護施設，授産施設，宿所提供施設の5つが規定されている。

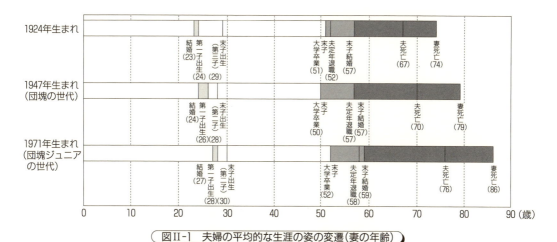

図II-1 夫婦の平均的な生涯の姿の変遷(妻の年齢)

（注） 1. このモデルは，団塊の世代である1947年に出生した世代とその親およびその子にあたる世代について，一定の仮定をおいて設定したものである。
2. 寿命は，30歳当時の平均余命から算出している。

出所：厚生労働省監修『平成15年版　厚生労働白書』ぎょうせい，2003年。

（遺族基礎年金，障害基礎年金など），**生活福祉資金**の貸付制度，生活保護世帯を対象とした生活扶助制度などがあります。

③ ライフステージに対応した社会保障制度

　生活問題のなかには，特定のライフステージに特徴的にあらわれるものも多くあります。たとえば，妊娠から出産直後の時期には，さまざまな生活上の変化や，時には突発的な事態をもたらします。これに対して，妊婦健診，乳幼児健康診査など，母子保健に関する各種施策が準備されています。

　乳幼児期には，就労と子育ての両立のための保育施策，在宅子育て家庭を対象にした子育て支援サービス，児童手当などの制度があります。

　高齢期になると，介護，年金，医療に関わる生活問題が大きくなります。これに対しては，介護保険制度，年金保険制度，医療保険制度，老人保健制度などが対応しています。

④ 特定の家族形態や生活状況に対応した社会保障制度

　離婚や未婚の母によってひとり親家庭になる，事故などによって障害者となる，あるいは障害児が生まれた，といった場合もあります。このような状況に対しても，社会保障の制度が準備されています。

　たとえば，ひとり親家庭に対する遺族基礎年金制度，児童扶養手当制度，母子生活支援施設，障害者に対する障害基礎年金，特別障害者手当，障害者福祉施設，障害児に対する特別児童扶養手当，各種の児童福祉施設などです。

（山縣文治）

▷3　生活福祉資金
低所得世帯や身体障害者世帯に対して，経済的自立と生活意欲を助長し，生活の安定を図ることを目的として貸付を行う制度。

II 社会保障をとりまく状況

2 少子化の現状と課題

1 少子社会の現状と要因

▷1 1.57ショック
丙午（ひのえうま）の1966年の合計特殊出生率1.58を割り込んだことで，少子社会の進行が進んでいること，それに対応する施策が必要であることを再認識させた現象。

▷2 合計特殊出生率
出生率計算の際の分母の人口数を，出産可能年齢（15～49歳）の女性に限定し，各年齢ごとの出生率を足したもの。一人の女性が一生の間に産む子どもの数の推計値となる。

少子化が急速に進行しています。1989年の「**1.57ショック**[1]」以降，エンゼルプラン，新エンゼルプランの策定といった施策が講じられましたが，**合計特殊出生率**[2]は一貫して低下し続け，2005年には1.26という過去最低の水準になりましたが，その後若干回復のきざしがみえています。ただし，出生数は第二次ベビーブーム世代の山を越えたこともあり，減少傾向は止まりません。

わが国の総人口は，いよいよ「人口減少社会」へと突入しました。少子化の進行は，地域社会における子どもの数や労働力の減少といった形で，社会全体にさまざまな影響を及ぼすのではないかと懸念する声があります。このような声を受け，少子化社会対策基本法や次世代育成支援対策推進法が制定されるなど，人口減少社会に向け，少子化の流れを変え，生まれた子どもを健やかに育てるための枠組みの整備が進められています。

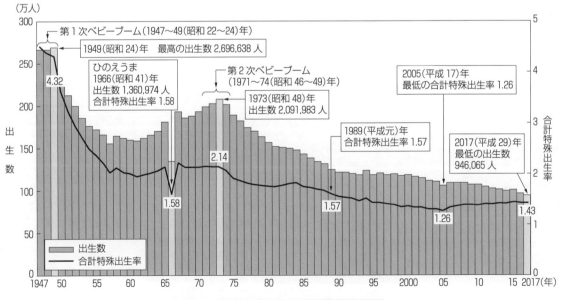

図II-2 出生数および合計特殊出生率の推移

出所：内閣府編『平成30年版少子化社会対策白書』2019年，5頁。

② 少子化問題の２つのとらえ方

少子化問題といった場合，大きく２つの意味があるようです。

第１は，社会の存続に関わる問題としてとらえるということです。厚生労働省では，少子高齢社会を「an aged society with fewer children」と英訳しています。この表現においても明らかなように，少子高齢社会は，少子社会 and 高齢社会の省略形ではなく，少子化の進んだ高齢社会の省略形として，すなわち中心概念を高齢社会として認識されていることがわかります。わが国の少子化問題は，主として，このように高齢社会との関係を中心にとらえられてきました。すなわち，少子化を生産年齢人口の減少等に伴う社会の活力の低下などの，人口問題や経済問題としてとらえるという視点です。

一方，少子化問題を，子どもの育ちや親の子育てという視点，すなわち子ども自身の生活に直接関わる問題としてみる見方も存在します。子どもの育ちの危うさが，子どもが主体的行動を取り始めるにしたがって顕在化し，学級崩壊，不登校などの学校にまつわる問題，思春期になると「キレる17歳」など枚挙にいとまがありません。その影響は大人になっても継続し，**アダルトチルドレン**[3]など大人になりきれない大人が存在することになります。

③ 少子化対策の課題と評価法

少子化問題には，社会の側の問題と，子どもの側の問題の２つの側面があることを踏まえると，少子化対策も同じく，主として前者に対応するものと，主として後者に対応するものとに分けて考えることができることになります。

第１の社会の側の問題は，少子化が社会の活力を失わせるというところにポイントがあり，対策の目標は，ひとえに子ども数の増大ということになります。したがって，ここ数年上昇傾向にあるとはいえ，人口置換水準を大きく下回っている合計特殊出生率をいかに上昇させるかが最大の課題であり，少子化対策というよりも，むしろ目標は積極的な増子化にあります。また，その評価は，当然のことながら，出生率の上昇をもって測られることになります。

第２の子どもの側の問題とは，子どもが育ちにくい環境あるいは育てにくい環境があるということです。これは，育つ子どもの問題，育てる親の養育能力や家庭環境の問題，一人の人間として生きる親の問題，さらには子どもが育つ家庭・地域社会・学校環境などの問題としてとらえることができます。この問題に対する対策の目標は，現に生まれてきた子どもをいかに健やかに育て，親子ともども快適に生活できるようにするかという点にあります。また，その評価は，親子が快適に生活できているか否か，提供したサービスが有効に活用されているか否かなどの視点で測定されます。

(山縣文治)

▷3 アダルトチルドレン
もともとは，「アルコール依存症の問題を抱えた家族のなかで成長した大人」を指して使われていたが，近年では，「機能不全家族のなかで成長した大人」と，より広い概念として使われている。アルコール・薬物・ギャンブルなどへの依存だけでなく，身体的・心理的・性的な子どもへの虐待，また反対に子どもへの過度な期待や介入，夫婦間の暴力や著しい不和あるいは共依存関係など，いずれも親自身が情緒的に未成熟・不安定である場合に機能不全が生じるといわれている。

II 社会保障をとりまく状況

高齢社会の現状と課題

1 高齢社会と人口問題

　国立社会保障・人口問題研究所から，発表された「日本の将来推計人口」(2017年推計)によれば，2015年時点で1億2,709万人の人口は，2053年に1億人を下回り，2065年には8,808万人となり，この50年間に約3割の人口を失うことが予測されています。

　65歳以上の高齢者が人口に占める割合は，1950年には総人口の5％に満たなかったのですが，1970年に7％（**高齢化社会**）[1]，1994年には14％（**高齢社会**）[2]を超え，2007年には21％（**超高齢社会**）[3]を超えました。さらに，団塊の世代が65歳以上になった2015年に高齢化率は26.7％まで上昇を続け，2060年には概ね4割程度に達して，国民の約2.5人に1人が65歳以上の高齢者になると予測されています。わが国の高齢化の特徴はこのように人口減少が進む一方で，超高齢人口がむしろ増加することにあります。人口構成を見ると，65歳未満人口は50年間で4割減少しますが，他方で75歳以上，85歳以上といった超高齢者は人数も割合も増えていくことが予測されているのです。

2 高齢者の世帯状況

　家族のなかに高齢者のいる世帯をみると，1975年に65歳以上の高齢者がいる世帯は712万世帯であったのに対して，2017年には2,378万世帯となり，全世帯の約半数に達しています。さらに65歳以上の高齢者のいる世帯では，夫婦のみの世帯や単独世帯が大幅に増加して過半数を超えています。ひとり暮らしの高齢者は約627万人にのぼり，全高齢者の4分の1を占める状況です。

　かつては3世代同居のような大家族の生活が一般的でしたが，80年代以降は核家族化が進行することで，高齢者が子どもと同居する割合が一貫して低下しています。老後の子どもや孫とのつきあい方としては，同居を希望する人は減少し，むしろ「ときどき会って食事や会話をするのがよい」という考え方の人の方が多くなってきています。ところが，その一方で，高齢者の多くは日常生活の中で健康や病気のこと，介護が必要な状態になること，自然災害の被害にあうこと，生活のための収入のこと，頼れる人がいなくなることなどに不安を感じています。特にひとり暮らし高齢者においてはこれらの不安に関連する「介護」，「孤立」，「貧困」が課題となっています。

▷1　**高齢化社会**
人口の高齢化が進んだ社会のこと。国際連合の分類によると，全人口に占める高齢者の割合が7％以上14％未満の社会を高齢化社会という。

▷2　**高齢社会**
国際連合の分類によると，全人口に占める高齢者の割合が14％以上21％未満の社会を高齢社会という。

▷3　**超高齢社会**
国際連合の分類によると，全人口に占める高齢者の割合が21％以上の社会を超高齢社会という。

II-3 高齢社会の現状と課題

③ 高齢者の経済と生活

　高齢者世帯の年間所得は，2016年の平均所得で318.6万円です。全世帯の平均所得の560.2万円，その他の世帯（全世帯から高齢者世帯と母子世帯を除いた世帯）の平均所得の663.5万円と比較すると約半分程度の所得となります。しかし，世帯人員一人当たりの平均等価可処分所得金額を見ると，高齢者世帯と全世帯平均との差は見られません。ただし，その他の世帯と比較すると約7割程度の所得となっています。高齢者世帯の平均貯蓄額は2,384万円と一般世帯の約1.5倍であり，暮らし向きに「心配ない」と感じる高齢者は65％と高い割合を占めています。

　一方で，高齢者世帯には，経済的に安定した生活を送ることができない世帯もあります。実際，生活保護受給世帯全体の47.2％を高齢者世帯が占めており，特に生活基盤を公的年金のみに頼るしかない単身の女性高齢者は年金額も低く，生活困窮が深刻化しています。**ホームレス**の高齢化も問題になっています。

④ 高齢者の健康と生きがい

　2015年の簡易生命表によると，65歳時の平均余命は，男性16.09年，女性22.26年となっています。平均寿命の伸びによって，長い老後をどのように過ごすかは個人にとっても社会にとっても大きな問題になりました。

　日本の高齢者は健康な人が多く，60歳以上で健康状態が「良い」と思っている人の割合は過半数に上り，「普通」を合わせると8割を超えています。近年では高齢者の就業意欲は非常に高く，65歳以降も働きたいと考える人も多くなっています。就業を希望する理由は，男女ともに「経済上の理由」という回答が過半数を超えており，生きがいや社会参加のため，健康づくりのために就労を希望する人も増えています。また，長い老後に生きがいをもって暮らしていくために，高齢者の多くは社会参加（**ボランティア活動**や学習参加，地域貢献活動）に対してとても積極的です。社会においても意欲と能力のある高齢者の活躍に高い期待が寄せられています。

（澤田有希子）

▷4　等価可処分所得
税金や社会保険料，年金などを差し引いた世帯の可処分所得を世帯人員の平方根で割って調整したもの。

▷5　ホームレス
ホームレスの自立の支援等に関する特別措置法（2002年）によると，「都市公園，河川，道路，駅舎その他の施設を故なく起居の場所とし，日常生活を営んでいる者」をホームレスという。

▷6　ボランティア活動
社会問題や課題に対し，自発的かつ無償で社会的な貢献を行い，連帯を生み出そうとする人々の活動をボランティア活動という。近年のボランティア活動は，参加者や活動動機や目的，活動分野や内容も多様化している。

II 社会保障をとりまく状況

4 国民医療費の増大

1 国民医療費とは何か

　国民医療費とは，私たちが病気やけがをしたとき，病院や診療所で診察してもらったり，治療や手術にかかった費用を推計した金額をいいます。この金額は，毎年度，厚生労働省が調査し発表しています。国民医療費はけがや病気の治療費・手術費のみを推計しているので，たとえば①出産，②健康診断，③予防接種，④義眼や義足，⑤歯科材料差額，などは，国民医療費には含まれません。

▷1　厚生労働省大臣官房統計情報部編「2001年度国民医療費」厚生統計協会，2003年，5頁。

2 国民医療費の内訳と推移

　わが国の国民医療費は，これまで一貫して伸び続けてきました。表II-1と図II-3は，国民医療費と老人医療費および国民医療費と老人医療費の国民所得に対する割合を示しています。国民医療費は，1975年度には約6兆4,779億円でしたが，1999年度には約30兆7,019億円と初めて30兆円を超えて増加しました。公的介護保険制度が導入された2000年度には，老人医療費が介護保険へと移行したことにより一時的に増加が止まりました。しかし，2001年度には再び増加し，2013年度には約40兆610億円まで増加しています。

　国民医療費の国民所得に対する割合は，2013年度では11.06％となっています。

▷2
　1．「国民医療費」は，厚生労働省大臣官房統計情報部「国民医療費」による。
　2．「国民所得額」は，内閣府経済社会総合研究所「国民経済計算」による。
　3．1983年1月以前は旧老人医療費支給制度の対象者に係るものであり，1983年2月以降2008年3月以前は老人保健法による医療の対象者に係るものである。2008年度は後期高齢者医療による被保険者に係るものであり，制度が異なるため2007年度と2008年度は単純に比較できない。
　4．2008年度以降は，「老人医療費」を「後期高齢者医療費」と読み替える。

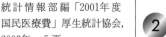

表II-1　国民医療費の推移

年度	国民医療費（億円）	老人医療費（億円）	国民所得に対する割合 国民医療費（％）	老人医療費（％）
1975	64,779	8,666	5.22	0.70
1985	160,159	40,673	6.15	1.56
1995	269,577	89,152	7.31	2.38
2000	301,418	111,997	8.11	3.01
2005	331,289	116,443	9.05	3.18
2010	374,202	127,213	10.61	3.61
2013	400,610	141,912	11.06	3.92

資料：2007年度以前は厚生労働省保険局「老人医療事業年報」，2008年度は厚生労働省保険局「後期高齢者医療事業年報」。
出所：厚生労働統計協会編『国民衛生の動向 2016/2017』2011年。

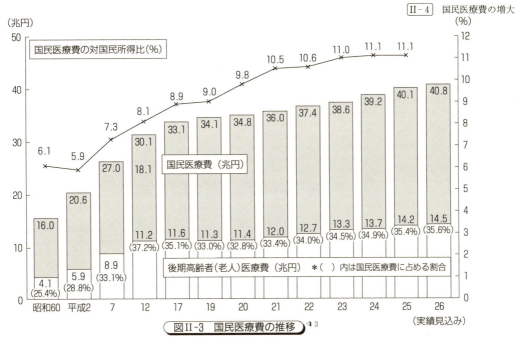

図Ⅱ-3 国民医療費の推移

出所：健康保険組合連合会編『図表で見る医療保障　平成28年度版』ぎょうせい，2016年，2頁。

3 なぜ国民医療費は増えるのか

　国民医療費が増える要因は，大きく分けて2つあります。1つ目は医療サービスを受給する患者側の要因です。①患者の増加および人口高齢化による医療サービス需要の増加，②疾病構造の変化による受診率の増加などがあげられます。2つ目は医療サービスを提供する側の要因です。①医学の技術進歩，②医療技術の高度化に伴う医師や看護師など従業者の増加，③②に伴う給与費の増加，④新薬や医療機器購入費用の高額化，⑤診療報酬の改定などがあげられます。

　あとは，制度的な要因もあげられます。たとえば，出来高払い方式による医療費の負担があります。出来高払い方式とは，一つの診療行為ごとに点数（診療報酬価格）を定め，1回の診察や治療の終了ごとに合算して医療費を請求する方法です。近年，出来高払い方式のデメリットが目立つようになってきました。すなわち，医療サービスのメニューや量は，それを提供する医師の裁量に任されています。すると，その患者には本来必要としない医療サービスを提供したりすることが多く発生するようになり，過剰な診察が医療費を増加させているといわれています。

なぜ国民医療費の増加が問題視されるのか

　医療費は，保険料収入と公費（税収入）と自己負担で支払われています。特に，保険料収入と公費による負担割合が大きいことから，保険料率の増加と税負担の増加をこれ以上増やさないことが重要とされているからです。

　ただし，国民医療費の多寡は，経済発展の成果としてもたらされるものです。単純に財政問題としてとらえるのではなく，患者の負担に見合った医療サービスが患者に提供されているか否かで見ることも必要です。

（齋藤立滋）

▷3
　1．2000年度の介護保険の創設により国民医療費の一部が介護保険へ移行している。
　2．老人医療費は，2002年の制度改正により，対象年齢が70歳から段階的に引き上げられており，2007年10月より75歳以上となっている。

▷4　椋野美智子・田中耕太郎『はじめての社会保障（第9版）』有斐閣，2012年，56頁など。

Ⅱ　社会保障をとりまく状況

介護問題の現状と課題

1　要介護高齢者の増加と「介護の社会化」

わが国では，高齢者の増加により要介護高齢者も増えており，2000年に218万人であった要介護・要支援認定者は，2014年に586万人と約2.7倍に増え，今後も増加すると予測されます。

高齢者の介護は，主に要介護者の配偶者，子，子の配偶者が行っていますが，要介護高齢者の増加，介護期間の長期化および核家族化の進行などから，新たな制度として，介護保険法が2000年4月に施行されました。この制度は，介護を必要とする人の自立した生活を支援するために，これまでの家族による介護から，社会全体で支えるという理念に基づき「介護の社会化」を目指したものです。国民が介護保険料を負担することで，介護を必要とする人は誰もが介護サービスを利用できるようになりました。

2　在宅介護者と介護負担

在宅介護者は，「身体的・精神的にきつい」「いつまで続くか先が見えない」などの悩みや不安を抱えています。高齢者が高齢者を介護する「老老介護」は，介護者が高齢であるため，健康を損いやすいと指摘されています。平成28年版高齢社会白書によると，高齢者夫婦のみの世帯は増加傾向にあることから，「老老介護」は今後も増えることが予測されます。そのため，特別養護老人ホームなどへの入所を希望する要介護高齢者が増加していますが，入所希望者が多いため，入所までの期間が長期化する状況にあります。

認知症高齢者を介護する在宅介護者の疲労調査において，主介護者が働いている場合は「慢性疲労」，働いていない場合は「気力の減退」の訴え率が最も高かったことから，在宅介護者の就労の有無をも考慮した**レスパイトケア**が必要といえます。在宅介護者の介護負担を軽減するためには，それぞれの家庭の状況に適した介護サービスを計画的に利用し，介護を行っていくことが重要となります。

3　介護職員の労働負担

現在，特別養護老人ホームなどの施設に勤務する介護職員の充足が困難な状況にあります。介護職員の多くは介護サービス利用者の「ありがとう」という

▷1　厚生労働省編『平成28年版　厚生労働白書』日経印刷，2016年，99頁。

▷2　内閣府編『平成28年版高齢社会白書』日経印刷，2016年，13，26頁。

▷3　涌井忠昭・原田規章「在宅介護者の健康状況と疲労」『人間生活科学研究』第38巻 第1号，2002年，39～42頁。

▷4　レスパイトケア
家族や介護職員が，介護による疲労を回復し，新たな活力を得ること。

言葉を励みに，「やりがい」を感じながら日夜介護に取り組んでいます。しかし，介護労働は持ち上げやひねりなどの作業姿勢により腰痛を発症しやすい職業の一つとされており，介護サービス利用者やその家族との人間関係によるストレスも高く，さらに交替制勤務もあることから，身体的・精神的負担の高い職業とされています。[5]

同じ介護職でも，特別養護老人ホームに勤務する介護職員と在宅介護に従事するホームヘルパーの身体的・精神的負担には異なる傾向があります。介護職員の日勤と夜勤の身体活動量，エネルギー消費量および作業強度の調査において，介護職員の身体活動量およびエネルギー消費量は保育士や看護師とほぼ同等であり，身体的負担の高い職業であると指摘されています。[6]一方，ホームヘルパーの身体活動量と生体負担の調査では，ホームヘルパーの身体的負担は特別養護老人ホームに勤務する介護職員，保育士および看護師と比較して低いものの，精神的負担が高い職業とされています。[7]その理由は，訪問時における介護サービス利用者やその家族との人間関係が，「ひとり職場」と称されるホームヘルパーの精神的負担を高めていると考えられているからです。

このように同じ介護職であっても，職種によって身体的・精神的負担が異なる状況にあります。今後，要介護高齢者が増加するわが国において，介護職の需要はますます高まります。介護サービス利用者に対して質の高い介護サービスを提供するためには，前述したことを踏まえ，介護職員が心身ともに健康に働くことのできる職場環境の改善・整備が急務といえます。

④ 介護予防への取り組みと質の高い介護を目指して

2000年4月に施行された介護保険法は，2005年に予防重視型システムへと改正されました。それを期に各地で介護予防への取り組みが始まりました。わが国において，寝たきりなどの要介護状態になる原因の第1位は脳血管疾患ですが，骨折・転倒も寝たきりの原因となります。介護予防の観点から，養護老人ホームに入所する利用者を対象に転倒防止体操を実施した結果，脚筋力が増加し，速く歩くことができるようになりました。さらに，脚筋力の改善は利用者の転倒不安をも軽減し，日常生活におけるさまざまな行為も自信をもって行えるようになりました。転倒しにくい体づくりが介護予防につながり，ひいては利用者のQOL（生活の質）の向上にも影響を及ぼしたと推察されます。[8]

また，要介護高齢者は睡眠に支障をきたすことが多いとされており，その対処が重要な課題となっています。健康的な睡眠確保の観点から，介護療養型医療施設に入所する利用者を対象に**アクティビティケア**を実施した結果，[9]総睡眠時間の有意な増加が認められました。[10]利用者の生活に楽しみとゆとりをもたらし，睡眠にもよい効果をもたらすアクティビティケアへの関心が高まっています。

(涌井忠昭)

▷5 涌井忠昭「介護労働者の身体活動量，生体負担およびエネルギー消費量」『人間生活科学研究』第37巻第1号，2000年，11～13頁。

▷6 Wakui, T., Shirono, S., Takahashi, S., Fujimura, T. and Harada, N., "Physical Activity, Energy Expenditure and Work Intensity of Care-Workers on Shift Work in a Special Nursing Home for the Elderly," *Journal of Occupational Health,* Vol.44, No.1, 2002, pp. 8-14.

▷7 涌井忠昭「ホームヘルパーの疲労」『保健の科学』第37巻第4号，1995年，231～235頁。

▷8 赤崎敦子・涌井忠昭「転倒予防への取り組み──転ばぬ先の筋力アップ」『総合ケア』第17巻第8号，2007年，87～91頁。

▷9 **アクティビティケア** 援助者が利用者の日常生活の活性化を目的として，レクリエーションなどのさまざまな活動を支援すること。

▷10 堤雅恵・涌井忠昭・小林敏生・田中マキ子「要介護高齢者の興味・関心を考慮したアクティビティケアの効果」『日本老年看護学会誌』第12巻第1号，2007年，101～108頁。

II 社会保障をとりまく状況

パートタイム労働と社会保障

1 パートタイム労働者とは

「パートタイム労働者」には，いくつかの定義があり，調査によってその該当者も異なってきます。代表的な定義の一つは，「短時間労働者の雇用管理の改善等に関する法律」（パート労働法）における「短時間労働者」の定義に基づいて，会社などの事業所で一般労働者より労働時間が短い人をさしてパートタイム労働者とするものです。厚生労働省の統計（「賃金構造基本統計調査」など）では，「同一事業所の一般の労働者より1日の所定労働時間が短い又は1日の所定労働時間が同じでも1週の所定労働日数が少ない労働者」が短時間労働者として定義されています。若年者のアルバイトやフリーターの人たちも，パートタイム労働者に当てはまります。総務省の「労働力調査」を用いて「週間就業時間35時間未満の者」をパートタイム労働者として定義することもあります。

このように，一般労働者よりも労働時間が少ない人をパートタイム労働者とした場合，実際に，さまざまなパートタイム労働者をイメージすることができるでしょう。たとえば，家計補助を目的として，短時間勤務している女性です。勤務先・時間につき家庭を優先して勤務先を選んで従事しているケースが多いでしょう。一方で，スーパーや百貨店などで，正社員とアルバイトの中間に位置づけられ，基幹的ないし専門的職務についているパート社員も多いでしょう。

2 パートタイム労働者の労働状況

図II-4は，「週間就業時間35時間未満の者」をパートタイム労働者とした場合の，実数の推移です。2014年度には，1,651万人のパートタイム労働者が存在します。

パートタイム労働者の抱える問題の一つは，労働条件が不安定なことです。多くのパートタイム労働者の賃金は時間給になっていて，正社員の時間当たりの賃金よりも少ない金額となることが多くなっています。退職金はもちろん，勤続などによる昇給も少なくなっています。また，依然として，労働組合に加入していないパートタイム労働者も多数に上ります。

3 パートタイム労働者と社会保険

パートタイム労働者は女性が多く，夫による扶養との関係から，社会保険に

▷1 労働政策研究・研修機構編『ユースフル労働統計──労働統計加工指標集2011』労働政策研究・研修機構，2011年，33頁。

▷2 菅野和夫『新・雇用の社会の法』有斐閣，2004年，266～267頁。

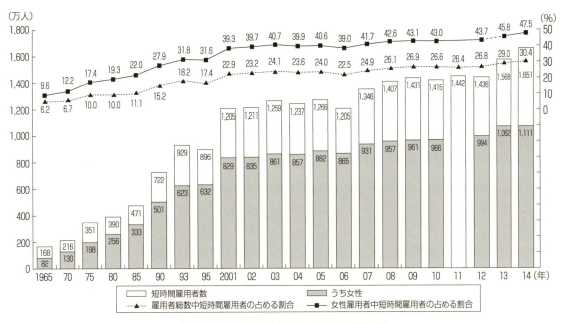

図II-4 短時間雇用者数の推移（非農林業）

注：(1)「短時間雇用者」は，非農林業雇用者（休業者を除く。）のうち，週就業時間35時間未満の者をいう。(2) 2011年の「短時間雇用者総数」は補完推計値であり，「雇用者総数に占める短時間雇用者の割合」は補完推計値で計算した参考値である。なお，雇用者総数（女性）及び短時間雇用者（女性）については，補完推計を行っていないため，「短時間雇用者総数（うち女性）」及び「女性雇用者総数に占める女性短時間雇用者の割合」については記載していない。
出所：厚生労働省「短時間労働者対策基本方針（案）データ集（平成27年2月17日）」。

関しても大きな問題が発生しています。

　たとえば健康保険では，年収130万円未満，労働時間が通常労働者の4分の3未満（一般的には30時間未満）などの条件を満たせば，夫の被扶養配偶者となり自らは保険料を負担せず給付を受けることができます。また，年金においても，健康保険同様，夫に扶養されているパートタイム労働者は，第3号被保険者となり保険料を実質的に負担しないことになります。つまり，年収130万円を超えるなどすると，自ら独立して被保険者となり保険料を負担する必要があるため，働きたいにもかかわらず労働時間を抑えなければならない人が多く，不満の声もありました。2016年10月より厚生年金・健康保険の適用範囲が「1週間の所定労働時間が20時間以上であること」などに拡大されました（ただし，「賃金が月額88,000円以上であること」，「雇用期間の見込みが1年以上であること」など様々な要件を満たす必要があります）。適用範囲の拡大を歓迎する声がある一方，働く時間を増やせないパートタイム労働者のなかには戸惑う人も多いと言われます。

　パートタイム労働者の制度の整備を求める声は強くなっています。一般労働者とパートタイム労働者の間で，より公平な制度を模索する必要があるでしょう。

（狭間直樹）

II 社会保障をとりまく状況

7 雇用問題の現状と課題

1 雇用労働情勢の悪化

雇用問題として第1にあげられるのは，雇用労働情勢の悪化です。

景気低迷による雇用情勢悪化は長期間にわたって厳しい状況が続いています。企業の倒産やいわゆる「リストラ」によって，**完全失業率**は2001年7月に初めて5％台になり，翌年8月には5.5％を記録しました。その後，一旦は低下したものの，2009年7月には，過去最高の5.6％を記録しています。2017年平均では2.8％に下がっています。**完全失業者数**は2017年度平均で190万人となっています（図II-5）。雇用保険の給付などを中心としたセーフティネットの整備，離職者の職業能力向上・早期再就職，積極的な雇用の創出など，雇用安定のための対策が求められます。

一方で，経済状態の悪化は，雇用されている人の労働環境も悪化させています。長時間のサービス残業などの労働条件の低下が問題となっており，適正な労働条件確保が必要です。また，能力主義や成果主義といった厳しい競争の発生，さまざまな技術革新への対応など，労働者が働く状況は厳しい状態が続いています。仕事が原因の過労・心理的ストレスのために，病気になったり，死亡するケースも増加しており，労災保険を中心に労働災害への予防や補償を整備していく必要があります。

2 就業形態の多様化

第2の問題として就業形態の多様化をあげることができます。パートタイム労働，在宅ワーク（情報通信機器を用いて在宅で業務を行うもの）など雇用形態は多様化しています。特に，パートタイム労働者は近年増加しており，2014年には1,651万人に達し，雇用者総数の約3割を占めています（週間就業時間35時間未満の者をパートタイム労働者とみなした場合）。パートタイム労働者への求人情報提供の促進，通常の雇用者との労働条件の公平性の確保，社会保険の適用拡大といった課題があります。

3 男女の均等な「雇用と待遇」

第3の問題として，男女の雇用機会・待遇の均等化があります。雇用における男女間の不平等については，男女雇用機会均等法などさまざまな制度がつく

▶ **完全失業者数と完全失業率**

総務省統計局が毎月行う「労働力調査」で明らかになる数字。完全失業者とは，満15歳以上で，①仕事がなくて調査期間中にまったく仕事をしなかった，②仕事があればすぐ就くことができる，③調査期間中に仕事を探す活動や事業を始める準備をしていた，の3つの条件を満たす人である。ごく短い時間でも働いて賃金を得た人，働く意思がない人，学校に通っており求職活動していない人などは算入されないので，失業の実態を反映していないとの声もある。労働力人口（就業者と完全失業者をあわせた数）に占める完全失業者数の割合を完全失業率と呼ぶ。

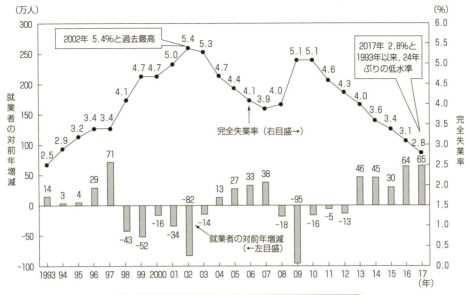

図II-5 完全失業率及び就業者の対前年増減の推移

出所：総務省統計局「労働力調査（基本集計）平成29年（2017年）平均（速報）結果の要約」2018年。

られてきましたが，女性が男性に比べて仕事をする上で不利な立場に立たされているという実態は依然として続いています。女性であることや妊娠・出産を理由とする差別的解雇，昇進などでの差別的扱いなどへの是正指導，介護休業・育児休業などに関する給付や助成の整備などの課題があります。

❹ 高齢者・障害者・若年者の雇用促進

第4に，高齢者，障害者などの雇用促進という問題もあります。

高齢者に関しては，「高年齢者等の雇用の安定等に関する法律」（高齢者雇用安定法）において「定年の廃止」「定年の引き上げ」「継続雇用制度の導入」のいずれかの措置をとることが企業に義務づけられ，60歳を過ぎても働く場が確保されることが求められています。

障害者に関しても，より積極的な雇用促進策が求められます。「障害者の雇用の促進に関する法律」（障害者雇用促進法）において，行政機関や民間企業に身体障害者・知的障害者を一定の割合（2018年4月1日からは国・自治体等は2.5％，民間企業は2.2％）で雇用すべきこと（法定雇用率），未達成の事業主からは納付金を徴収し，達成している事業主に調整金等を支給することが定められています。しかし，民間企業の多くが法定雇用率に達していないなどの課題があります。

若年者の雇用促進も大きな課題です。フリーターやニートの増加にみられるように，若者の労働環境は悪化しています。公共職業安定所における若年層に特化した職業相談，若年者雇用に積極的な事業主に対する助成，インターンシップを通した若者の職業意識啓発を行っていく必要があります。（狭間直樹）

II 社会保障をとりまく状況

8 男女共同参画社会と社会保障

1 男女共同参画社会とは何か

男女共同参画社会とは，男女の人権が等しく尊重され，男性も女性も，政治，職場，家庭，地域などのあらゆる場面で平等に権利をもち，利益も責任も平等に分かち合える社会のことをいいます。

1999年に成立した男女共同参画社会基本法では，「男女が，社会の対等な構成員として，自らの意思によって社会のあらゆる分野における活動に参画する機会が確保され，もって男女が均等に政治的，経済的，社会的及び文化的利益を享受することができ，かつ，共に責任を担うべき社会」と定義しています。

この法律では，国に「男女共同参画基本計画」，都道府県に「男女共同参画計画」の策定を義務づけ，男女共同参画社会の実現を目指しています。市町村については努力義務となっています。

2 男女共同参画社会の実現のために

男女共同参画社会基本法では，女性と男性との間の不平等な状況を改善し，性別に関わりなく一人ひとりの個性が生かされる男女共同参画社会を実現することを求めています。

男女が不平等な関係にある状況の背後には，**ジェンダー**▶1があるといわれています。女性と男性の生き方や生活のしかた，考え方や行動のしかたは，社会，文化，そして時代によって多様です。ジェンダーは決して人類に共通な固定的かつ普遍的なものではありません。しかしながら，一般には，固定的で普遍的なものと思われがちです。

その結果，性別によって役割を固定してしまう，性別役割分業意識が生じます。法律等が整備されつつあるものの，家庭内，地域社会，職場などで，女性と男性の間に不平等な状況が存続しています。

たとえば，かなり改善されてきたとはいうものの，女性の就業継続はまだまだ困難な状況が続いています（図II-6）。また，育児休業取得率は2015年に，女性では81.5%ですが，男性ではわずか0.265%にすぎません。

また，家庭内のジェンダーについても，かなり大きな問題があるといわれています。しかしこれは，私事的なものと位置づけられており，具体的な施策を届けることはなかなか困難で，全体状況の把握さえも十分に行われているとは

▶1 ジェンダー
「食事を作るのは女の仕事である」「男らしい態度をとるべきである」というように，規範となっている習慣，話し方，態度，服装，役割など，社会的・文化的に形成された性差（gender）のこと。このような視点での偏見や先入観をジェンダーバイアス，性差が解消された状況をジェンダーフリーという。生殖機能などの生物的な性差（sexuality）との対比で使われる。

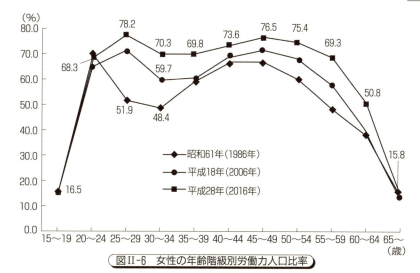

図Ⅱ-6　女性の年齢階級別労働力人口比率

出所：内閣府ホームページ「平成29年版　男女共同参画白書」2017年（http://www.gender.go.jp/about_danjo/whitepaper/h29/zentai/html/honpen/b1_s00_01.html）（2018.1.31）。

いいがたい状況にあります。

　これらを解消するためには，意識啓発のみならず，**積極的改善措置**を含む，具体的な対応が必要です。

③ 男女共同参画社会実現のための具体的施策と社会保障

　男女共同参画社会基本法に基づく，国の男女共同参画基本計画では，施策の基本的方向と具体的施策として，11の内容を掲げています。

　具体的には，①政策・方針決定過程への女性の参画の拡大，②男女共同参画の視点に立った社会制度・慣行の見直し，意識の改革，③雇用等の分野における男女の均等な機会と待遇の確保，④農山漁村における男女共同参画の確立，⑤男女の職業生活と家庭・地域生活の両立の支援（多様なライフスタイルに対応した子育て支援策の充実，仕事と育児・介護の両立のための雇用環境の整備，家庭生活・地域社会への男女の共同参画の促進など），⑥高齢者等が安心して暮らせる条件の整備，⑦女性に対するあらゆる暴力の根絶，⑧生涯を通じた女性の健康支援（**リプロダクティブ・ヘルス／ライツ**に関する意識の浸透など），⑨メディアにおける女性の人権の尊重，⑩男女共同参画を推進し多様な選択を可能にする教育・学習の充実，⑪地球社会の「平等・開発・平和」への貢献です。

　とりわけ，③，⑤，⑧の課題と社会保障施策は大きく関連しています。

　たとえば，雇用における男女の均等な機会の確保，多様な保育サービスの整備，育児休業・介護休業・看護休暇などの実現，不妊や避妊への対応，などです。

　また，次世代育成支援対策推進法では，都道府県および市町村に行動計画の策定を義務づけるとともに，特定事業主（国および地方公共団体）および一般事業主（従業員101人以上の事業者の事業主）に対しても，従業員のための行動計画の策定を求めています。

（山縣文治）

▷2　積極的改善措置
男女共同参画社会基本法第2条に規定される概念。たとえば，審議会の委員において女性委員数の下限を設けたり，男性の育児休業取得を強制するなど，男女のいずれか一方に対し，機会を積極的に提供することをいう。positive action あるいは affirmative action の日本語訳。

▷3　リプロダクティブ・ヘルス／ライツ
「性と生殖に関する健康と権利」と訳される。身体的，精神的，社会的に良好な状態にあり，安全な性生活を営み，子どもをいつ何人産むか，または産まないかなどを，当事者である女性に幅広い自己決定権を認めようとする考え方で，妊娠，出産，中絶に関わる女性の生命の安全や健康を重視したもの。

II　社会保障をとりまく状況

 国民負担率とは何か

 国民負担率とは

　国民負担率とは，私たち国民や企業が納めた税金（租税負担）と社会保険料（社会保障負担）の総額が，**国民所得**のうちに占める割合のことをいいます。つまり，政府が行う政策・事業のためにかかる費用を，税と社会保険等の負担額でとらえて，国民所得のなかからどのくらい徴収したのかを示す，一つの便宜的な目安ということができます。財務省によると，2018年度の見通しによるわが国の国民負担率は42.5％であり，租税負担24.9％，社会保障負担17.6％というのがその内訳となっています。ただし，この数値は，政府の背負っている借金の大きさを反映していないという見方もあることから，通常の国民負担率に財政赤字の大きさを加えた数値を，「潜在的な国民負担率」と呼ぶこともあります。この数値は48.7％となっています（図Ⅱ-7）。

　とはいえ，これらはあくまでもマクロレベルでの負担の大きさの一つの側面を示すものであり，現実に個々の企業が得た収益や家計のなかから徴収された金額の大きさを示す指標ではありません。

　これらの数値は，社会の少子化・高齢化の進行に伴って，今後上昇し続けていくことが予測されています。こうした動向に対し政府は，特に近年の伸び率が顕著な社会保障給付費の抑制などを通じて，国民負担率を可能な限り抑えることが望ましいという見解を一貫して示しています。

2 国民負担率の「抑制」について

　一般に，国民負担率について議論される場合，この「負担」という言い回しから，その背後に「軽いに越したことはない」というニュアンスが入り込みやすくなります。特に最近では，国民負担率の上昇は，企業や個人が行う経済活動の大きな阻害要因となるのではないかという考え方が広まりつつあり，それが国民負担率の抑制を求める声へとつながっています。

　しかし，税金や社会保険料という形で集められたお金は，もともとは健全な社会運営のために「必要」だと認められてきた事業を行うためにかかる費用の源泉であって，そう簡単に縮小できるものではありません。政府が行っている事業のなかには，それが行われなくなれば，結局は国民一人ひとりの私的な負担へと転嫁されてしまうという性質のものが多く含まれているからです。特に

▷1　国民所得
ある1年間における，国民経済のなかでのあらゆる生産活動が生み出した経済成果のなかから，必要経費分を差し引いた，純粋な成果のことをいう。

II-9 国民負担率とは何か

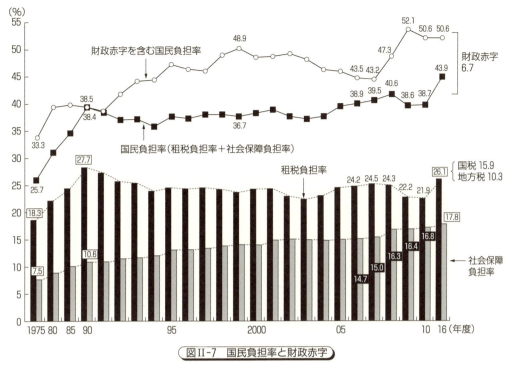

図II-7 国民負担率と財政赤字

出所：財務省ホームページ（http://www.mof.go.jp/tax_policy/summary/condition/019.htm）を一部改変。

　社会保障は，児童や高齢者の扶養，あるいは病気やケガの治療にかかる費用など，もともとは個人や家庭における私的な負担によってまかなわれざるをえなかったものについて，その一部を社会全体での負担へ転化することによって，個々の家計の負担を軽減する仕組みとして発展してきたものであることを忘れてはなりません。

　さらに今後は，少子高齢社会における社会保障のあり方だけでなく，環境問題や安全保障などに対する政府の役割が高まっていかざるをえないということを考えた場合，しかるべき水準の費用負担は，どうしても避けて通れない課題となってきます。しかし，国民負担率をどう抑制するのかという議論が先行してしまうと，こうした適切な社会保障の水準や安全保障のあり方をめぐる議論が，その入り口のところで大きく制約されてしまう可能性があるということに，私たちは注意を向ける必要があります。

▷2　成瀬龍夫『国民負担のはなし』自治体研究社，2001年，38頁。

　もちろん，これらのことは，国民負担率は単純に大きければよいということを言っているのではありません。まず私たちは，公共サービスやさまざまな社会的給付の有効性と，国民負担の大きさとのバランスがとれているかどうかを，現状においてしっかりと見きわめることが重要であるということ，そしてその上で，今日の社会状況に応じた，適正な規模の国民負担のあり方を議論することが大切であるということを理解してほしいと思います。

（西村貴直）

II 社会保障をとりまく状況

 # 貧困と社会保障

 ## 貧困とは何か

　貧困（poverty）とは，第一義的には，衣・食・住をはじめとした，生活に必要な一連の物資が恒常的に欠乏した状態，その社会で当然のものとみなされている生活が営めなくなる状態を意味します。より具体的にいえば，生活物資を入手する主要な手段としての，貨幣収入（所得）が中断・停止した状態，あるいは生活上の必要に収入が追いつかない状態，そしてその状態が長引き，そこから脱する方法をみいだせない状態に陥ってしまうことです。

　このような状態を直接的に引き起こす要因としては，病気やけが，障害，老齢，多子，失業や低賃金といったさまざまなリスクが考えられます。年をとらない人や，一生のうちに一度も病気にかからない人がいないことからもわかるように，こうしたリスクのうちのいくつかは誰にでも発生する可能性があるということを，まず理解しておく必要があります。

　とはいえ，こうしたリスクが現実化する確率，あるいはリスクが現実化した際に引き起こされる問題の大きさや深刻さ，ひいては貧困へと結びつく可能性の程度は，（性別，学歴，国籍，民族，出身地などの）社会的な「差別」や経済的不平等のあり方と大きく関連しています。これらのことから考えると，貧困に陥る原因をすべて当の個人に求めることはできません。

2 貧困が引き起こす問題

　貧困という必要物資の恒常的な不足・欠乏の状態は，その状態にある人々にとっては，衛生状態の悪化，不安定な健康状態，精神的ストレス，子どもに対する教育の相対的な不足といった，さまざまな生活上の問題を引き起こします。しかも，こうした状態におかれた人は，周囲の人々から特異な，ときには軽蔑的なまなざしのもとにさらされがちであり，そのために心理的な劣等感・無力感や反社会的な感覚を身につけるようになることもあります。その結果として，彼らは地域社会や主要な社会制度との関わり・つながりを喪失していくプロセスに巻き込まれていきます。こうした一連のプロセスを，最近では社会的排除（social exclusion）という言葉で表現するようになっています。

　こうした状態が社会的に放置され続けた場合，貧困がさらなる貧困の原因となる，いわゆる「貧困の再生産」や「貧困の連鎖」と呼ばれる悪循環が生じて

しまいます。さらにそれが一定の段階に達すると，深刻な社会的分裂を引き起こすこともあります。それは具体的には，「犯罪」の増加から局地的な暴動，ときには労働運動や反政府運動の高揚に至るまで，歴史的にみるとさまざまな形をとってあらわれてきました。

③ 貧困対策としての社会保障

　このように，さまざまな問題の温床となりうる貧困という社会現象に対し，その発生を抑制すること，あるいは貧困がもたらす負の影響を可能な限り軽減することを目的として，歴史的に試行錯誤をくりかえしながら発展してきた社会制度がまさに社会保障（social security）なのです。

　このような貧困対策の総体としてみた場合の社会保障は，事前の拠出を前提とし，標準化されたリスクに対する給付によって貧困の発生を予防しようとする制度と，実際に貧困に陥ってしまった人々に政府が直接的な生活支援を提供する制度の2つを大きな柱として構成されています。前者の中心的な役割を担う仕組みは社会保険とよばれ，後者のそれは一般に公的扶助と呼ばれています。

　わが国では，1950年の「**社会保障制度審議会**勧告」以降一貫して，貧困を予防するための社会保険の仕組みが社会保障制度の中心に置かれています。ただし，社会保険と公的扶助の関係は，どちらがより重要ということではなく，両者が効果的に連携しあうことによって初めて，貧困問題への適切な対処が可能になるということを理解する必要があります。

④ 今日の貧困問題と社会保障の課題

　貧困問題の具体的なあらわれ方は，社会構造の変容とともに変わっていきます。雇用環境の変化や少子・高齢化が進行する今日の社会状況のなかで，ワーキングプアとしての「非正規雇用労働者」，貧困の連鎖に直結する「子どもの貧困」，"下流老人"とも呼ばれる「高齢者の貧困」等が，現代の貧困問題として大きな社会的関心を集めています。これらの問題に象徴されるように，若年雇用の不安定化や長期失業，家族関係の複雑化や多様化，子育てや教育コストの上昇等，これまでの社会保障制度のしくみではうまく対応できない生活上のリスクが，広く一般化してきています。

　こうした現状に対し，近年では"第二のセーフティネット"としての「求職者支援制度」や「生活困窮者自立支援制度」が導入され，若年層の不安定就労や長期失業対策が進められています。また，「子どもの貧困対策推進法」制定により，子どもの貧困対策に取り組む一定の方向性が示されるようになりました。しかし，いずれも貧困対策の内容・規模としては不十分であり，社会保障のあり方をめぐる全体的な見直しが必要な状況にあります。

（西村貴直）

▷　社会保障制度審議会
国会議員や官僚，学識経験者などから構成され，社会保障が目指すべき方向性や，新たな政策の策定や法律の制定について調査・審議した上で，総理大臣に勧告を行う任務・権限をもっていたが，2001年に内閣府経済財政諮問会議に統合された。これまで，1950年，1962年，1995年と3度の勧告を行ってきたが，いずれもわが国の社会保障制度の重要な転換点に位置している。

II 社会保障をとりまく状況

「福祉国家の危機」以降の社会保障

1 経済危機と福祉国家

　1973年と1979年の2つのオイルショックによって，1970年代以降の世界経済は著しく変化しました。経済成長率が伸び悩んだだけでなく，一方で失業者の増大，そして他方でインフレーションの存続と景気の後退が同時に発生するスタグフレーションが進行していくことになりました。

　それまで先進諸国では，福祉国家の建設が目指されていました。この福祉国家のもとで，政府は資本主義経済の基本的な枠組みは維持しながら，財政・金融政策を通じて市場に介入し，市場システムに計画的に関与していったのです。しかし，その体制が抱える構造的な問題である社会保障支出の増大によってもたらされるインフレーションは，徐々に国家の体制と財政システムを脅かすことになりました。

　これはイギリスで典型的にあらわれ，英国病と呼ばれる状況，すなわち福祉国家による公共サービスの増大によって国家財政が膨張，財政破綻状況が発生したのです。

　1980年代のイギリスでは経済の停滞と失業率の上昇で不況が蔓延していました。それは産業構造の転換に伴う経済衰退により失業者が増大し，その結果，福祉政策が負担となって財政を圧迫したのです。

2 福祉国家の見直し

　この状況を背景に**ハイエク**[1]や**フリードマン**[2]といったマネタリストと呼ばれる経済学者たちは，世界経済が低迷しているのは，市場機構を支える民間経済がその活力を失ったためで，それは，本来の市場機構のもつ効率性を損なうような介入，すなわち福祉国家に原因があると主張しました。

　彼らは，福祉国家の存在と拡大こそが，政府部門の大幅な財政赤字という問題を生じさせていると論じ，本来経済の動向にとって最も重要であるのは貨幣（量）であるべきで福祉国家が恣意的に操作していることを攻撃したのです。

　つまり「大きな政府」である福祉国家は経済に対して悪い効果をもたらすのであって，市場機構がその本来の働きを取り戻して資本主義経済が活力を回復するように，国家は「小さな政府」を目指すべきではないかと主張したのです。

▷1　F. A. ハイエク（F. A. Hayek；1899-1992）ケインズ理論を批判し自由主義経済の優位を説いた。1974年ノーベル経済学賞。主著に『隷属への道』。

▷2　M. フリードマン（M. Friedman；1912-2006）シカゴ学派の経済学者。ハイエク同様，自由主義経済を唱え，マネタリストの代表とみなされた。1976年ノーベル経済学賞。主著に『資本主義と自由』。

③ 「福祉国家の危機」以降の政府の役割

　1970年代後半以降，1980年代にかけて福祉国家には厳しい目が注がれ，「福祉国家の危機」が声高く叫ばれるようになりました。

　いわゆる「福祉国家の危機」は，1980年10月，パリのOECD（経済協力開発機構）本部で開催された「1980年代の社会政策に関する会議」でまとめられた報告書，『福祉国家の危機（Welfare State in Crisis）』によって明らかにされています。この報告書は，全面的に過去の福祉国家を批判するものではありませんでしたが，福祉国家体制の見直しを求めているのは明らかでした。

　したがって，マネタリストによる福祉国家批判は，時代に即したものであり，その後の先進諸国の間に広まることになったのです。ミシュラは，新保守主義者の福祉国家批判として政府の役割について次のように述べています。

　第1に「政府の肥大化」です。

　政府は無原則に肥大化しており，各利益集団や選挙民からの過度の政府への期待によって無原則に要求が突きつけられている状態への批判です。

　第2に「政府の失敗」です。

　「市場の失敗」を解決しようとして実施された社会政策が逆に「政府の失敗」をもたらしていることです。

　第3に「政府の過重負担」です。

　福祉国家では，政府は自らの能力を超える要求を選挙民から突きつけられ，過重な負担を背負い込む一方，民主化が進展すればするほど，政府の行動は大きな制約を受けるようになり，その結果，政府はいわば「手詰まり」の状態となって最終的には「統治不能」の状態に陥ってしまうことです。

④ 「大きな政府」から「小さな政府」へ

　このように政府の体質が国家の危機，経済危機をもたらしたのであり，公共支出の削減と完全雇用政策を放棄し，「大きな政府」から「小さな政府」に転換して財政の均衡を図らなければならないと考えられ，社会保障のあり方も大きく変わっていくことになりました。

　つまり，経済再生のための戦略として，市場指向の「福祉国家の解体」が明確に打ち出されることになり，イギリスやアメリカではさまざまな行財政改革プログラムが推進されていくことになりました。とりわけ社会保障支出の増大は，まず手をつけなければならない領域であったのです。また，政治的にもケインズ主義的福祉国家における「合意の政治」は刷新され，国家目標として新保守主義的経済政策が明確に打ち出されていくことになりました。

（岡田忠克）

▷3　R. ミシュラ
（R. Mishra ; 1932-）
カナダ・ヨーク大学名誉教授。著書に『グローバリゼーションと福祉国家』『福祉国家と資本主義』等がある。安保則夫「転換期の福祉国家と社会保障の改革」『経済学論究』1994年10月，364頁を参照。

III 社会保障の歴史

欧米における社会保障の歴史（戦前）

1 救貧法の制定と慈善組織化協会

　中世封建社会から資本主義社会へと社会が移行していくに伴い，そのシステムからはじき出された多くの人々は貧民となりました。その大部分は浮浪者や乞食となりましたが，彼らは反社会的な存在とみなされ，犯罪者と同等に扱われ，きびしい懲罰が加えられていました。このような状況のなかでイギリスでは，1601年にエリザベス救貧法が制定されました。法律では，救助すべき者を，①有能貧民（労働能力のある大人），②無能貧民（病人，障害者などの労働能力のない大人），③扶養する者のいない子どもの3つに区分しました。①の者は，工場で強制労働させ，②の者は，救貧院に収容保護し，③の子どもは徒弟に出されました。この背景には，貧困の発生を個人の道徳的な欠陥や努力の欠如に求め，貧困者を怠惰者と考える状況がありました。その後，1834年に救貧法は改正され，新救貧法が制定されました。この法律は，救貧税の負担をできるだけ軽減することを目的としたもので，次第に力をつけてきた新興中産階級の利益を代表するものでした。特徴としては，①**劣等処遇の原則**，②労役場・救貧院の復活，③救貧行政を全国統一にするため中央機関として救貧法委員会を設置し，各教区には貧民救済委員会を置きました。しかし，貧困の原因を資本主義社会の構造的なものに求め，国家が社会的対策を講ずるという考え方が一般化するのには，その後の福祉国家の成立まで待たなければなりませんでした。民間レベルでは，1869年にロンドンに慈善組織化協会（Charity Organization Society，COSと略される）という民間団体が設置されました。慈善組織化協会は，地区ごとに要救護者の個別的調査，カード記録による登録，地区内の慈善事業団体の連絡調整を行い，ソーシャルワークの萌芽として位置づけられています。

2 ドイツ・アメリカの社会保障

○ドイツの場合

　ドイツでは，資本主義によってもたらされる諸問題を，絶対的な上からの国家権力によって解決していきました。当時のドイツにおける労働運動は，社会主義的な政治活動と結びつき国家にとって危険な存在でした。ドイツ帝国の首相ビスマルクは，社会主義運動の弾圧とひきかえに社会保険3部作と呼ばれる

▷1　劣等処遇の原則
救貧法による援助は，自力で生活している労働者の生活水準よりも低いものでなければならない。

①疾病保険（1883年），②災害保険（1884年），③年金保険（1889年）を実施し，世界で初めて社会保険制度を確立したのです。

○アメリカの場合

アメリカでは建国以来，個人主義の伝統や植民地時代以来の地方分権主義が根強くあり，中央政府による社会保障政策の実施には，あまり積極的ではありませんでした。しかし，1840〜1870年の工業化と産業化の進展によって賃金労働者が増加し，資本主義のシステムによる生活の不安定が労働者の問題として浮かび上がってきました。しかし，この時期においても国家からの政策的支援は制限的なものでした。

この状況が変化したのは1929年10月に起きた世界恐慌でした。1929〜33年の間に実質 GNP は31％減少し，失業率は3.2％（1929年）から25％（1933年）まで上昇しました。1933年3月に大統領に就任したルーズベルトは，連邦緊急救済法を制定しました。そして，ニューディール政策と呼ばれる財政的有効需要型拡大政策を1933年から38年にかけて実施していきました。1935年には社会保障法が制定され，連邦政府による老齢年金，州による失業保険，老齢・盲人・児童扶助サービスなどが規定されたのです。

> ▷2　古川孝順「ニューディールの救済政策」右田紀久恵・高澤武司・古川孝順編『社会福祉の歴史』有斐閣，1977年，149〜169頁。

③　福祉国家の成立

20世紀初頭には，貧困が個人の怠惰ではなく，資本主義社会の構造的な問題だという認識が深まり，国家は積極的に社会問題に取り組まなければならないとする思想がようやく広がりを見せ始めました。これにはブースやラウントリーの貧困調査が大きな影響を与えました。ブースは，1886年から1888年にかけてロンドンにおける貧困調査を実施しました。それによって人口の30.7％が貧困線以下の生活をおくっていることが明らかになりました（『ロンドン民衆の生活と労働』）。またラウントリーもヨーク調査を行い，ヨーク市民の約30％の人々が貧困生活を営んでいることを明らかにしたのです（『貧困―都市生活の研究』）。イギリスでは，1905年に「救貧法および貧困救済に関する王立委員会」が設けられ，その報告が1909年に公表されました。その後提案された多数派報告にそって改善が行われましたが，1934年の失業法の制定により失業扶助が公的扶助的性格を有することになり，救貧法は有名無実となりました。

第二次世界大戦の戦時中の1942年には，「ゆりかごから墓場まで」国民生活を保障することを目指すベヴァリッジ報告（ベヴァリッジ卿を委員長とする委員会の政府に対する勧告）が公表されました。彼はナショナルミニマム（最低生活保障）を維持するために社会保険の整備が必要であることを主張し，均一拠出均一給付の原則を打ち出しました。また，社会保障の前提として①児童手当，②包括的な保健サービスとリハビリテーションサービス，③雇用の維持が必要であるとしたのです。

> ▷3　委員会の報告は，①救貧法による公的救済を公的扶助と改め，その再編を提言した多数派報告と②救貧法を廃止して，国民に最低生活を保障する少数派報告とに二分された。

（岡田忠克）

Ⅲ 社会保障の歴史

 欧米における社会保障の歴史（戦後）

 第二次世界大戦後のイギリス社会保障の展開

　1945年5月にヨーロッパにおける第二次世界大戦は終わりました。この年イギリスでは総選挙が実施され，アトリー労働党が産業の国有化，ベヴァリッジ報告に基づく全国民加入の社会保険制度の確立と無料医療の実施を掲げ，大勝しました。しかし，大戦中の財政債務は膨大で，イギリス経済の再生は最優先課題でしたが，もう一つの最優先課題である福祉国家の建設という壮大な国家計画によって，イギリスの社会保障は大きく展開していくことになりました。ベヴァリッジ報告の政策展開の具体化として1945年には家族手当法が制定されました。1946年には**国民保健サービス法（NHS）**▶1が制定され，48年に実施されました。また，48年には国民扶助法が制定されました。その他，ヨーロッパをみてもスウェーデン，デンマーク，フランスをはじめとして社会民主主義政党が政権の座について，イギリス同様，福祉国家の建設と社会保障の充実が目標とされました。

② シーボーム報告と地方自治体社会サービス法

　1965年イギリスでは労働党の政権下において，シーボーム委員会が設置されました。この委員会の報告書は「地方自治体と関連する福祉サービスに関する委員会報告書」，いわゆるシーボーム報告として1968年に提出されています。この背景には，1960年代の経済の高度成長による社会保障の充実とは裏腹に，社会福祉サービスの質的保障と量的拡大の双方が大きな課題としてあり，社会福祉の専門職問題等を早急に検討する必要がありました。報告書では，コミュニティ基盤の家族志向のサービスの提供，地方自治体の社会サービス部の設置などが提案されました。この報告書を受け，1970年には「地方自治体社会サービス法」（Local Authority Social Services Act）が制定されました。

③ サッチャー政権における社会保障改革

　1979年にサッチャー政権が樹立し，「小さな政府」へ向けての改革が実施されていくことになりました。新自由主義に基づく**プライバタイゼーション**▶2政策は，国営企業の民営化や地方財政支出の制限などさまざまな形で具体化していきましたが，英国病，国民経済の停滞の最大要因と考えられた対人福祉サービ

▶1 国民保健サービス法（NHS）
すべての国民に包括的に医療サービスを税財源により原則無料で提供する制度。外来の処方薬については一部自己負担となっている。

▶2 プライバタイゼーション
民営化と訳される。公的部門の完全民営化，運営の民間委託，公民共同の運営等，その手法はさまざまである。

III-2　欧米における社会保障の歴史（戦後）

表III-1　タイトルXX制定前後の社会福祉サービスの変化

サービスの次元	変化の特徴
クライエント	選択的 ──→ 普遍的
サービスの供給	無形かつ限定された範囲→具体的かつ多様
サービスの提供の主体	公 ──→ 公・私
財源の獲得	補助金獲得術 ──→ 人口配分
計画立案	中央集権 ──→ 地方分権

資料：Neil Gilbert, "The Transformation of Social Services," Gilbert and Harry Specht ed., *The Emergence of Social Welfare and Social Work,* 2nd ed, Peacock, 1981, pp.101-118.
出所：高田真治「アメリカ（4）社会保障法タイトルXX」右田紀久恵・高田真治編『地域福祉講座①社会福祉の新しい道』中央法規出版，1986年，139頁。

スも改革の例外ではありませんでした。1981年には「高齢者に向けて」と称する白書が出され，サッチャー政権の高齢者対策の指針が明確に打ち出されました。そこでは，コミュニティにおける各種社会資源である家族や友人，知人またはボランティア団体やチャリティの積極的な活用とコミュニティケアはますますコミュニティによるケア（care by the community）をさすものでなければならないとされました。

　サッチャー政権による大規模な社会保障改革は，1985年6月の「社会保障の改革」と題されたグリーンペーパー，同年12月の「社会保障の改革─行動綱領」と題した白書によって方向づけられることになりました。このサッチャーによる社会保障改革は，真に援助を必要とするものとしないものを見極め効率的な資源配分と国家のスリム化を目指したものでした[3]。またその手段はプライバタイゼーションであり，サッチャリズムの信念である市場主義の過度への信仰がこれまで聖域であった社会保障にも改革の手が及ぶことになりました。具体的な改革は，年金改革と所得保障制度の全面再編の二本立てでした。また，後者については，①補足給付制度改革，②家族所得補足の改革，③住宅給付制度の改革が実施されました。

④　アメリカの社会保障の展開

　1960年代以降のアメリカは，ベトナム戦争や経済成長に伴う貧困階層の拡大が社会問題として顕在化していた時期でした。本来，個人責任の強いアメリカでは，個人への社会保障の充実は積極的に行われてはいませんでしたが，ジョンソン大統領による「貧困への挑戦」によって，社会保障制度の拡充がもたらされることになりました。低所得者に対して医療扶助を行う**メディケイド**[4]（1965年）や高齢者や障害者に対して医療保障を行う**メディケア**[5]（1966年）は，現在でも実施されています。また，1975年には社会保障法が改正され，タイトルXXが追加され，現金扶助では対処できない社会福祉サービスが規定されました（表III-1）。そこでは，公的扶助と社会福祉サービスの分離や福祉サービス利用者の自立自助，コミュニティケアの実現が目標とされました。

（岡田忠克）

▷3　毛利建三『イギリス福祉国家の研究』東京大学出版会，1990年，306～341頁。

▷4　メディケイド
1965年の改正社会保障法により成立した低所得者に公的医療扶助を行う制度。財源は連邦政府と州政府によりまかなわれている。現在すべての州で実施されている。2003年現在，支出は1,587億ドルに達している。

▷5　メディケア
1965年に創設，1966年より実施されている連邦政府が運営する公的医療保障制度。対象は65歳以上の者，障害年金受給者等である。メディケア・パートA（入院サービス）とメディケア・パートB（外来サービス）がある。

III 社会保障の歴史

3 医療保障制度の歴史（戦前・戦後）

1 戦前の医療保障制度——医療保険制度の必要性と基盤整備

　明治・大正期以降，日本では労働者に劣悪な環境で労働を強制していました。その目的は，「健康でよく働く労働者の増員⇒国全体の総労働量の確保⇒経済力・軍事力の強化」というメカニズムの確保（国益）にありました。そこでまず労働者を対象とする健康保険制度（1927年）が実施されました。第一次世界大戦で大きな損害もなく戦勝国となった日本がその後も軍事化を進めるためにも，労働者の健康を保障することを最優先としました。

　厚生省が設置された1938年に，労働者以外の自営業者を対象とする国民健康保険制度が実施されましたが，「①制度運営を各自治体に任せたために地域間格差が起きたこと，②家計に占める保険料支払いの割合が大きいこと」により，国民から支持されませんでした。日本経済を支える労働者や農業従事者の生活保障を整えた後に，家族の生活保障も加えられました。

2 戦後の3つの期間

○戦後混乱期（戦後〜1950年代）——国民皆保険制度の実現に向けて

　太平洋戦争後の国民生活と日本経済は壊滅的な状態でした。医師や医薬品の不足，医療保険制度の不安定化も深刻となり，診療報酬単価の引き上げ，保険診療による収入の安定化を図りました。

　1950年代に最低限度の生活保障（生存権）に対する国民的意識が高まるなかで，「社会保障制度に関する勧告」（1950年），「医療保障制度に関する勧告」（1956年），「国民健康保険法の全面改正」（1958年）があり，さらに国民健康保険の加入を義務づけ，1961年にようやく国民皆保険制度が実現しました。

○高度経済成長期（1960年代〜1973年）——医療保険制度の充実

　高度経済成長は，経済の規模の拡大化と活発化をもたらしました。1960年代後半からの財政緩和に伴い，医療保険の給付内容も充実していきます。①国民健康保険は，スタート時の5割給付から，世帯主の7割給付（1963年），家族の7割給付（1968年）となる。②健康保険の薬剤一部負担を廃止する（1969年）。③老人医療費を無料化する（1972年）。④健康保険は，本人の10割給付に対して，家族給付も7割に引き上げる（1973年）。高額療養費制度を創設する（1973年）。こうして1973年を福祉元年と位置づけました。高度経済成長期にお

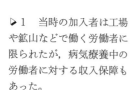

▷1　当時の加入者は工場や鉱山などで働く労働者に限られたが，病気療養中の労働者に対する収入保障もあった。

▷2　工場労働者以外の人々にも対象を拡大した目的は，農村の貧困を救済すること，健康で丈夫な兵士を確保することがあった。当時の総人口に対する医療保険加入者率は約10％であった。

ける社会や経済の構造変化に伴い，医療保険制度は「農林漁業に従事する者（国民健康保険の加入者）を中心とする制度」から「企業などに勤める被用者（健康保険の加入者）を中心とする制度」へシフトしました。

◯ 低成長期（1974年〜1980年代）──医療保険制度の見直し

石油危機（1973年秋）を境に経済成長は一気に減速しました。企業経営の悪化・景気後退，高齢化の進行と老人医療費の増大により，医療保険財政は赤字に転落しました。特に健康保険加入者が退職した後の受け皿的存在である国民健康保険は，高齢者の加入増加により，以降慢性的な財政難に落ち入ります。

1980年代に入り，「医療費の適正化，医療保険の給付・負担の見直し，世代間負担の公平化」を柱とした抜本的な財政改革が次々と打ち出されます。「①老人保健法制定（1982年）と老人保健制度創設（1983年）により，高齢者医療費を有料化し，医療保険財政を立て直す。②健康保険法改正（1984年）により健康保険1割負担を導入する。③高額医療費の自己負担限度額を見直す（1984年）。④退職者医療制度を導入する（1984年）。⑤老人保健法改正（1986年）により，高齢者の一部負担を引き上げ，老人医療費負担を公平化する」など，一連の制度改革は，急速な社会・経済構造の変化に対して，負担増と給付削減の両面から見直しを進めるものでした。

❸ 近年の医療保障制度──高齢社会における医療保険制度のあり方

1990年以降も日本経済の低迷と高齢化の進行により，財政状態は悪化の一途をたどります。特に国民健康保険は，企業退職者や多くの高齢者が加入するため，保険財政安定化のための法制度改正が実施されました（1990年）。老人保健法改正（1991年）により一部負担の改定や物価スライドを導入し，健康保険法改正（1992年・1994年・1997年）により給付・負担の見直しを進めました。2000年に入ると，世代間の公平化をいっそう進めるため，高額療養費の見直し（2000年），介護保険制度（2000年），高齢者の一部負担の引き上げ（2002年）などが実施されました。

しかし，高齢化・少子化が同時に進行する今日の日本社会においては，現役世代へ負担増，制度間・地域間の格差増大など，法制度や社会システム上の構造的な問題が指摘されています。医療費増大に対処しつつ，国民皆保険制度を存続させるために老人保健制度・**退職者医療制度**を見直し，各世代に公平な制度として**後期高齢者医療制度**が創設されました（2008年）。しかし，さらに将来の日本を見据えた具体的な対策・対応が急務になっています。短期的な対策として患者自己負担の見直し・診療報酬改定などを，同時に長期的対策として医療費適正化を推進する必要に迫られています。

（梓川　一）

▷3　医療費が増大した理由として「①高齢者の人口が急増したこと。②高齢者医療費の無料化に伴い，過剰診療が起きたこと。③医療機器や技術の高度化により，医療単価が引き上げられたこと」などがある。

▷4　退職者医療制度
給与所得者として企業に勤務し，健康保険組合の被保険者であった人が退職し，市町村国民健康保険に加入するケースは多い。【健康保険などからの拠出金】＋【退職者が負担する国民健康保険の保険料】を財源とするこの仕組みが「退職者医療制度」であった。新しい高齢者医療制度が創設されて，老人保健制度と退職者医療制度は廃止となったが，団塊世代が大量に退職を迎える平成26年度まで（現在65歳未満の退職者が65歳に達するまで），経過措置として退職者医療制度は継続される。

▷5　後期高齢者医療制度
75歳以上および65歳以上の寝たきりの人が加入する独立した医療制度である。75歳を超えると，これまでの医療保険を脱退して新たに後期高齢者医療制度に加入する。

Ⅲ　社会保障の歴史

 年金保険制度の歴史（戦前・戦後）

 恩給・官業共済組合の創設

　わが国では，明治時代の初期に軍人や官吏に対し，租税を財源として，退職・障害・遺族等の年金給付を支給する恩給制度が創設されました。その後，公立学校の教職員，巡査，看守などについても各々の恩給制度が設けられましたが，1923年に恩給法に統合されました。

　一方，明治時代末頃から大正時代初頭にかけて，恩給制度が適用されない官業の労働者を対象として，専売，印刷，逓信，運輸等の現業官庁に共済組合が設立され，年金給付が導入されました。共済組合では，恩給制度と異なり，労働者相互の負担によって費用を賄う社会保険方式が採用されました。

　恩給は「国家のために尽くした軍人や官吏に対する恩賞」という性格が強く，社会保障の理念との間にはズレがありますが，公的年金制度の歴史的起源の一つであったといえます。

 厚生年金保険の創設

　民間被用者を対象とする公的な年金保険制度は，1939年に創設された船員保険法が最初です。続いて1941年には，被保険者の老齢，障害，死亡等を保険給付の対象とする労働者年金保険法が制定され，翌年から実施されました。当初の適用対象は，常時10人以上の労働者を使用する事業所の男子工場労働者のみでした。しかし，1944年に，対象を常時5人以上の労働者を使用する事業所に拡大するとともに，事務職員と女子労働者をも被保険者とする改正が行われました。同時に，名称も厚生年金保険法と改められました。

　このように終戦までに，公務員や民間被用者のための年金制度が整備されましたが，その背景には，民間購買力の吸収によるインフレの抑制，勤労意欲の高揚，労働移動の防止などの目的のために，政府が年金制度を利用したという事情があります。積立方式による年金制度は，老齢年金の支給が始まらない発足当初においては，国民に貯蓄を強制するのと同じ効果をもつからです。

3 戦後の混乱と再建

　戦後の経済社会の混乱によって，厚生年金は一時機能停止に陥りました。すでに給付が始まった障害年金や遺族年金はインフレにより購買力を失っていま

したが，制度の建て直しを図ろうにも，労使とも年金保険料の負担増に耐えう
る体力がありませんでした。そこで，政府は，1947年に労働者災害補償保険が
創設されたことにともない，厚生年金から労災部分を分離しました。さらに翌
年には，まだ受給者のいなかった老齢年金の年金額を低水準に凍結し，これに
合わせて保険料率を大幅に引き下げるという非常措置をとりました。こうした
措置によって厚生年金はようやくインフレを切り抜けました。

　その後，1954年には厚生年金保険法の全面改正が行われました。この改正で
は，①従来の報酬比例制を改めて，定額部分と報酬比例部分の二階建てとする，
②老齢年金の支給開始年齢を段階的に男子60歳，女子55歳に引き上げる，など
の改正が行われ，給付水準も大幅に改善されました。

　一方，公務員に対する年金制度は，戦後も官吏に対する恩給制度と現業労働
者に対する共済組合という併立した形で存続していました。しかし，1958年に
国家公務員共済組合法が全面改正され，翌年，恩給は共済組合の年金給付に統
合されました。

④ 国民皆年金の実現

　このように，被用者については，漸次，厚生年金や共済年金が整備されてい
きましたが，それでも昭和30年代初頭の年金制度適用者は全就業者の約３割に
すぎませんでした。そこで，自営業者，農業従事者，零細事業所の被用者等，
長く年金制度の適用外に置かれていた人々を対象として，1959年，国民年金法
が制定されました。1961年から拠出制国民年金がスタートし，すべての国民が
いずれかの公的年金制度の適用を受ける国民皆年金体制が実現しました。また
同年，職場を移動した場合に老齢年金の資格期間を満たせなくなることによる
無年金者の発生を避けるため，通算年金制度が創設されました。

　国民皆年金の実現以降昭和40年代後半までは，年金の給付水準の改善に焦点
を当てた改革が行われました。なかでも「年金の年」といわれた1973年には，
年金額算定の基準となる**過去の報酬の再評価**，**物価スライド制**による年金額の
自動改定等が導入されました。また，標準的な年金水準を現役世代の平均標準
報酬の６割程度とするという方針が打ち出されました。国民年金についても厚
生年金の改正に連動して給付の改善が行われました。

　しかし，1973年の秋に起こったオイルショックを契機として日本経済は低成
長へと移行していきます。さらに，1980年代に入って高齢化社会の到来が明ら
かになるなかで，年金制度においても，制度の分立に伴う制度間の不合理な格
差，国民年金の財政的危機，被用者年金の給付水準の見直し等の問題が指摘さ
れるようになり，1985年の年金制度の抜本改正へとつながっていきます。

（寺本尚美）

▷　**過去の報酬の再評価と
物価スライド制**
経済変動に対して年金額の
実質価値の維持を自動的に
図るため，報酬比例部分の
年金額の算定基礎である過
去の標準報酬月額に再評価
率を掛けて現在価値に置き
換えるとともに，年度平均
の全国消費者物価指数が５
％を超えて変動した場合に
はその変動した比率を基準
として年金額を改定するこ
ととした。

III 社会保障の歴史

 # 社会福祉制度の歩み（戦前）

▷1　児童虐待防止法
労働搾取や不当労働の禁止などを主眼とする禁止行為や児童虐待防止施設等の規定があるが，現在の「児童虐待の防止等に関する法律」とは直接の関係はない。

▷2　社会事業
社会福祉の発展段階の一つとして位置づけられる事業および思想。その特徴は，制限的で，公的責任性のやや低い救貧事業の次の段階に位置し，保護的な視点からこれに対応する点にある。

▷3　障碍（しょうがい）
「碍」は，「礙」の俗字で，「妨げられて進まない」ような状況を指す。戦後，当用漢字制度により，「碍」の字が使えなくなったため，同音の「害」が使われ，「障害」と表記するようになった。「害」のもつ「邪魔者」「悪者」的なイメージを嫌い，現在でも「障碍」ある

① 国家政策としての社会福祉の登場

　近代国家としての明治政府は，国の基盤を形成する基本的な法律の制定を順次行います。

　このような状況のなかで，総合的な社会福祉法として恤救規則（1874年）が定められます。この規則の前文には，「人民相互の情誼」「無告の窮民」などの言葉がみられます。すなわち，当初の認識としては，「社会福祉的なものは，本来，親族や地域社会などの相互扶助で行うべきであるが，そのようなものが期待できない人についてのみ国が救済を行う」という，極めて消極的な立場であったことが推察できます。

　恤救規則は，1929年，救護法へと発展します。恤救規則と救護法との対象の違いは，「無告の窮民」あるいは「独身」（まったく身寄りがないこと）という限定が解除されたこと，高齢者が70歳以上から，65歳以上に拡大されたこと，妊産婦が追加されたことなどにあります（表III-2，表III-3）。

　また，救護の種類として，生活扶助，医療，助産，生業扶助の4類型が，救護施設として，養老院，孤児院，病院，その他の4種類が示され，今日の生活保護の原型ができあがります。

　昭和初期には，この他にも，**児童虐待防止法**[1]の制定（1933年），明治期に制定された感化法を少年教護法に改正（1933年），母子保護法の制定（1937年）などが相次ぎます。このように拡大する**社会事業**[2]の基本的考え方や方法を統一するため，1938年には，社会事業法が制定されます。

表III-2　恤救規則の対象

1	独身にて，癈疾に罹り産業営む能わざる者
2	独身にて，70年以上の者重病或は老衰して産業営む能わざる者
3	独身にて，疾病に罹り産業営む能わざる者
4	独身にて，13年以下の者

表III-3　救護法の対象

1	65歳以上の老衰者
2	13歳以下の幼者
3	妊産婦
4	不具癈疾，疾病，傷痍その他精神又は身体の**障碍**[3]に因り労務を行うに故障ある者

② 公的社会事業を補完する民間社会事業

　初期の公的社会事業は，対象を限定するものであり，実際に保護の対象となるものは必ずしも多くありませんでした。

　そこで，生活困窮者などの保護にあたったのが，宗教団体や篤志家などの民間人あるいは民間団体です。明治期に活躍した代表的な人物としては，石井十次，石井亮一，留岡幸助，山室軍平，野口幽香などをあげることができます。

石井十次（1865～1914年）は，岡山医専（現岡山大学医学部）の医学生でしたが，実習中に巡礼者の子どもを引き取ったことから孤児教育会をつくり，1887年に岡山孤児院を設立，孤児の教育に専念しました。1909年には，かねてからの理想であった孤児教育を実現するために，出身地の宮崎県茶臼原に分院を開き，その後全面移転します。活動は一時中断しますが，戦後再開され，現在も継続しています。

石井亮一（1867～1937年）は，築地立教学校（現立教大学）卒業後，立教女学校教諭となりますが，1891年，濃尾大震災の際に孤児貧児を引き取り孤女学院（その後，滝野川学園と改称し，現在も活動は継続）を創設します。その中に知的障害児が含まれており，その後知的障害児の福祉に専念することとなります。

留岡幸助（1864～1934年）は，同志社神学校（現同志社大学）を卒業，教会牧師を経て，1891年，北海道空知監獄の教誨師となります。米国において感化事業を学び，1898年帰国後，巣鴨監獄の教誨師となり，翌年，家庭学校（現児童自立支援施設）を創設しました。その後，北海道に移転し，現在も活動が続いています。

山室軍平（1872～1940年）は，日本救世軍の創設者として知られています。救世軍は，廃娼運動，社会鍋，児童虐待防止運動などの実践的な社会事業に取り組み，その活動は現在も続いています。

野口幽香（1866～1950年）は，東京女子師範学校（現お茶の水女子大学）卒業後，幼稚園に勤めていましたが，生活困窮家庭の子どもの教育に関心をもち，貧民幼稚園を作りました。この幼稚園は，保育所的性格の濃厚なものであったので，1916年には「二葉保育園」と改称されています。また，保育事業だけではなく，地域の実情に応じた多様な社会事業を展開しており，今日の施設社会化の先駆ともいえます。

③ 戦時期の社会事業

昭和期に入ると，わが国は順次戦時体制を強化していきます。公的社会事業と民間社会事業は，戦時目的に融合されるものも多くなります。たとえば，大正期に大阪で発足した**方面委員制度**もそうです。

この時期，社会事業は，（戦時）厚生事業と称されるようになります。

厚生事業は社会事業段階の特殊な一時期で，第二次世界大戦期において，軍事政策の一環として，人的資源の育成，国民生活の安定刷新，国民的団結を図ることを目的として行われた社会救済事業のことをいいます。

（山縣文治）

いは「障がい」と表記する考え方もある。

▷4　方面委員制度
大阪府知事林市蔵と大阪府嘱託小河滋次郎が協力して，1918年に創設した制度。市町村小学校通学区域を担当区域（方面）とし，区域内の住民の生活状況の把握，個別救済，公的救済へのつなぎなどを担当した。戦時期，とりわけ朝鮮半島や台湾では，警察的な役割も一部果たしたといわれている。戦後は，民生委員として制度化された。

Ⅲ　社会保障の歴史

社会福祉制度の歩み（戦後）

1　戦後処理期

　第二次世界大戦後の日本は，大変な混乱状況にありました。国民生活は破綻しており，それに対応するため，国は，憲法を基礎にして，基本的な生活を保障するための法律を整備します。その第一歩が，旧生活保護法です。この法律は，極めて制約の多いものでしたが，戦後直後の混乱に国がすすんで対応する重要な契機となりました。

　1946年，GHQ（連合国総司令部）は，「公的救済に関する三原則」を内容とする指令（SCAPIN775）を発令します。

　三原則とは，①無差別平等，②国家責任，③最低生活保障，の3つをいいます。これは，多くの部分で，旧生活保護法に抵触するものであり，国はこれを受けて，新たに生活保護法を制定します。これと前後して，児童福祉法，身体障害者福祉法も整備され，福祉三法と呼ばれる体制ができあがりました。また，社会福祉事業の運営や指針を明らかにすることを目的として，社会福祉事業法も制定されます。

2　社会福祉の拡充

　1956年，『経済白書』は「もはや戦後ではない」というフレーズをかかげ，経済成長に向けての歩みに前向きな姿勢を示します。数年後には，急激な成長体制に入り，景気は活性化します。これに合わせ，保育所など，社会福祉関係のサービスも拡充していきます。この頃には，さまざまな分野の法整備も進みます。精神薄弱者福祉法（現知的障害者福祉法），老人福祉法，母子福祉法（現母子及び父子並びに寡婦福祉法）の三法が成立し，福祉六法体制となります。

　さらに，児童扶養手当法，特別児童扶養手当等の支給に関する法律，児童手当法などの手当制度，老人医療費の無料化など，経済成長を背景にした各種施策が打ち出されます。革新自治体と呼ばれる自治体では，後に「バラマキ福祉」と揶揄される状況となっていきます。

3　在宅福祉サービスの導入

　1973年，経済成長の先行きに不安をもたらすできごと，オイルショックが起こりました。一方で，高齢化率は上昇を続け，高齢化社会となっていました。

▷1　旧生活保護法では保護の適用除外として，「能力があるにもかかわらず，勤労の意思のない者，勤労を怠る者，その他生計の維持に努めない者」「素行不良な者」が規定されていた。

▷2　SCAPIN775
SCAPINは，Supreme Commander for the Allied Powers Instruction, の頭文字。日本語訳は，連合国最高司令官。SCAPIN775は，連合国最高司令官による775号通知といった意味になる。

国でも，ようやく高齢化社会を意識した政策を展開することとなります。『厚生白書』1980年版のタイトルは，「高齢化社会への軟着陸をめざして」となっていますが，1970年代後半から1990年までは，毎年のように，高齢化がテーマとして取り上げられています。

従来の福祉サービスは，施設サービスに力点が置かれていましたが，高齢社会を視野に入れ，1990年，社会福祉関係8法の改正により，訪問介護（ホームヘルプ），日帰り介護（デイサービス），短期入所（ショートステイ）に代表される在宅福祉サービスの導入が，老人福祉法，身体障害者福祉法，知的障害者福祉法，児童福祉法，母子及び寡婦福祉法（現母子及び父子並びに寡婦福祉法）などで図られました。

④ 社会福祉基礎構造改革

さまざまな施策にもかかわらず，出生率の上昇は図られず，その結果，社会の高齢化はとどまることを知らない状況となっています。そこで始まったのが，社会福祉基礎構造改革です。これは，戦後の社会福祉サービスの基礎を形成してきた**措置制度**▷3，社会福祉法人制度などの大幅な見直しを図るものです。

その先駆けとなったのが保育所の措置制度の廃止です。その後，高齢者福祉分野では介護保険制度，障害者福祉分野では支援費制度が導入され，措置制度は順次廃止されていきました。

供給主体についても，自治体による直営の見直しが進み，企業やNPO法人など，従来は認可制度のなかに参入しにくかった供給主体の参入が図られています。直営で行われていた事業は，民間への移管（民営化）が進んでいます。

また，国や都道府県などの広域自治体で行われてきた福祉サービスの市町村への委譲（地方分権化）も進んでいます。在宅福祉サービスの導入が図られた1990年に第一次の分権化が行われましたが，その後も介護保険制度や支援費制度の導入に合わせ，措置制度でない施設のほとんどについて，市町村が対応することになっています。

（山縣文治）

表Ⅲ-4　戦後の社会福祉法制の整備

1946年	旧生活保護法
1947年	児童福祉法
1948年	民生委員法
1949年	身体障害者福祉法
1950年	生活保護法　精神衛生法（1987年：精神保健法　1993年：精神保健及び精神障害者福祉に関する法律）
1951年	社会福祉事業法（2000年：社会福祉法）
1960年	精神薄弱者福祉法（1998年：知的障害者福祉法）
1961年	児童扶養手当法
1963年	老人福祉法
1964年	母子福祉法（1981年：母子及び寡婦福祉法　2014年：母子及び父子並びに寡婦福祉法）　特別児童扶養手当等の支給に関する法律
1965年	母子保健法
1970年	障害者対策基本法（1993年：障害者基本法）
1971年	児童手当法
1982年	老人保健法
1987年	社会福祉士及び介護福祉士法
1995年	高齢社会対策基本法
1997年	介護保険法　精神保健福祉士法
1998年	特定非営利活動促進法（通称NPO法）
2001年	配偶者からの暴力の防止及び被害者の保護に関する法律（通称DV法）
2003年	少子化社会対策基本法　次世代育成支援対策推進法
2004年	発達障害者支援法
2005年	障害者自立支援法（2012年：障害者の日常生活及び社会生活を総合的に支援するための法律（通称　障害者総合支援法））
2012年	子ども・子育て支援法
2013年	子どもの貧困対策の推進に関する法律
2015年	生活困窮者自立支援法
2016年	障害を理由とする差別の解消の推進に関する法律（通称　障害者差別解消法）

▷3　措置制度
サービスの利用決定を行政処分として行うもので，利用者は申し込んだ後の決定プロセスに参加できない。その結果，供給者本位の制度となり，供給者側の意向でニーズが調整されるなどの傾向がみられた。社会福祉基礎構造改革では，利用者の意向を尊重した利用者本位の制度が志向されている。

Ⅳ 社会保障の実施体制

 わが国の社会保障制度の体系

 社会保障制度の体系

　社会保障制度の体系を整理するには、社会保障の仕組みに着目する方法と、社会保障の分野に着目する方法とがあります。前者の場合、社会保障制度は、保険の技術を用いて保険料を財源として給付を行う社会保険と、保険の技術を用いず租税を財源として給付を行う社会扶助とに大別できます。社会扶助はさらに、公的扶助と社会手当・社会福祉サービスに分けられます。一方、後者の場合は、所得保障、医療保障、社会福祉サービスの3つの分野に分けることができます。分野ごとにどの技術を用いることも可能です。表Ⅳ-1は、横の欄に3つの技術を示し、縦の欄に3つの分野を示し、両者の関係と具体的な制度の例を示したものです。社会保障の制度を設計するにあたって、その分野にどの技術を用いるかは、その制度の目的を達成する上での妥当性、各国における制度を取り巻く環境や歴史的経緯などを踏まえて決定されます。

 社会保障の仕組み

　〇社会保険

　社会保険は、保険のリスク分散システムを活用して、生活を困難に陥れるような一般的なリスクに対して人々があらかじめ保険料を支払い、そうしたリスクが発生した場合に、その個人に必要な給付を支給する制度です。わが国では、社会保険が社会保障制度の中核となっています。社会保険は、保険事故別にみると、年金保険、医療保険、介護保険、雇用保険、労災保険の5つから構成されています。このうち、年金保険と医療保険は、被用者とそれ以外の自営業者など、対象者の職域別に制度が分かれていますが、すべての国民がいずれかの制度に加入する仕組みになっています。

　社会保険は、誰もが遭遇するような偶発的・定型的なリスクを対象に予め備えておく事前の予防的な手段ですが、これで社会のすべての生活困窮をなくすわけにはいきません。予防的な手段では防ぎきれない個別の困窮事例や個人の意思にかかわる故意のリスクなどについては、社会扶助が対応します。

　〇社会扶助

　社会扶助は、租税を財源として、保険の技術を用いずに給付を行う仕組みであり、国や地方公共団体の施策として、国民や住民に対して現金またはサービ

IV-1　わが国の社会保障制度の体系

表IV-1　社会保障制度の体系

		技　術　の　体　系		
		社会保険	社　会　扶　助	
			公的扶助	社会手当・社会サービス
分野の体系	所得保障	年金保険 失業保険	生活扶助（生活保護）	各国の児童手当 無拠出制の年金
	医療保障	医療保険	医療扶助（生活保護）	イギリスや北欧諸国の保健医療サービス
	社会福祉サービス	介護保険	各国の公的扶助による社会福祉サービス	北欧諸国の社会福祉サービス

スの提供を行うものです。社会扶助は，さらに細かく区分すると，厳しいミーンズテストを伴う公的扶助と，緩やかな所得制限を伴う（場合によっては所得制限すらない）社会手当・**社会サービス**から構成されます。

　公的扶助は，現に生活に困っている人に対して，どの程度困窮しているのかを具体的に調査した上で，公費によって必要なだけ援助する制度です。社会保険などの防貧制度の網の目から取り残された生活困窮者を事後的に救済する，ナショナルミニマムを達成するための最終的な生活保障の仕組みです。わが国における公的扶助の中核は生活保護制度です。

　一方，社会手当・社会サービスは，社会保険の普遍的な給付の支給方法と公的扶助の公費による財源調達方法とを組み合わせた制度です。予め給付すべき一般的なリスクを事前に決めておき，そうしたリスクが発生した人に自動的に定められた給付を，公費を財源としてミーンズテストなしに支給します。その給付の形態が，現金給付であるものを社会手当，現物給付であるものを社会サービスと呼びます。社会手当には，児童手当，児童扶養手当等があります。また，社会サービスには，保健・医療・福祉分野において，社会福祉制度を通じて，社会的に支援が必要な人々に対して，地方公共団体等から提供されるさまざまなサービスが含まれます。

3　社会保障の分野

　社会保障制度を，その機能や領域により整理すると，所得保障，医療保障，社会福祉サービスの3分野に分けることができます。所得保障についてみると，わが国では主として社会保険を用いて所得を保障し，社会保険で対応できない場合にのみ，公的扶助でこれを補足します。医療保障の分野においても，社会保険方式により医療費を保障し，例外的な場合に公的扶助による医療扶助の制度が設けられています。また，社会福祉サービスの分野では，児童，障害者，老人，母子など，対象者別に社会サービスの方法でサービスが提供されていますが，要介護高齢者のための介護サービスについては，介護保険制度の導入により，社会保険方式で提供されるようになりました。　　　　　　（寺本尚美）

▷　社会サービス
国民生活に密着した，または国民生活の基盤をなすサービスで，公的部門が供給主体となるか，または何らかの制度的な関与を行うことによって，サービスの安定的供給や質の確保を図っていく必要のあるサービスをさす。

Ⅳ 社会保障の実施体制

 # 社会保障の法律

社会保障の法律にはどのようなものがあって，そして，互いにどのように関わっているのでしょうか。社会保障と憲法，社会保障と具体的な法律（社会保障法）についてみていきましょう。

1 社会保障と憲法

日本国憲法第25条第1項は「すべて国民は，健康で文化的な最低限度の生活を営む権利を有する」と定めています。これは，国民誰でもが，人間らしい生活を送る権利を権利として宣言したものです。ここで定められた生存権を実現するために，第25条第2項は，「国は，すべての生活部面について，社会福祉，社会保障及び公衆衛生の向上及び増進に努めなければならない」とし，国には，社会保障制度を構築しなければならないこと，そしてその内容が充実するように努力する義務があるとしています。

つまり，憲法は，われわれが「健康で文化的な最低限度の生活」を営むことができる権利＝生存権を定め，制度を構築する義務を国に課している点で，社会保障制度の基盤となるものであるといえます。

ところで，生存権規定のいう「健康で文化的な最低限度の生活」というのは，具体的にはどのような暮らしをさしているのでしょうか？　テレビやパソコンが家にある暮らしでしょうか？　経済的に恵まれた暮らしでしょうか？　このような生活の場にあらわれる生存権の問題を考え，具体化する役割を果たしているのが社会保障であり，社会保障に関する法律なのです。

2 社会保障と社会保障法

では次に，両者の関わりについてみてみましょう。社会保障が，制度自体のことをさすのに対して，社会保障に関する法律は，総称して「社会保障法」と呼ばれています。

社会保障法は，ここでは，①社会保険，②社会福祉，③公的扶助，④公衆衛生，⑤社会手当に関する法からなるものととらえておきます。

◯社会保険に関する法

社会保険とは，公保険の一種であり，保険的手法を用いて，疾病，負傷，死亡，老齢，失業などのさまざまな保険事故に対し，その出費を補い，または収入の損失を補塡する制度です。国民皆年金，皆保険体制が機能している今日，

▷1　東京地判2008年6月26日（判例時報2014号48頁）は，「憲法25条及び（生活保護）法第3条において，健康で文化的な最低限度の生活というとき，衣食住等をはじめとする生存・健康を維持するための必要不可欠の要素に加え，人間性の発露として，親族，友人との交際や地域社会への参加その他の社会的活動を行うことや，趣味その他の形態で種々の精神的・肉体的・文化的活動を行うこともまたその構成要素に含まれる」とする。

▷2　社会保障法の体系には諸説ある。菊池馨実『社会保障法』有斐閣，2014年，6〜11頁。加藤智章・菊池馨実・倉田聡・前田雅子『社会保障法（第6版）』有斐閣，2015年，3〜10頁。

社会保障制度の中核的役割を担っています。現在，社会保険制度は，雇用保険，労災保険，医療保険，年金保険，介護保険の5種類の保険制度があります。これらの制度は，それぞれ制度の改革について議論が行われています。特に，年金・介護については，新聞・テレビで耳にすることが多いでしょうから，最新情報をチェックするとよいでしょう。

◯ 社会福祉に関する法

社会福祉法とは，金銭給付では対処が困難かもしくは不可能な生活上のニーズについて，人的・物的サービスを提供する法制度です。

社会福祉法の領域に含まれるものとして，児童の健全育成と生活の保障などを目的とする児童福祉法，高齢者の健康維持，社会的活動への参加などの福祉を増進する目的をもつ高齢者福祉の法，障害をもった人を支援するための障害者（児）福祉の法，母子（父子）家庭の安定と向上のために必要な措置を講ずることを目的とする家族福祉の法，保健・医療と福祉の連携に関する医療福祉の法などがあります。これらの法は，生活する上で不可欠なものです。今後，ますますの充実が求められています[3]。

◯ 公的扶助に関する法

公的扶助法は，困窮のために自らの力で最低生活を維持できない人々に対して，国家がその不足に応じ，事前の拠出を条件とせずに公費により給付を行う法制度のことです。生活保護法がこれにあたります。社会保険が，保険事故に対してあらかじめ備える機能（防貧機能）をもっているのに対して，公的扶助は，社会保険を補完し，困窮に陥った人々を救済する機能（救貧機能）をもっています。

◯ 公衆衛生に関する法

公衆衛生とは，疾病予防や健康増進を目的とする衛生管理のことです。具体的には，成人病対策や精神保健対策をはじめとする保健サービスや，医療供給事業，廃棄物処理などを含む環境衛生，学校や職場の保健衛生，感染症予防対策などが含まれます。

◯ 社会手当に関する法

社会手当とは，公的扶助と社会保険の両方の要素をもった給付です。つまり，給付の形態については，予め定められた事由について行われ（社会保険と同じ），財源については税方式がとられる（公的扶助と同じ）というものです。社会手当に関する法としては，児童手当法，児童扶養手当法，特別児童扶養手当法があります。この他，無年金の障害をもつ人々を対象に手当を支給する特定障害者給付金法が2004年12月に成立しましたが，これも社会手当の一種に分類できます。

（藤澤宏樹）

▷3　社会福祉法の入門書としては，河野正輝・増田雅暢・倉田聡編『社会福祉法入門（第3版）』有斐閣，2015年，大曽根寛『社会福祉と法』放送大学教育振興会，2016年。

Ⅳ　社会保障の実施体制

③　社会保障の関連法

❶　社会保障裁判を例にとって──中嶋訴訟

　社会保障の関連法について，実際の社会保障裁判を例にとって考えてみましょう。2004年3月16日，最高裁判所は，いわゆる中嶋訴訟で原告勝訴の判決を言い渡しました。この訴訟は，中嶋さん夫妻が子どもの高校進学費用などに備えて，生活保護費等を節約して14年間月額3,000円の学資保険をかけたところ，福祉事務所から解約を指示され，解約金45万円のほとんどが収入であると認定され，保護費を減額されました。そこで，この処分の取消と損害賠償を求めて提訴したという事件です。[1]

❷　行政の処分に不服があるとき，どうしたらいいのか

　中嶋さん夫妻は，福祉事務所の判断（「処分」といいます）に不服があって訴訟を起こしたわけですが，生活保護に関する事件については，その争い方が決まっています。

　生活保護に限らず社会保障受給権の判定には専門的知識が不可欠であるだけでなく，生活に直結する問題なので，迅速な解決が要求されます。そこで，各法はそれぞれ不服審査の手続を定めて迅速でかつ適切な紛争解決を図ることにしています。生活保護事件の不服審査は，まず，都道府県知事に対して申し立てられます（これを審査請求といいます）。知事は，請求の日から50日以内に裁決をしなければなりません。その期間内に知事が裁決を行わなかったときは，請求を棄却したものとみなされます。裁決に不服があれば，厚生労働大臣に再審査請求を行うことができます。大臣は，70日以内に裁決をしなければなりません。訴訟は再審査請求を行った後でしか提起できないことになっています[2]（審査請求前置主義）。

❸　自立して生活するための資金はどうするのか

　中嶋訴訟の場合，中嶋さんは生活保護費を節約し，学資保険をかけてこれを高校の学費に充てようとしました。実は，この方法以外にも，学費を用意する方法があります。[3]たとえば，「生活福祉資金」を利用するという方法です。これは，低所得世帯，高齢者世帯，障害をもった人のいる世帯に，生活や仕事のために自立するのに必要な資金を貸し付けるという制度です。高校進学の場合

▷1　中嶋訴訟の裁判資料は，井上英夫・平田広志解題『現代日本生存権問題資料集成1生存権訴訟資料Ⅰ第3～7巻』（すいれん舎，2013年）に収録されている。ぜひ手にとってほしい。

▷2　⇒Ⅳ-7 を参照。

▷3　授業料については，高等学校等就学支援会制度によって，年収910万円未満の世帯が無償となっている。

IV-3 社会保障の関連法

は，国公立高校か，私立高校か，自宅通学か自宅外通学かによって，一定の金額を貸してもらうことができます。また，高専・短大・大学への就学についても貸付可能となっています。

母子家庭であれば，母子福祉資金，寡婦福祉資金を利用することができます。前者の場合，20歳未満の子どものいる母子家庭か，父母のいない児童およびこれに準ずる児童のいる家庭，母子福祉団体がこの資金を借りることができます。貸付金の種類は，生活資金，住宅資金など全部で13種類あります。

この他，日本学生支援機構による奨学金や，自治体独自の貸付制度があります。また，義務教育段階での教育費支援制度として，就学援助制度があります。[5]

④ 住宅をどうやって確保するのか

生活保護を受給している人にとっては，住宅の確保はたいへん重要な問題です。たとえばアパートを借りるにしても，家賃が高すぎるとたちまち生活に行き詰まってしまいます。そんなときは，安価な住宅を確保する制度である公営住宅を利用することができます。公営住宅は，公営住宅法（1951年制定）に基づいて，国，地方自治体が責任をもって住宅を供給するというものです。住宅に困っている低所得世帯が対象で，住宅を低い家賃で提供し，生活の安定と福祉の増進に寄与することが目的となっています。家賃は，その世帯の所得に応じて，計算式にもとづいて決まります。この他，低所得世帯は借家に入っている場合が多くありますので，借地借家法なども，社会保障と密接に関連するということがいえるでしょう。

⑤ 相談したいときには

公営住宅に入ることができても，ひょっとしたらその住宅は非常に古くて住みづらいものかもしれません。そんなときには，地方自治体に相談します。多くの地方自治体では相談窓口のようなコーナーを設けています。相談はいつでもできます。それでも手応えがない場合には，請願という方法があります。請願というのは，**憲法第16条**に定められている権利で，自分たちの要望を，法律（請願法）で定められた方法で地方自治体に提出できるというものです。請願は，いつでも，誰でも，何についてでも，行うことができます。

⑥ さまざまな制度との関連を調べてみよう

行政機関や地方自治体の有する情報の開示を請求する情報公開法・条例や，地方自治法の規定も，社会保障に密接に関連しています。また，社会保障の分野ではNPO法人（特定非営利活動法人）が活発な活動を展開しています。NPO法人がどのような事業を行っているか調べてみるのもいいでしょう。

（藤澤宏樹）

▷4　生活福祉資金（教育支援資金）の貸付限度額は以下の通り（2016年度）。
○教育支援費（月額）
　高校　3.5万円以内
　高専　6.0万円以内
　短大　6.0万円以内
　大学　6.5万円以内
○就学支度費
　50万円以内
無利子で貸し付けられる。同様の制度が母子・寡婦福祉資金にもある。制度の詳細については，全国社会福祉協議会ホームページ（http://www.shakyo.or.jp/seido/pdf/ichran_20160128.pdf）参照。

▷5　就学援助制度については，藤本典裕・制度研編『学校から見える子どもの貧困』大月書店，2009年参照。また，本多正人「教育の機会均等に関する法律概説」荒牧重人・小川正人・窪田眞二・西原博史編『新基本法コンメンタール教育関係法』日本評論社，2015年，456頁も参考になる。

▷6　憲法第16条
「何人も，損害の救済，公務員の罷免，法律，命令又は規則の制定，廃止又は改正その他の事項に関し，平穏に請願する権利を有し，何人も，かかる請願をしたためにいかなる差別待遇も受けない。」

69

Ⅳ 社会保障の実施体制

 社会保障の行政機関

 国レベルの社会福祉の仕組み

　社会保障に関する国レベルの行政機関は厚生労働省であり，戦後のわが国の厚生行政の中核的役割を担ってきました。厚生労働省は，他の省庁と同様に国家行政組織法にもとづいて設置されています。また，厚生労働省設置法において任務，所掌事務，権限が定められており，その第4条において国民の保健，社会福祉事業，社会保険事業などが任務として定められています。厚生労働省の社会保障関係の部局としては，保険局，年金局，労働基準局，職業安定局，社会・援護局（障害保健福祉部），老健局，雇用均等・児童家庭局があります。また，外局として日本年金機構があります（図Ⅳ-1）。

　保険局は，健康保険事業，政府管掌の船員保険事業，国民健康保険事業，医療保険制度，老人保健制度に規定する医療等，特別保健福祉事業，厚生保険特別会計業務勘定のうち特別保健福祉事業の経理に関することをつかさどっています。

　年金局は，政府管掌の厚生年金保険事業，国民年金事業，厚生年金基金，厚生年金基金連合会，国民年金基金，国民年金基金連合会および石炭鉱業年金基金の事業，確定給付企業年金事業，確定拠出年金事業，年金制度の調整，年金資金運用基金の行う業務及び独立行政法人福祉医療機構の行う業務に関することをつかさどっています。

　労働基準局は，労働契約，賃金の支払，最低賃金，労働時間，休息，災害補

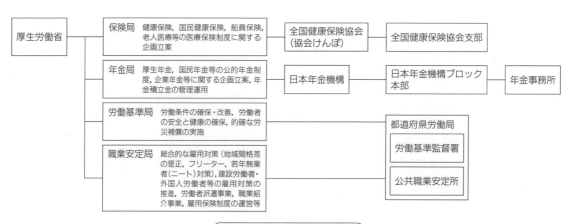

図Ⅳ-1　社会保障の行政機関

償その他の労働条件，労働能率の増進，児童の使用の禁止に関すること等をつかさどっています。

職業安定局は，雇用対策法に規定する雇用対策基本計画の策定・推進，労働力需給の調整，政府が行う職業紹介・職業指導に関すること，職業紹介，労働者の募集，労働者供給事業及び労働者派遣事業の監督に関すること，高年齢者の雇用の確保及び再就職の促進並びに就業の機会の確保に関すること，障害者の雇用の促進その他の職業生活における自立の促進に関すること等をつかさどっています。

日本年金機構は，2010年10月に発足した特殊法人です。以前は社会保険庁が厚生労働省の外局として年金と健康保険の運営業務を行っていましたが，一連の年金記録ミスや不祥事により廃止されました。機構の業務内容は，国（厚生労働大臣）から委任・委託を受け，公的年金に係る一連の運営業務（適用・徴収・記録管理・相談・裁定・給付など）を担います。また，全国健康保険協会（協会けんぽ）は，社会保険庁に代わって中小企業等で働く従業員やその家族が加入されている健康保険（政府管掌健康保険）を運営するために2008年10月に設置されています。

その他諮問機関として，**社会保障審議会**が設置されており，医療法，児童福祉法，社会福祉法，身体障害者福祉法，精神保健及び精神障害者福祉に関する法律，介護保険法，介護保険法施行法，健康保険法，船員保険法，健康保険法等の一部を改正する法律，厚生年金保険法，国民年金法の規定によりその権限に属させられた事項を処理します。

② 地方レベルの行政の仕組み

地方厚生局は，全国に７局１支局１支所設置されており，厚生労働省の所掌事務のうち，健康保険組合の指導及び監督に関する事務，国民健康保険の保険者及び国民健康保険団体連合会の指導及び監督に関する事務等をつかさどっています。地方厚生局の所掌事務の一部を分掌させるため，支局として地方厚生支局が設置されています。

福祉関係の業務としては，①２以上の府県の区域において事業を行う社会福祉法人の設立認可，定款変更認可，監督等，②介護保険法による市町村（保険者）の事務の指導（技術的助言），③介護保険の地域密着型サービス事業者等に対する合同指導，④介護サービス事業者に係る業務管理体制の監督，⑤介護サービス事業者の業務管理体制の整備に関する届出の受理，⑥障害者自立支援法にもとづく各市町村および府県に対する必要な助言，情報の提供，その他の援助の実施，⑦自立支援給付対象サービス事業者に対し調査指導（実地検証）があります。

（岡田忠克）

▷ 社会保障審議会
社会保障や人口問題に関する重要事項を調査審議することを役割としている。委員は30人以内で，厚生労働大臣が任命することになっている。

Ⅳ 社会保障の実施体制

5 社会保障の財政

 社会保障の財源とは

　社会保障は，さまざまな制度によって国民への金銭給付や現物給付を行う仕組みですが，その財源はもとをただせば国民から集められたものです。社会保障の財源の大部分を占めているのは租税と社会保険料です。これ以外に，最近大きな割合を占めつつあるのは，公債金収入です。公債金収入とは，国が国債を発行し，それを国民に買ってもらうことによって得られる収入のことで，いわば国の借金にあたるものです。これについては後の世代に債務の償還という責務を残してしまうという問題点もあるのですが，近年では社会保障の財源の２割近くを公債金収入に依存している状況にあります。

　ここで社会保障の財源としての国の予算に注目することにしましょう。通常，国の予算という場合には，国の一般会計をさします。国民から徴収された租税の大半はこの国の一般会計に入ります。この中には，近年増加傾向にある国債費や，地方自治体の財源として使用されることになる地方交付税交付金なども含まれているため，本来の国の政策に使える経費，すなわち一般歳出は６割程度にすぎません。このうち，じつに約34兆円，一般歳出の３割以上を占めているのが社会保障のために支出される経費，すなわち社会保障関係費です。現在では，国の一般歳出において社会保障関係費が最大の割合を占めるに至っています（図Ⅳ-2）。

　ところが，社会保障関係費は社会保障として国民に給付される額（社会保障給付費）全体のなかでは，決して大きな割合を占めるものではありません。この割合のことを国庫負担率といいますが，図Ⅳ-3にみるように，この率は1960年代初期をピークに徐々に低下し，80年代以降はその傾向がさらに加速して，近年では25％を割り込むところまできています。こうした状況下で，社会保障給付費の多くは社会保険料によって賄われています。日本の社会保障の財源においては，社会保険料が非常に大きな位置を占めているのです。

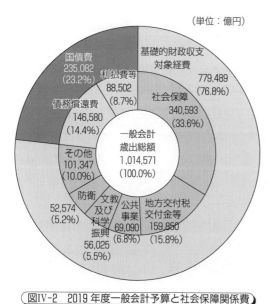

図Ⅳ-2　2019年度一般会計予算と社会保障関係費

出所：財務省 HP（http://www.mof.go.jp/tax_policy/summary/condition/002.pdf）（2019.12.04）。

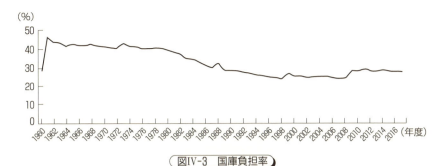

図IV-3　国庫負担率

出所：国立社会保障・人口問題研究所「平成29年度　社会保障給付費」をもとに筆者作成。

2　社会保障給付費とその内訳

　では次にその社会保障給付費に注目してみます。これは先にも述べたとおり、国民に対して給付される社会保障の給付額の総額です。図IV-4は1970年以降の日本の社会保障給付費の動向を示したものです。2016年度の日本の社会保障給付費（予算ベース）は、総額で118兆3億円に達し、その内訳は、「医療」が37兆9億円（32.0％）、「年金」が56兆7億円（47.9％）、「福祉その他」が23兆7億円（20.0％）となっています。また、近年の高齢化の進展や年金制度の成熟などに伴って、各部門および総額ともに増加傾向にあります。なかでも、ここ20年ほどの間の「年金」部門における増加が目立ちますが、1990年代後半からの「福祉その他」部門の急激な伸びも見逃せません。

　この社会保障給付の動向を先進諸国間で比較すると、国ごとにその動向が大

▷1　医療
医療保険、老人保健の医療給付、生活保護の医療扶助、労災保険の医療給付、結核、精神その他の公費負担医療、保健所等が行う公衆衛生サービスに係る費用等を含む。

▷2　年金
厚生年金、国民年金等の公的年金、恩給および労災保険の年金等を含む。

▷3　福祉その他
社会福祉サービスや介護対策に係る費用、生活保護の医療扶助以外の各種扶助、児童手当等の各種手当、医療保険の傷病手当金、労災保険の休業補償給付、雇用保険の失業給付を含む。

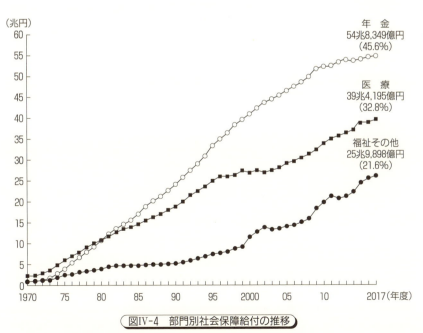

図IV-4　部門別社会保障給付の推移

出所：国立社会保障・人口問題研究所「社会保障費用統計（平成29年度）」（http://www5.cao.go.jp/keizai-shimon/kaigi/special/reform/wg1/280915/shiryou3-1-2.pdf）（2019.12.04）

Ⅳ 社会保障の実施体制

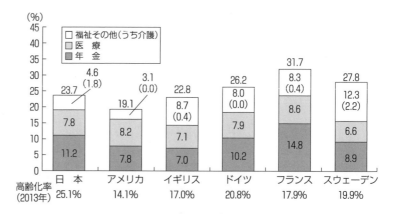

図Ⅳ-5 社会保障給付の部門別の国際比較

出所：厚生労働省 HP（https://www.mhlw.go.jp/content/10800000/000394936.pdf）（2019.12.04）。

きく異なることに気がつきます。実はこの違いは，それぞれの国における国や地方自治体の役割，財源の種類や構成，用途や給付水準の違いから生じています。これを細かくみていくと，日本は先進諸国に比べて「福祉その他」の割合が少ない点に特徴があることがわかります。日本においては育児サービスや介護などの発達が近年著しいといわれていますが，それでも他の先進諸国に比べると，その発達の度合いがまだまだ低いことが図Ⅳ-5からみてとれます。

3 国民負担率

◯潜在的国民負担率をみる

　冒頭でも述べたように，社会保障を含めた国の政策のための費用は，租税か社会保険料という形で，国民が自らの所得から負担したものに他なりません。では，私たちは国を維持するためにどの程度の負担をしているのでしょうか。こうした場合にしばしば用いられる指標が，国民負担率です。国民負担率とは，Ⅱ-9 で述べたように，国税・地方税を合わせた租税負担と社会保険料などの社会保障負担が国民所得に占める割合のことをさしており，

$$国民負担率 = \frac{(租税負担 + 社会保障負担)}{国民所得}$$

という式で求められます。日本の国民負担率は，2017年度で42.5％（租税負担率25.1％，社会保障負担率17.4％）となる見通しです。図Ⅳ-6をみてもわかるように，この数値だけみると先進諸国のなかでけっして高いほうではありません。しかし，だからといって日本が先進諸国に比べて国の政策のための費用を負担していないと考えるのは間違いです。なぜなら，わが国の国民負担率が主要先進国と比べて低い水準にあるのは，現在の世代が受益に応じた負担を行わず，財政赤字という形でその負担を将来世代へ先送りしているためです。わが国の財政赤字は深刻なため，国民負担率に財政赤字を加味した**潜在的国民負担率**で

▷4　潜在的国民負担率
$$= \frac{(租税負担 + 社会保障負担 + 財政赤字)}{国民所得}$$

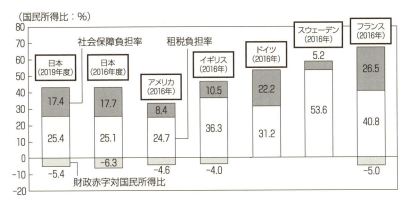

図Ⅳ-6　国民負担率の国際比較

出所：財務省HP（https://www.mof.go.jp/budget/topics/futanritsu/sy3102b.pdf）（2019.12.04）。

見た場合，49.4％まで上昇します。今後高齢化がさらに進展するにつれ，わが国の国民負担率がさらに上昇することは間違いなく，内閣府の試算によれば，2025年の潜在的国民負担率は現状の制度を維持した場合，60％を超えると予想されています。

○小さな政府への志向

政府は以前から国民負担率の過度の上昇に対して警戒感を示しています。2004年に発表された「経済財政運営と構造改革に関する基本方針2004」では，潜在的国民負担率について，「政府全体の歳出を国・地方が歩調を合わせつつ抑制することにより，例えば潜在的国民負担率で見て，その目途を50％程度としつつ，政府の規模の上昇を抑制する」との見解を示しています。

とりわけここ数年の政府は「小さくて効率的な政府」を目指しており，基礎的財政収支の黒字化を目標として，財政構造改革を強力に推進し，資金の流れを官から民へと変えることで民需主導の持続的成長を実現するとの方針を掲げています。そうした方針を採用する上では国民負担率の増加はなんとしても抑えなければならないというわけです。

○最重要課題は財政安定化

とはいえ，近い将来，高齢化のさらなる進展が予想されている日本の状況においては，国民負担率の上昇を食い止めることは極めて難しいというのが実情です。したがって，国民負担率の動向は今後も政府にとって注目を集めることになるでしょう。また，租税や社会保険料を実際に負担する私たちにとっても，大変重要な問題であることはいうまでもありません。

国の財政における問題は，社会保障の財政を左右する大変大きな問題です。私たちの生活を支える社会保障を今後安定的に運営していく上でも，その財政の安定化は最重要課題であるといえるでしょう。

（平野寛弥）

▷5　経済財政諮問会議（第9回，2003年4月16日）配布資料にもとづく。

Ⅳ 社会保障の実施体制

6 社会保障と税制

1 税制の2つの役割

社会保障と税制の関係は，その関係のとらえ方により大きく2つに分けることができます。

一つは，社会保障の財源を調達する仕組みとしての税制というとらえ方です。これは税制のもつ「課税」という機能に着目したものです。先に「社会保障の財政」（Ⅳ-5）でも触れられているように，社会保障は租税と社会保険料を主な財源としているわけですから，より公平にかつ効率的に課税が行われるかどうかは，社会保障にとっても重要な問題です。

もう一つは，社会保障の一つの機能を果たす仕組みとしての税制というとらえ方です。これは税制の「控除」という機能に着目したものです。控除とは，課税対象となる所得金額から一定額を差し引いたり（所得控除），算出された税額から一定額を差し引く（税額控除）といった税法上の優遇措置を意味します。年金制度を例にとってみると，まず年金保険料の拠出の際に社会保険料控除が受けられます。次に，年金を受給する段階で公的年金等控除が受けられます。いずれも控除の対象となった所得は非課税となります。言い換えれば，控除によって所得の一部を生活の維持に必要な資金として確保しておくことができるのです。これはいわば，税制による社会保障手当ともいえます。

2 社会保障の財源確保をめぐって——消費税率引き上げの是非

では，まず「課税」をめぐる状況に着目してみましょう。近年，長引く不況で経済成長が鈍化し，税収入が伸び悩む一方で，人口の高齢化に伴い社会保障支出が増加し，社会保障財政は悪化の一途をたどっています。こうした傾向は，少子化傾向が続く日本においては今後も継続するとみられます。加えて，先の「社会保障の財政」（Ⅳ-5）でも触れられていたように，毎年，国の一般会計予算の約3割に相当する額が国債発行によりまかなわれています。しかし，国債はいわば国にとっての借金に他ならず，その結果，2017年度末には国と地方を合わせた**長期債務残高**は1093兆円に上る見通しです。こうした国家財政の深刻な状況を背景として，増税の必要性が議論されるようになりました。

この議論の中で一つの論点となっているのが，消費税の税率引き上げです。消費税とは，間接税（税金を払う者とその税金を国家に納める者が異なる税）の一

▷1　長期債務残高
長期債務残高とは，利払いや償還（元本の返済）が主として税財源によってまかなわれる長期債務を，国・地方の双方について集計したものである。なお，ここには資金繰りのための短期債務や，貸付先からの回収金によって利払いや償還を行う財投債は含まれていない。

▷2　財務省「日本の財政関係資料」（2011年9月）。

つで，財やサービスの消費に際して課される税のことです。日本では1989年4月に初めて3％の消費税が導入された後，1997年4月に税率が5％（地方消費税を含む）に引き上げられ，現在に至っています。今後，消費税率は，2014年に8％，2015年に10％に引き上げられる予定です。

では，ここで消費税という税制のメリットとデメリットを考えてみましょう。まずメリットとしては，財源の安定性が確保できる他，定率で課税されるという簡便性，また誰に対しても同じように課税されるという意味での水平的な公平性などがあげられます。他方でデメリットとして，すでに年金などで社会保障給付を受給している者も負担せざるを得ないことに加え，低所得者ほど負担が大きくなるという逆進性の存在が指摘されています。これは，所得の少ない者ほど収入を消費に回す割合が大きい（消費性向が高い）ために，その分消費税の負担が重くなることを懸念したものです。そのため，消費税率の引き上げを行う前に，まず所得税の累進性の強化や相続税率の引き上げをすべきであるといった指摘や，消費税率の引き上げに際しては，食料品や日用品などの生活必需品を課税対象品目から除外するなどの低所得者対策が必要だとする指摘がなされています。

❸ 給付つき税額控除をめぐる議論──税と社会保障の一元化に向けて

次に「控除」をめぐる状況をみてみましょう。控除に関して，ここ数年活発に議論されているのは「給付つき税額控除」の導入をめぐる問題です。

通常の税額控除の場合，支払うべき税額から一定額が控除されるわけですが，支払うべき税額が控除額を超えない（通常な低所得者）場合，何の恩恵も受けられません。この点で，税額控除は低所得者対策として有効ではないとされてきました。それに対し，給付つき税額控除は，所得への控除を行うだけでなく，支払うべき税額が税額控除額を下回っている場合には現金給付の支給を行い，所得の増額を図ることで，貧困の軽減や生活の安定を目指す制度です。これは新たな低所得者対策として期待されるばかりでなく，従来，分けて考えられてきた社会保障と税制を一体的に運用する制度でもある点でも注目されます。事実，現在の民主党政権も給付つき税額控除の導入を検討していますが，その前提となる社会保障や税を一元的に管理する**共通番号制度**[3]の導入が課題です。[4]

この給付つき税額控除の導入を含み，社会保障と税制の関係をめぐる問題は，現在進められている社会保障制度改革に関する議論の中心的課題として，今後さらに深められていくことになると思われます。もちろんそのあり方は，国民にとって自分たちの生活に直接影響をもたらすだけに極めて重要な問題です。それだけに，私たち自身が自らの問題として社会保障と税制のあり方を考える上で格好の事例であるともいえるでしょう。

（平野寛弥）

▷3　共通番号制度
共通番号制度とは，社会保障と税制で共通の番号を国民一人ひとりに付ける制度をさす。社会保障と税制を一元的に管理することで効率化を図るとともに，国民の所得を正確に把握し，社会保障給付を確実に支給することができるようにすることを目指す。

▷4　政府・与党社会保障改革検討本部「社会保障・税番号大綱」（2011年6月30日決定）。

Ⅳ 社会保障の実施体制

7 不服申立と社会保険審査制度

社会保険における各種給付は，国民生活全般を支える大きな役割を担っていますが，必ずしも給付・不給付の決定や内容に関して満足いくものでない場合があります。わが国の行政全般については行政不服審査法によってその決定・内容に不服申立をすることができますが，社会保険においては特別の審査を規定する「社会保険審査官及び社会保険審査会法」が制定されています。この理由は，通常の行政不服申立で審査請求を行ったり，裁判を起こすとなると，時間がかかったり申請者の金銭的負担が多大になるため，社会保障がかかげる国民生活の安定という考え方にそぐわないからです。

現在の不服申立は二審制がとられており，まず第一次審査と機関として社会保険審査官が置かれています。その次に，第一次審査機関の審査に不服がある場合に，厚生労働省内に設置されている社会保険審査会に申立を行うことになっています。

▷ 1953年に制定。48条からなる法律で，社会保険審査官（第1条～第18条），社会保険審査会（第19条～第45条）と罰則（第46条～第48条）について規定している。

  1 社会保険審査官

健康保険組合，厚生年金基金，厚生年金基金連合会，石炭鉱業年金基金，国民年金基金，国民年金の保険料その他国民年金法の規定による徴収金の賦課，徴収に関する審査請求の事件を取り扱わせるため，地方厚生（支）局内に社会保険審査官が置かれています。審査官の定数は，政令で定められ厚生労働大臣が命ずることになっています。

審査請求は，被保険者・加入員の資格，標準報酬または保険給付，標準給与，年金給付・一時金給付，国民年金の保険料その他国民年金法の規定による徴収金に関する処分があったことを知った日の翌日から起算して60日以内にしなければなりません。また審査請求は，政令の定めるところにより，文書または口頭ですることができることになっています。

表Ⅳ-2　社会保険審査会年度別（再）審査請求受付・裁決件数等の推移

年度	受付状況 繰越	受付状況 受付	受付状況 計	処理状況 取下	処理状況 裁決状況 容認	処理状況 裁決状況 棄却	処理状況 裁決状況 却下	処理状況 裁決状況 小計	処理状況 計	未処理
2005	595	768	1,363	172 (155)	61	586	77	724	896	467
2010	590	1,782	2,372	174 (152)	59	762	139	960	1,134	1,238
2015	1,298	2,149	3,447	272 (236)	227	1,399	158	1,784	2,056	1,391
2018	850	1,628	2,478	136 (113)	91	1,148	105	1,344	1,480	998

（注）社会保険審査会の審査にあたって保険者が再検討を行った結果，原処分の変更が行われ，（再）審査請求が取り下げられた件数。平成26年度，平成27年度は，上記の他に特例水準の段階的解消に関する再審査請求についてそれぞれ10,726件，16,694件の裁決（却下）をしている。

出所：厚生労働省ホームページ。

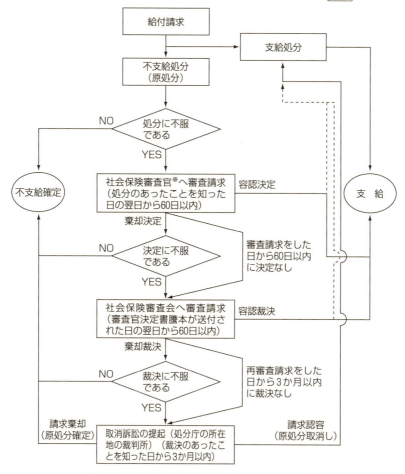

図Ⅳ-7 健康保険・厚生年金保険・国民年金の保険給付に関する不服申立

出所：岩村正彦・菊池馨実編著『目で見る社会保障法教材（第3版）』有斐閣，2004年，154頁。

2 社会保険審査会

　健康保険法，船員保険法，厚生年金保険法，石炭鉱業年金基金法，国民年金法の規定による審査請求の事件を取り扱うため，厚生労働大臣の所轄のもとに社会保険審査会が置かれています。

　審査会の委員長及び委員は，独立してその職権を行うことになっており，委員長，委員5人から組織されています。その委員長，委員の任期は3年で，人格が高潔であって社会保障に関する識見を有し，かつ，法律または社会保険に関する学識経験を有する者のうちから，両議院の同意を得て，厚生労働大臣が任命することになっています。

3 行政訴訟制度

　わが国の社会保障に関する訴訟は，先に述べた社会保険審査官や社会保険審査会の審査請求や再審査請求の議決を経た後でなければ提起できないことになっています。これを審査請求前置主義といいます。

（岡田忠克）

V 年金保険制度

1 年金保険制度の実施体制（概要）

1 公的年金制度の目的と給付の種類

　一般に，年金とは一定期間（1年とか半年）ごとに支払いが約束された一定額の金銭をさします。古くは，その支払い者が民間企業や保険会社である私的年金から始まる場合が多かったのですが，今日では，公的年金が大きな役割をもつに至っています。そこで，公的年金に限定して定義すれば，稼得能力の長期的な喪失・減退に対する所得保障（現金給付）ということになります。

　その稼得能力の喪失・減退の理由のうち，傷病や失業によるものは短期的な喪失ですが，老齢，心身障害，（生計維持者の）死亡などは長期的な喪失です。後者に対応する所得保障が年金であり，老齢（養老）年金，障害年金，遺族年金などの給付が対応します。公的年金制度は老齢年金を中心に設計されることが多いのですが，異質な性格をもつ3つの給付を，稼得能力の長期的喪失を同質とみなして，一つの制度に組み込む場合が一般的です。

2 公的年金制度の財政方式

　公的年金制度の沿革をたどれば恩給にさかのぼることができますが，民間の一般労働者のための公的年金制度は労働者年金保険法（1942年実施→1944年厚生年金保険法に改称）をもって始まります。厚生年金は，第二次世界大戦後の一時期に休眠状態におかれますが，1954年の大改正以後に本格的に再開されます。また，公務員の恩給制度は，最終的に1955～60年の前後の時期に共済組合に再編され，公的年金として実施体制を整えられ，さらに1961年には，自営業や農林漁業の人々を対象とした国民年金制度が実施されます。このように，年金制度はいくつかの制度に分立しながら，**国民皆年金体制**を構築します。

　この時期は高度経済成長期に入り，核家族化は進行し始めますが，高齢者は子による私的扶養システムに支えられ，直ちに老齢年金給付の本格的な実施は必要ではなかったといえます。このように直ちに老齢年金の給付を要しない場合には，積立方式が適しています。老後の生活費を予め積み立てることは自助の精神を涵養できますし，政府は積立金を財政投融資資金として利用できるという利点があります。その際に，無年金の親の私的扶養と自らの老齢年金の積立金との二重負担を避けるために，保険料を最初のうちは低く設定し，その後段階的に高く引き上げるという段階的保険料方式が採用されます。

▷1　年金制度を運営者の視点から分類すると，大きくは公的年金と私的年金に分けられ，私的年金は企業年金と個人年金に分けられる。

▷2　創設期の老齢年金の制度設計は積立方式を前提とし，長期加入を条件とする場合が多いが，障害年金や遺族年金は生活保障を重視する立場から加入期間の長短を条件にしないで年金制度に組み込まれる場合が多い。しかし，それらは本来，積立方式はなじまない。

▷3　国民皆年金と国民皆保険
国民年金の実施により，国民はもれなくいずれかの社会保険に強制加入することになり，それを国民皆年金体制の樹立と呼ぶ。またそれに加えて，医療保険の分野でも，健康保険や共済組合の他に，1961年4月から国民健康保険が全市町村で設立され，それを国民皆保険体制の樹立と呼ぶ。

ところが，制度の**成熟度**[4]が高まるとともに受給者が増え，賃金・物価の上昇率が積立金の運用利率を上回るときは，確定給付型年金のもとでは，受給者が積み立てた積立金は給付の支払い準備額に対して不足します。そこで，5年ごとに財政再計算を行いますが，不足する原資はその後の現役労働者の保険料からまかなわれ，積立方式は修正度を強め，（完全）賦課方式に接近しています。その結果，老齢化が進むと，財政力の弱い制度は保険料を大幅に引き上げ，給付水準を抑制するとともに，制度の再編が必要になります。

そこで，1986年に基礎年金改革を実施し，国民年金を全国民（居住者）に共通の均一の基礎年金を支給する制度とし，さらに被用者年金を報酬比例年金を上乗せ支給する制度とする2階建て年金制度に再編が行われました。

③ 2階建て年金制度の構成

現行制度の1階部分の国民年金は，20歳以上60歳未満の日本国内に住所を有する者（国籍要件は1982年に撤廃）を被保険者とする社会保険制度です。保険者は政府です。被保険者は，非被用者，被用者またはその専業主婦であるかなどの差異により，第1号，2号，3号被保険者のように3種類に分類されます。

第1号被保険者は，1986年改革以前の旧国民年金の被保険者であり，20～59歳の農林漁業者，自営業者，被用者年金等の被保険者でない者およびそれらの被扶養配偶者，学生などが該当しますが，いずれも個人単位で加入します。

次に，第2号被保険者は，厚生年金保険と各種共済組合の被保険者，組合員，加入者で，被用者年金と二重加入することになります。

さらに，第3号被保険者は，上述の被用者年金制度の第2号被保険者に**扶養される配偶者**[5]のうち20～59歳の者が対象者となります。

2階部分は被用者年金制度が担い，被用者のうち民間企業（常時5人以上の従業員を雇用する事業所またはすべての法人事業所，または船舶）に雇用される者（70歳以上を除く）が加入する厚生年金保険（保険者は政府）と，各種共済組合があります。共済組合には，国家公務員共済組合（経営主体は同連合会）と地方公務員共済組合（79の各組合）および私立学校教職員共済（日本私立学校振興・共済事業団）があります。

④ 2階建て年金の給付の役割

国民年金は全国民に共通の基礎年金を支給する制度ですが，給付の種類には老齢基礎年金，障害基礎年金および遺族基礎年金の3種類があります。そのうち，老齢基礎年金は原則として40年にわたる保険料の納入または拠出を条件に満額支給されます。第1号被保険者のうち低所得者には免除制度があるものの，保険料の未納・滞納や制度への未加入の場合は減額されるので，「基礎」年金という名にふさわしくない一面もありますが，満額の老齢基礎年金は老後生活

▶4　成熟度
一般に，成熟度は年金受給者数を被保険者数で除した割合（％）で表される。積立方式の年金制度の発足当初は受給者が少ないが，制度が成熟化し，受給資格期間が長期化するとともに受給者が増加するので，この割合（成熟度）は高まる。

▶5　被扶養配偶者
ここで，被扶養配偶者というのは，所得税法上の控除対象配偶者であるか，または年収130万円未満であること。

費の基礎的費用をまかなうので基礎年金と呼ばれ，公的年金制度を建物になぞらえ１階部分を構成するとみなされます。

　国民年金への加入は個人単位であるので，基礎年金給付も個人単位で設計されます。しかし，夫婦世帯の場合は，それぞれ個人ごとに満額の基礎年金を受給し，世帯単位では調整は行われないので，夫婦世帯単位の給付水準は単純に単身者の２倍になります。生計費としては世帯の共通費用があるので，２分の１は過小になり，実際には単身者の給付水準の方が金額的に低いようです。

　次に，被用者年金の給付にも老齢，障害，遺族の３種類の年金があり，原則として基礎年金の資格期間を満たした場合に基礎年金に上乗せして支給されます。厚生年金では老齢厚生年金，障害厚生年金，遺族厚生年金と呼ばれ，共済年金では退職共済年金，障害共済年金，遺族共済年金と呼ばれます。自営業や農林漁業者などは明確な定年制がなく，緩やかに隠退することが可能で，多少の自営業収入や現物収入が期待されるので，年金給付は生活費の基礎的部分をまかなうのみでよいと考えられています。しかし，被用者の場合は完全退職すれば他の収入を望めないので，老齢基礎年金のみでは老後生活費をまかなえず，さらに上乗せの年金給付を必要とし，２階部分と位置づけられます。

　この上乗せ年金は生活のゆとり部分を含むものとし，報酬比例年金とします。そうすることにより，個々の受給者の従前の生活水準（標準報酬）を反映させるとともに，再評価制を導入して賃金や物価水準に対応させた確定給付型年金とすることにより，保険料拠出への刺激を高める効果を期待させます。また，報酬比例年金は被保険者個人の名義の給付ですが，世帯単位の考え方が残り，扶養する配偶者に加給年金が加算されます。したがって，報酬比例年金は，厚生年金や各共済組合ごとの被用者年金制度間で標準報酬（賃金）に格差があるほか，共済組合には過去の優遇措置を反映させた職域年金（３階部分）があり，同じ被用者であっても，企業規模間や官民の制度間に格差が生じています。さらに，男性と女性の間で，賃金や加入期間などに大きな格差があり，老齢厚生年金や老齢共済年金に格差が生じます。給付は納付した保険料に比例するという点では公平であるといえますが，加入期間が短い時に，老齢基礎年金が減額される場合もあるので，最低給付水準の検討が別に必要になります。

⑤ ２階建て年金の費用負担

　わが国の公的年金制度は，国民年金および被用者年金ともに保険方式で運営され，被保険者は給付の条件として保険料を納付しなければなりませんが，各制度において保険料の納付方法や水準が異なります。

　国民年金の保険料は被保険者の種別により異なります。国民年金には基礎年金のために国民年金特別会計（基礎年金勘定）を設け，必要な費用は各年金制度の特別会計から拠出されます。その際，老齢基礎年金についてみると，各年

金制度の拠出額の2分の1の国庫負担[7]が先に行われ，各制度は国庫負担を含めて基礎年金勘定に繰り入れるので，基礎年金の財政方式は賦課方式です。

まず，老齢基礎年金給付費の算定ですが，1961年4月以降の公的年金への保険料納付期間（国民年金の任意加入期間を含む）に対応する各制度ごとの老齢基礎年金給付費用を算出し，その総額を求めます。次に，この老齢基礎年金の給付費用総額を国民年金特別会計国民年金勘定，厚生保険特別会計年金勘定年金および各共済組合長期経理各年金制度にそれぞれの被保険者（20～59歳）の人数に応じて配分します。その際，各年金制度ごとに所得の捕捉に精粗があるので，所得要因を入れず，被保険者数で按分します。その上で，この按分された費用を各年金制度における保険料賦課の方式で各被保険者に負担を求めます。ここで，被保険者の種別で差が生じます。第1号被保険者に対しては，国民年金特別会計国民年金勘定への按分額を免除や未納・滞納を除いた被保険者数で除した額を，個別に賦課します。収入のない専業主婦の第1号被保険者の保険料は配偶者が一括して納入することになります。次に，厚生年金と各共済組合は報酬比例制の保険料賦課なので，無収入の専業主婦の第3号被保険者には保険料負担を求めず，それぞれの第2号被保険者に対してのみ，その標準報酬額に比例して負担を求めます。しかし，個々の第2号被保険者に保険料を求めず，各制度が一括して拠出するので，基礎年金への個人的な負担は実感され難くなっていますが，第3号被保険者に所得再分配が行われていることも不明瞭にしています。

2階部分の報酬比例年金給付の費用は，それぞれの厚生年金保険や各共済組合の保険料でまかなわれます。現行制度では被用者年金への国庫負担は基礎年金に集中移管されましたが，各制度の給付水準や成熟度，積立金の保有額と運用実績，報酬の高さなどにより，保険料率は制度間で異なっています。年金財政は5年ごとに財政検証しますが，これまでのところ**マクロ経済スライド**[8]は十分に機能せず，程度の差はあっても全体に逼迫基調です。

⑥ 積立金資産の運用

積立方式の公的年金では，制度が成熟化するまで給付費用はわずかで，積立金は巨額になります（2016年度未簿価ベースで，厚生年金は105兆円，国民年金は7.2兆円です）。この積立金は従来は旧資金運用部（財政投融資資金）に預託され，一定の運用収益を保障され，給付水準の維持や保険料の引き下げ，あるいは住宅資金貸付や福利厚生施設などに用いられてきました。その後，2001年度に設立された年金資金運用基金が自主運用し，さらに2006年度に発足した年金積立金管理運用独立行政法人 GPIF が自主運用を行っている。しかし，最近は運用環境が悪化し，年金積立金保有の意義の再検討が必要になっています。

（坂口正之）

▷7　2004年の改正で段階的に2分の1まで引き上げることが決定された。

▷8　マクロ経済スライド
2004年改革以前には，給付水準は被保険者一人あたり平均の賃金上昇率を基準にして改定されたが，2004年のマクロ経済スライド制の導入により，被保険者数の減少率と受給者の平均余命の伸び率により給付水準を引き下げるようになった。ただし，年金額が前年度を下回る場合は，前年度額を下限とする。

V 年金保険制度

 1985（昭和60）年改正

1 基礎年金の導入と一元化

1985年の年金改正は，国民皆年金制度が発足して以来の大改正です。その最も大きな柱が基礎年金の導入による公的年金制度の一元化です。各職域に応じて制度が存在していた旧制度では，給付と負担の設計が制度別に行われていたために，各制度間で不合理な給付格差や，成熟度の違いによる財政基盤の不安定性，過剰給付・重複給付の発生といった問題が生じていました。

こうした問題を解決するため，新制度では従来自営業者等を対象としてきた国民年金の適用対象を全国民に拡大し，国民共通の基礎年金（老齢基礎年金，障害基礎年金，遺族基礎年金）に改変しました。さらに，給付を個人単位とし，財政方式に単年度ごとに収支の均衡を図る**賦課方式**を採用しました（図V-1）。

これに伴い，一般被用者を対象とした厚生年金保険は基礎年金に上乗せする報酬に比例した給付を支給する制度として，2階建ての制度体系に再編成された他，船員保険の年金部門は厚生年金保険に吸収統合されました。また，公務員等を対象とした共済年金も厚生年金相当部分（2階部分）と**職域年金相当部分**（3階部分）からなる報酬比例部分として基礎年金に上乗せされることになりました。

▷1 賦課方式
年金制度の財政方式の一つで，そのときに必要な年金制度の資金を，そのときの現役世代の保険料でまかなう方式。賦課方式では，保険料は基本的に年金受給者と現役加入者の比率によって決定されるため，少子高齢化の進行の影響を受けやすい。

▷2 職域年金相当部分
報酬比例部分の20％に相当する部分。共済年金が公的年金であると同時に，公務の能率的運営に資する等の独自の役割を担っており，また民間企業において企業年金が相当以上に普及していることから設けられた。

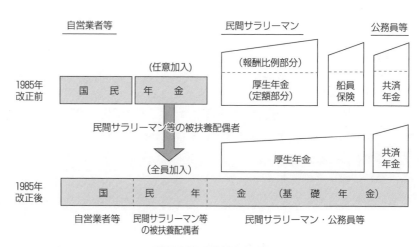

図V-1 基礎年金の導入

出所：『平成11年版 年金白書——21世紀の年金を「構築」する』社会保険研究所，1999年，65頁。

② 給付と負担の適正化

　厚生年金の新規裁定者の年金額は，1986年度の**標準年金**[3]の水準でみると，平均的な現役の男子加入者の標準報酬比で68％の水準に達していました。もし，制度が維持されたまま40年加入が一般化すれば，水準はさらに上昇することが予想され，現役世代の所得水準との不均衡が生じるだけでなく，後世代の著しい負担増を招くとの懸念がありました。そのため，新制度では，給付と負担の両面で現役世代と高齢世代の均衡を図るために，新制度施行後の新規裁定者の平均加入期間の伸張に合わせて，年金額を計算する際に用いられる単価と乗率を20年の経過期間を設けて徐々に低下させ，標準年金の水準を1986年度の水準で維持することになりました。その結果，国民年金ではピーク時の負担が改正前の３分の２以下に軽減されることになりました。

③ 女性の年金受給権の確立

　従来の厚生年金・共済年金は，給付対象として被用者である夫と無職の妻を想定し，妻の老後の生活費を夫の年金でカバーするという世帯単位の方式を採用していました。一方，国民年金は，自営業の夫と妻がそれぞれ被保険者となり，個々に保険料を納付し，年金を受給するという個人単位の方式を採用していました。他方，被用者の無業の妻は，国民年金に任意加入し妻単独の年金権を取得することができたため，基礎年金改正時の段階では被用者の妻の約７割が任意加入していました。

　ところが，任意加入制度の国民年金に未加入の妻の場合には離婚等によって無年金者が発生したり，妻が国民年金に任意加入している世帯や共働き世帯の場合，世帯単位の給付に加えて妻に個人単位または世帯単位の給付が支給されるために重複・過剰給付が発生するといった問題が生じていたのです。

　これらの問題を解決するため，被用者の無業の妻の国民年金への加入を強制加入とし，妻に自分名義の基礎年金を支給する一方，給付の重複を解消するために，被用者年金の給付体系を自身の基礎年金と報酬比例年金に整理し，その水準を，徐々に単身者水準に引き下げることになりました。

④ 障害年金の充実

　従来の制度では，加入前に障害をもった人々には国民年金の障害福祉年金が支給されることになっていましたが，障害の発生が制度への加入前か後かの違いで年金額に差が生じるのは不適当であるとの指摘がされていました。

　新制度では，基礎年金の導入に伴い，障害の発生時点に関係なく，国民年金に加入する20歳以前の障害であっても20歳に達したときから障害基礎年金が支給され，年金額も大幅に改善されることになりました。

（平野寛弥）

▷3　標準年金
加入期間が20年以上あり，新規裁定者（退職して新たに年金を受給する者）で配偶者をもつ男性の場合の年金のこと。

V 年金保険制度

 1989（平成元）年改正

▷1 スライド制
年金額を指標の変化に連動させて自動的に改定させることで，その価値を維持する制度のこと。

▷2 老齢福祉年金
国民年金制度が発足した1961年4月当時に50歳を超えていた人（1911年4月1日以前に生まれた人）に対して，70歳から支給された年金。この年金は，保険料を納めずに全額国庫負担でまかなわれているために，本人や扶養義務者の収入が一定額を超えると，支給が全額もしくは一部停止される。

▷3 第1号被保険者
20歳以上60歳未満の自営業者・農業者とその家族，学生，無職の人をさす。なお，希望して任意加入する人も同様の扱いとなる。

1 完全自動物価スライド制▷1の採用

　従来，国民年金および厚生年金保険においては，前年度の消費者物価上昇率が年平均で5％以上変動した場合に，翌年度からの年金額を変動率に応じて改定することになっていました。

　また，従来の物価スライド制は，**老齢福祉年金**▷2をその対象には含まないという不完全な面をもっていました。

　しかし，本改正により，変動率の値には関係なく，前年度の消費者物価上昇率に応じて年金額の改定が実施される完全自動物価スライド制が導入されることになりました。

　この完全自動物価スライド制は，老齢福祉年金を含むすべての年金について適用されるもので，従来の物価スライド制の問題点は解消され，年金額の実質的価値も保たれることになりました。

2 学生の強制適用

　1961年の国民年金制度の発足（国民皆年金）以来，20歳以上の学生は基本的には対象外であり，任意加入とされてきたため，大部分の学生は年金制度に未加入の状態にありました。しかしその結果，20歳に達した以降の学生期間中に障害になった場合に障害年金が受けられない，あるいは老齢基礎年金が満額にならないといった問題が生じていました。この問題が発端となった「無年金学生障害者」の裁判で，国がこの問題を放置したのは違憲であるとの判決を東京地裁が下したのは記憶に新しいところです。

　この改正では，20歳以上の全学生を国民年金の**第1号被保険者**▷3として強制加入の対象にし，学生時代に障害事故や死亡事故が発生した場合の年金保障に万全を期するとともに，老後において満額の老齢基礎年金を受けることができるようにしました。また，強制加入に伴って生じる学生の保険料の納付義務については，さまざまな状況から判断して負担能力がない場合には，申請により保険料が免除されることになりました。

3 国民年金基金の創設

　従来の年金制度においては，一般の被用者に対しては1階部分にあたる基礎

表V-1　国民年金基金の種類

	設立形態	人数要件
地域型基金	同じ都道府県に住所を有する者で組織し，各都道府県に1基金設立	1,000人
職能型基金	同種の事業または業務に従事する者で組織し，全国を通じて1基金設立	3,000人

出所：厚生省監修『平成11年版　厚生白書』ぎょうせい，1999年，445頁。

表V-2　国民年金基金の動向

年度	基金数	地域型	職能型	加入員数（万人）	地域型	職能型
1993	72	47	25	58	47	11
1994	72	47	25	67	54	13
1995	72	47	25	70	57	13
1996	72	47	25	73	59	13
1997	72	47	25	72	59	13
1998	72	47	25	73	60	13
1999	72	47	25	77	64	13
2000	72	47	25	76	63	13
2001	72	47	25	79	66	13

出所：厚生労働省監修『平成14年版　厚生労働白書』ぎょうせい，2002年，416頁。

年金に上乗せされる2階部分の厚生年金や共済年金があり，さらに3階部分にあたる厚生年金基金等の企業年金や職域年金が普及していました。これに対し，自営業者等の第1号被保険者には老齢基礎年金以外には任意加入の定額の付加年金しかありませんでした。そのため，一般の被用者に比べてバランスを欠いているとの指摘がされていました。

　この不均衡を是正し，自営業者等にも豊かな老後保障を実現するため，旧来の付加年金に代わる基礎年金の上乗せ部分として創設された制度が，国民年金基金です。

　国民年金基金には，都道府県ごとに設立され，1,000人以上が加入員となって組織する「地域型基金」と，同種の事業または業務に従事する者3,000人以上が加入員となって組織する「職能型基金」の2種類のタイプがあり，自営業者等の第1号被保険者はこのいずれかに加入して，2階部分の年金を作ることができるようになりました。なお，国民年金基金における具体的な給付額等は，各基金が設定することになっています。

　またこれにあわせて，国民年金基金の加入者には一定額までの掛け金が社会保険料控除の対象とされ，課税対象から差し引かれるという税法上の優遇措置もとられることになりました。

　さらに，転居等により加入する基金を変更することになった者の年金給付の保障を確保するため，各基金からの年金給付を通算して支給する組織として，国民年金基金連合会が設立されました。

（平野寛弥）

V 年金保険制度

 1994（平成6）年改正

1 厚生年金の支給開始年齢の引き上げ

　本改正の目的は雇用と連携の取れた年金制度を構築するとともに，年金受給世代の給付と現役世代の負担のバランスを図ることにありました。その改正の柱の一つがこの年金の定額部分の支給開始年齢の引き上げです。60代前半が，雇用の促進を図りながら賃金と年金を合わせて生活設計をする時期と位置づけられたことに伴い，**特別支給の老齢厚生年金**の定額部分の支給開始年齢は，男性は2001年度から，女性は2006年度から，3年ごとに1歳ずつ引き上げられることになりました（図V-2）。

2 在職老齢年金の改善

　60歳以上65歳未満の在職者に対する在職老齢年金制度については，賃金が上昇すると年金の減額が大きくなるように設計されていたため，結果的に賃金が増加しても総収入はあまり増えず，高齢者の就労意欲を阻害するとの指摘がありました。これについても，高齢者雇用の促進を図る観点から，賃金の増加に応じて賃金と年金の合計額が増加するよう改められました。
　具体的には，以下の通りです。
　(1)就業中は2割の年金を停止し，賃金と年金の8割の合計額が22万円に達するまでは年金と賃金を併給する。
　(2)合計額が22万円を超えた場合は賃金が34万円になるまでは賃金の増加2に対し1の割合で年金を支給停止する。
　(3)賃金が34万円を超えた場合，賃金が増加した分だけ年金を支給停止する。
　この変更により，月収と年金額の合計が34万円を超えるまでは増加することになり，合計額が変わらない従来の制度に比べ改善されました。

3 年金額の改正方式の見直し（可処分所得スライド）

　これまで厚生年金の報酬比例部分（2階部分）は，現役世代の名目賃金の伸びに応じて改定されてきました。しかし，今後は高齢化の進展により税・社会保険料の負担が増加し，現役世代の手取り賃金が名目賃金ほどに伸びないことが予想されるため，従来の方法では現役世代の生活水準の上昇以上に年金額が引き上げられてしまうという問題点が指摘されていました。そこで，厚生年金

▶ **特別支給の老齢厚生年金**
厚生年金の加入期間が1年以上あり，老齢基礎年金の受給資格期間を満たしている者に対し，60歳から64歳まで特別に支給される老齢厚生年金のこと。年金額は，定額部分と報酬比例部分および加給年金で計算される。

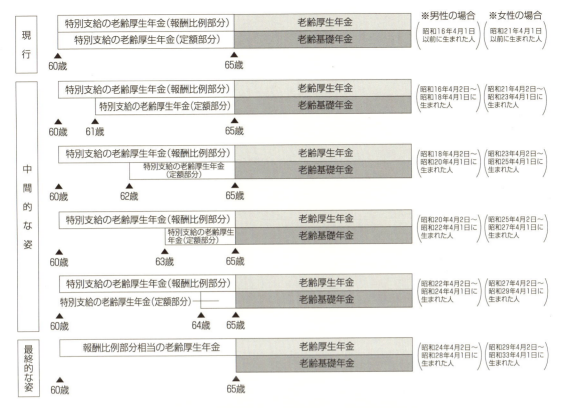

図V-2　特別支給の老齢厚生年金（定額部分）の支給開始年齢の引き上げ

出所：『平成11年版　年金白書――21世紀の年金を「構築」する』社会保険研究所，1999年，184頁。

の報酬比例部分の年金額の改定基準を，従来の名目賃金から現役世代の実質的賃金（賃金総額から税・社会保険料を控除した手取り賃金）の上昇率へと変更することになりました。

4　育児休業中の被用者年金の保険料免除（本人分）

　従来は，育児休業期間中も保険料負担が求められてきましたが，次代を担う子どもが健やかに育つための支援を行うとともに，女性の就労を支援するという観点から，育児休業中の本人の保険料は免除されることになりました。この免除期間中も，保険料を納付した期間として年金額に反映されます。

5　外国人に対する脱退一時金制度

　近年増加する短期滞在の外国人についても，障害や死亡に伴う障害給付や遺族給付が行われてきました。しかし，短期滞在のため老齢給付には結び付きにくいことを配慮し，帰国時（もしくは2年以内に請求）に国民年金の納付保険料の2分の1以下に相当する額を一時金として支給することになりました。

（平野寛弥）

Ⅴ 年金保険制度

1996（平成8）年改正

 旧三公社の共済年金の厚生年金保険への統合

日本では被用者を対象とした年金制度は，一般被用者を対象とする厚生年金制度と，公務員など特定の産業を対象とする**7つの共済制度**によって運営されてきました。しかし，産業構造の変化に伴い，保険料を負担する現役世代が減少したために，負担額が過剰となって年金制度の維持が難しくなった制度もあらわれはじめ，費用負担の面で制度間の不公平が拡大する傾向にありました。

とりわけ日本鉄道（JR）共済組合，日本たばこ産業（JT）共済組合，日本電信電話（NTT）共済組合の旧3公社の共済組合では，産業構造の変化などによる加入者等の減少により，保険料を納める現役世代と年金を受給する世代とのバランスが崩れ，急激に財政が悪化していました。

こうした状況のなか，被用者年金制度全体の見直しが必要となり，当面の措置として，1990年度から1996年度まで，財政窮迫したJR共済組合とJT共済組合に対する他の被用者年金制度からの財政支援が実施されました。1996年3月に，今後の被用者年金制度の再編成の指針として「公的年金制度の再編成の推進について」と題する閣議決定が行われました。この閣議決定により，今後の再編成にあたっては各共済制度の漸進的な対応を進め，統一的な枠組みの形成を目指すことになりました。再編成に並行して，制度運営についての情報公開や制度の安定性，公平性についての検証も行われることになりました。

この再編成の第一段階として，1996年の法律改正により，すでに民営化・株式会社化しているJR・JT・NTTの3つの共済組合が厚生年金保険に統合されることになり，1997年4月から実施されました。

2 基礎年金番号の実施

1985年の改正で，全国民に共通の基礎年金が導入されたことに伴い，被用者を対象とした年金制度（厚生年金，共済年金）は基礎年金に上乗せされる2階部分の制度として再編成されました。しかし，その後も年金制度加入者の記録は旧来のそれぞれの制度で振られた年金番号によって別々に管理される状況が続いていました。そのために，加入者一人ひとりの生涯を通じての加入記録を一括して把握することは難しく，適用や手続きの点でさまざまな問題が生じていました。

▷ **7つの共済制度**
国家公務員共済組合，地方公務員共済組合，私立学校教職員共済組合，農林漁業団体職員共済組合，日本鉄道（現JR）共済組合，日本たばこ産業（現JT）共済組合，日本電信電話（現NTT）共済組合の7共済組合。

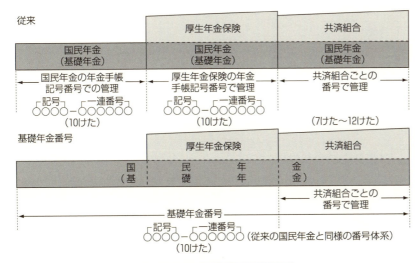

図V-3 基礎年金番号制度の導入

出所：厚生統計協会編『保険と年金の動向2003』2003年，56頁。

　そこで，すべての公的年金制度で共通して使用する「基礎年金番号」が導入されることになり（図V-3），1997年1月から，すべての公的年金制度に共通した基礎年金番号を使用した業務が開始されました。

　これにより，年金制度への全加入期間を通じて，同一の番号で記録の整理，手続き，照会などが行われるために，年金保険者である社会保険庁や共済組合の間での円滑な情報交換が実現し，加入者に関する情報を的確に把握することができるようになりました。その結果，未加入者の発生防止や複数の年金を受給している者の併給調整，国民の要望に応じた年金相談や裁定が的確かつ迅速にできるようになった他，手続きも簡素化され，将来的には加入記録や年金見込額の通知が実施可能となるといった行政サービスの向上も見込めるようになりました。

3　年金の国際通算協定

　海外で勤務する者には，原則的に勤務地の国の年金制度が適用されますが，一般的に短期の滞在になることが多いため，資格期間を満たすことができず，結果として保険料は掛け捨てになってしまいます。一方，海外での勤務期間中も，本国企業との雇用関係があれば本国の年金制度が継続して適用されるために，年金の二重適用あるいは保険料の二重払いといった事態が発生します。

　こうした国際化に伴う問題を解決するためには，諸外国との間で年金の調整が行われる必要があります。日本はすでにドイツ（1998年），イギリス（2000年）とは年金協定を結びました。これにより，仕事などで一時的に派遣される者は，本国か相手国のいずれかの国の年金制度のみに加入すればよいことになり，また年金受給に必要な資格期間についても，両国での年金加入期間を通算できるようになりました。

（平野寛弥）

V 年金保険制度

 2000（平成12）年改正

① 厚生年金の給付水準の5％引き下げ（2000年度実施）

　将来（2025年度）の保険料率を年収の2割程度に抑えるために，給付総額を2割程度抑制することになり，その一環として新規受給者の厚生年金のうち，報酬比例部分にあたる2階部分の額が5％程度引き下げられました。ただし，すでに受給している者については従来の水準が保証されます（従前額保証方式）。こうした措置を講じた結果，支給開始時の年金額については，基礎年金（夫婦2人分）と合わせて現役世代の手取り年収の約6割（59％）となります。

② 厚生年金の報酬比例部分の支給開始年齢の引き上げ（2013年度から実施）

　従来，60歳から65歳までの間に支給される特別支給の厚生年金については，定額部分にあたる1階部分と報酬比例部分にあたる2階部分の両方が支給されてきました。このうち定額部分の支給開始年齢については，1994年の改正により，2001年度から2013年度にかけて，60歳から65歳へ3年ごとに1歳ずつ引き上げられ，60歳からは報酬比例部分のみが支給されることが決定していました（女性は5年遅れで実施）（図V-4）。

　今回の改正では報酬比例部分についても，定額部分の支給開始年齢の引き上げが完了する2013年度から2025年度にかけて，支給開始年齢を60歳から65歳へ3年ごとに1歳ずつ引き上げることになりました。これも女性は5年遅れで実施されることになりました。

③ 65歳以降の年金額の改定方式の変更（2000年度実施）

　従来は，すでに裁定されている年金についても前年の物価の伸びに応じて額を改定する物価スライドを毎年実施するとともに，5年に1回の財政再計算において，基礎年金については政策改定，厚生年金については可処分所得スライドを実施することによって年金額を改定してきました。

　しかし今回の改正により，65歳以降は政策改定や可処分所得スライドを行わず，毎年の物価スライドのみを行うことになりました。ただし，物価スライドを行った年金額と65歳以降も賃金再評価を行った場合の年金額とのギャップが過大（20％）になった場合には，必要に応じた是正が行われます。

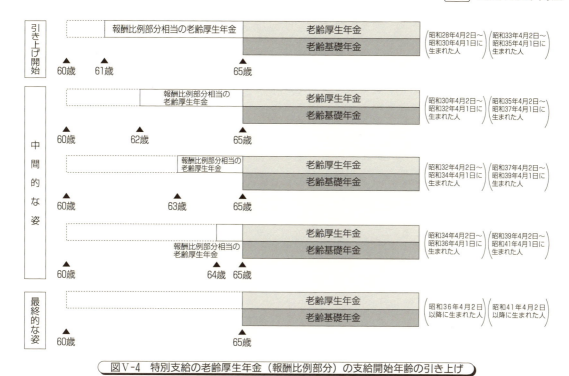

図Ⅴ-4　特別支給の老齢厚生年金（報酬比例部分）の支給開始年齢の引き上げ

出所：『平成11年版　年金白書——21世紀の年金を「構築」する』社会保険研究所，1999年，184頁。

❹ 60代後半の人々に対する在職老齢年金制度の導入（2002年度実施）

65歳以上70歳未満の在職者を厚生年金の被保険者として適用し，保険料を徴収することになりました。また，賃金と年金の合計額が一定額を超える場合には，老齢厚生年金の支給が全額または一部停止されます。ただし，2002年4月以前に満65歳を迎えた者については，支給停止の措置は適用されません。

❺ 学生に対する国民年金の保険料納付特例制度の導入（2000年度実施）

20歳以上の学生については，1989年の改正により，国民年金は強制適用とされ，保険料納付の免除については親元世帯の所得が基準として適用されていました。しかし，なぜ親が子どもの老齢年金のための保険料まで負担しなければならないのかといった批判も強くありました。

そこで今回の改正では，本人の所得が一定水準以下の学生については，申請があった場合には学生時代の国民年金保険料の納付を免除し，免除を受けた月から10年以内であれば保険料を追納できる制度を導入することになりました。この保険料納付を免除されている期間については，追納されなかった場合には老齢基礎年金の額には反映されませんが，年金の受給資格期間には算入される「**カラ期間**」となります。また，この特例期間中の障害，死亡事故については，障害基礎年金，遺族基礎年金が満額支給されます。

（平野寛弥）

▷　カラ期間
⇒ Ⅴ-7 を参照。

V 年金保険制度

国民年金

1 適用対象者

被保険者は，加入の仕方の違いなどから次の3種類に区分されています。

第1号被保険者：20歳以上60歳未満の日本在住の者のうち，第2号・第3号被保険者以外の者。ただし，被用者年金制度の老齢（退職）年金受給者は適用除外。◁1

第2号被保険者：厚生年金保険の被保険者と共済組合等の加入者。

第3号被保険者：第2号被保険者の被扶養配偶者で，20歳以上60歳未満の者。

第1号被保険者に含まれるのは，自営業者・農林漁業従事者・学生・無職の者など被用者年金制度の適用を受けない者で，2017年3月末現在の被保険者数は，任意加入被保険者を含め約1,575万人です。一方，第3号被保険者は民間被用者や公務員に扶養される配偶者で，被保険者数は約889万人です。

2 給 付

国民年金の給付には，全国民を対象とする老齢基礎年金，障害基礎年金，遺族基礎年金の他，第1号被保険者に対する独自給付として付加年金，寡婦年金，死亡一時金があります。また，拠出制国民年金が発足した時点ですでに高齢で強制適用の対象から除外されていた者に対して老齢福祉年金が支給されていますが，受給者数は年々減少し，2019年3月末で56人です。

○老齢基礎年金
①支給要件

老齢基礎年金を受給するには，原則として，(1)保険料納付済期間，(2)保険料免除期間，(3)**合算対象期間**（カラ期間）を合計した資格期間が10年以上あることが必要です。ただし，国民年金発足時点ですでに一定の年齢にあった者等については，経過措置として15〜24年の特例的短縮措置が設けられています。◁2

②支給開始年齢

支給開始年齢は原則として65歳ですが，60歳から64歳の間で繰り上げて，または66歳以降に繰り下げて受給することもできます。繰り上げて受給すると年金額は減額され，繰り下げて受給すると年金額は増額されます。

③年金額

加入できる期間を通して完全に保険料を支払った場合の年金額（2019年度，

▷1 適用除外となるのは，被用者年金制度の老齢（退職）年金受給者，60歳以上65歳未満の者，20歳以上60歳未満の在外邦人等である。ただし，これらの者が拠出期間の延長等のために必要なときは，本人の申し出により任意加入することができる。

▷2 合算対象期間
被用者年金保険の老齢（退職）年金を受給していた期間，海外に居住していた期間，被用者年金保険加入者の配偶者が1985年改正前の旧国民年金制度に未加入であった期間など，任意加入の対象であった者が任意加入しなかった期間のうち旧制度の期間も含む20歳以上60歳未満の期間のこと。資格期間の計算に入れるが，年金額には反映されない。

表Ⅴ-3 繰り上げ・繰り下げ支給の場合の老齢基礎年金の支給率

繰り上げ支給		繰り下げ支給	
請求時の年齢	支給率	請求時の年齢	支給率
60歳0か月～60歳11か月	70.0～75.5％	66歳0か月～66歳11か月	108.4～116.1％
61歳0か月～61歳11か月	76.0～81.5％	67歳0か月～67歳11か月	116.8～124.5％
62歳0か月～62歳11か月	82.0～87.5％	68歳0か月～68歳11か月	125.2～132.9％
63歳0か月～63歳11か月	88.0～93.5％	69歳0か月～69歳11か月	133.6～141.3％
64歳0か月～64歳11か月	94.0～99.5％	70歳0か月～	142.0％

（注）繰り上げた場合の減額率は「0.5×繰り上げた月数」，繰り下げた場合の増額率は「0.7％×繰り下げた月数」で算出する。

年額）は78万0,100円です。保険料の未納期間がある場合は，その分減額されます。また，保険料が免除されていた期間は，国庫負担分に相当する分の年金が支給されます。年金額の計算式（2019年度）は次の通りです。

なお，60歳から70歳の間で繰り上げ支給，繰り下げ支給を選択した場合の年齢別の支給率は，65歳支給を100％とすると，表Ⅴ-3のようになります。

④振替加算

被用者年金の配偶者の加給年金額は配偶者が65歳になると打ち切られますが，このとき一定の基準により，配偶者が受給する老齢基礎年金に加算（振替加算）が行われます。2018年度の振替加算の年額は，生年月日に応じて22万4,500円から1万5,042円です。

障害基礎年金

①支給要件

障害基礎年金は，原則として，障害の原因となった傷病の初診日前に，保険料納付済期間と保険料免除期間とを合わせた資格期間が被保険者期間の3分の2以上あり，かつその者の障害が障害等級表に定める1級または2級の障害に該当する場合に支給されます。なお，2026年4月1日までに初診日のある傷病による障害の場合は，初診日前の1年間のうちに保険料滞納期間がないときにも障害基礎年金が支給されます。また，障害の認定は，初診日から1年6か月を経過した日（その日までに症状が固定したときはその固定した日）をもって認定します。障害認定日において障害等級に該当しなかった場合でも，その後65歳に達する前に該当する障害の状態になったとき（事後重症）には，本人の請求により障害基礎年金が支給されます。

なお，初診日に20歳未満だった障害者には，保険料納付要件に関わりなく，本人の**所得制限**を条件に20歳から障害基礎年金が支給されます。

▶3 所得制限
20歳前傷病による障害基礎年金は，受給権者に扶養親族等がいない場合，本人の所得が360万4,000円を超えるときは年金額の2分の1相当額が支給停止となり，462万1,000円を超えるときは全額が支給停止となる。扶養親族等がある場合は，それぞれの額に，扶養親族等1人につき38万円を加算した額が支給制限限度額となる。

②年金額

年金額（2019年度，年額）は，2級障害が78万0,100円，1級障害はその1.25倍の97万5,125円です。加入期間による額の差はありません。18歳の年度末まで（1級・2級の障害がある場合は20歳未満）の子どもがいる場合は，第1子と第2子には22万4,500円，第3子以降は7万4,800円が加算されます。

❍遺族基礎年金

①支給要件

遺族基礎年金は，被保険者が死亡したとき，死亡の前日までに保険料納付済期間と保険料免除期間とを合わせた期間が被保険者期間の3分の2以上あるか，すでに老齢基礎年金の受給資格期間を満たしている場合に，その遺族に支給されます。ただし，2026年4月1日前の死亡については，死亡前の1年間に保険料滞納期間がないときにも遺族基礎年金が支給されます。

②遺族の範囲

遺族基礎年金の支給の対象となる遺族とは，死亡した被保険者により生計を維持していた，①子と生計を同一にしている配偶者，または，②死亡した被保険者の子，です。なお，「子」とは，18歳の年度末まで（1級・2級の障害がある場合は20歳未満）の子をいいます。

③年金額

年金額（2018年度，年額）は，妻に対する支給分は満額の老齢基礎年金と同額の78万0,100円で，生計を同一にしている第1子と第2子には22万4,500円，第3子以降は7万4,800円が加算されます。遺族が子どものみの場合は，第1子に対する支給分が老齢基礎年金と同額の78万0,100円で，第2子には22万4,500円，第3子以降は7万4,800円が加算されます。

❍第1号被保険者のための独自給付

①付加年金

任意加入制の給付で，定額の保険料に追加して付加保険料（月額400円）を納めると，老齢基礎年金を受ける際に付加年金が上乗せして支給されます。年金額の年額は200円×保険料納付月数で，物価スライドは行われません。

②寡婦年金

第1号被保険者としての老齢基礎年金の資格期間を満たしている夫が年金を受給しないで死亡した場合，それまで夫により生計を維持し，10年以上婚姻関係が継続していた妻に，60歳から65歳になるまでの間支給されます。年金額は，夫が受給するばずだった老齢基礎年金の4分の3に相当する額です。

③死亡一時金

第1号被保険者としての保険料納付済期間が3年以上ある者が年金を受給しないで死亡した場合，遺族に支給されます。額は保険料納付済期間に応じて12～32万円です。遺族基礎年金や寡婦年金を受給できる場合は支給されません。

◯老齢福祉年金

拠出制国民年金が発足した1961年4月1日の時点ですでに50歳を超えており強制適用の対象から除外されていた者に対して，全額国庫負担により，70歳から支給される経過的給付です。年金額（2019年度，年額）は39万9,700円です。ただし，本人，配偶者，扶養義務者に一定以上の所得がある場合は，全額または一部が支給停止となります。

③ 財　源

国民年金の財源は，第1号被保険者が負担する保険料，被用者年金制度からの拠出金，国庫負担，積立金の運用収入です。

◯保険料

第1号被保険者の保険料は定額で，所得の有無にかかわらず同一額を負担します。2019年度の保険料（月額）は1万6,410円です。なお，第2号被保険者と第3号被保険者は保険料を個別に納付するのではなく，各被用者年金制度が被保険者数に応じて，基礎年金拠出金として一括して負担します。

◯保険料免除制度

第1号被保険者のうち一定水準以下の低所得者は保険料の負担を免除されます。免除には法定免除と申請免除の2種類があります。法定免除は，生活保護の生活扶助を受けている場合や障害基礎年金等の障害給付を受けている場合に，届出により自動的に全額が免除されます。一方，申請免除は，低所得で保険料の納付が困難である場合に申請し，日本年金機構で審査・承認を受けると免除されます。申請免除には全額免除，半額免除，4分の1免除，4分の3免除の4種類があります。保険料免除期間は年金を受給するための資格期間に算入されます。

また，50歳未満で，本人と配偶者の前年所得が一定額以下の場合には申請により保険料の納付が猶予される納付猶予制度があります。学生の場合は，本人の所得が一定額以下の場合に申請により保険料納付が猶予される学生納付特例制度が設けられています。

◯国庫負担

国庫負担は，①基礎年金給付費の2分の1，②保険料免除期間の給付費の全額，③20歳前障害等の障害基礎年金給付費の4割，④老齢福祉年金給付費の全額などです。

（寺本尚美）

▷4　学生納付特例制度
大学（大学院），短大，高等学校，高等専門学校，専修学校および各種学校に在学する20歳以上の学生であって，本人の前年の所得が一定額（118万円＋扶養親族等の数×38万円＋社会保険料控除等）以下である者が対象となる。学生納付特例期間は老齢基礎年金の資格期間に算入されるが，年金額には反映されない。納付特例を受けた期間分の保険料は10年以内であれば追納でき，追納すると，その期間は保険料を納めた期間として取り扱われる。

V　年金保険制度

8　厚生年金

▷1　被用者年金制度の一元化

2012年8月に被用者年金一元化法が成立し，2015年10月から被用者年金制度が一元化された。おもな改正点は次のとおりである。
①厚生年金に公務員及び私立学校教職員も加入することとし，2階部分の年金は厚生年金に統一する。
②共済年金と厚生年金の制度的な差異については基本的に厚生年金に揃えて解消する。
③共済年金にある公的年金としての3階部分（職域部分）については公的年金としては廃止し，新たに「年金払い退職給付」を創設する。
③共済年金の保険料を引き上げ，厚生年金の保険料率（上限18.30％）に統一する。
④年金の決定，支払いなどの事務については，これまでどおり，日本年金機構や各共済組合等がそれぞれ行う。

▷2　厚生年金保険の被保険者

第1号被保険者：第2号から第4号厚生年金被保険者以外の民間被用者等。
第2号被保険者：国家公務員共済組合員の組合員たる厚生年金被保険者。
第3号被保険者：地方公務員共済組合員の組合員たる厚生年金被保険者。
第4号被保険者：私立学校教職員共済制度の加入者たる厚生年金被保険者。

 適用対象者

　厚生年金保険は民間企業の従業員や公務員等を対象とする制度です。被用者年金制度の一元化により，共済年金制度は厚生年金制度に統一され，2015年10月1日から公務員や私立学校教職員も厚生年金に加入することとなりました。

　厚生年金保険は事業所を単位に適用され，適用事業所に使用される70歳未満の者は一括して被保険者となります。2016年10月からはパートタイム労働者にも適用が拡大され，「賃金が月給8万8,000円以上」「勤務期間が1年以上」「週所定労働時間が20時間以上」「従業員501人以上」の基準を満たすパート労働者は厚生年金保険に加入できるようになりました。

　厚生年金保険の被保険者は，4種類に区分されます。

 給　付

○老齢厚生年金
①支給要件

　老齢厚生年金は，厚生年金保険の被保険者期間がある者が，老齢基礎年金の資格期間を満たした場合に支給されます。

②支給開始年齢

　1985年の改正により，老齢厚生年金は基礎年金に上乗せする報酬比例部分を構成する年金となり，老齢基礎年金と同様に65歳から支給されることが決まりましたが，支給開始年齢の引き上げには反対が強かったため，当分の間，60代前半の者に，旧制度の老齢年金と同様の定額部分と報酬比例部分および加給年金額からなる「特別支給の老齢厚生年金」が支給されています。しかし，その後の改正で，定額部分，報酬比例部分とも，支給開始年齢が段階的に65歳へ引き上げられることになりました。また，老齢厚生年金が65歳支給へ完全に移行することに伴い，65歳以降での繰り下げ支給の制度が導入されました。

③年金額

(i)　老齢厚生年金

　老齢基礎年金に上乗せして65歳から老齢厚生年金が支給されます。年金額は，報酬比例の年金額に**経過的加算額**や加給年金額を加算したものとなります。

　報酬比例の年金額は，平均標準報酬（月）額×給付乗率×被保険者期間月

数×物価スライド率です。平均標準報酬（月）額の算出に際しては，平均賃金の上昇に応じて過去の報酬を再評価する賃金スライドが行われますが，65歳以後の年金額の改定については原則として物価スライドのみとなります。また，保険料を負担する労働力人口の減少や年金給付の増加につながる平均余命の伸びといったマクロ経済の変化を給付水準に反映させるマクロ経済スライド制が適用されます。給付乗率は被保険者の生年月日によって異なり，総報酬制が導入された2003年4月以後の被保険者期間については，賞与を含めた平均月収である平均標準報酬額をもとに新しい給付乗率が適用されます。したがって，報酬比例の年金額の計算式は次のようになります。ただし，2000年の改正による年金水準引き下げに伴う経過措置として，改正前の計算式による年金額の方が高くなる場合は，その額を支給する従前額保証があります。

報酬比例の年金額に加算される加給年金額は，被保険者期間が20年（特例15〜19年）以上ある者が受給権を得たとき，その者によって生計を維持していた配偶者や18歳の年度末まで（1級・2級の障害がある場合は20歳未満）の子ど

もがいる場合に支給されます。支給額（2019年度，年額）は，配偶者と第1子・2子は1人につき22万4,500円，第3子以降は1人につき7万4,800円です。配偶者加給年金額は配偶者が65歳になるまで支給され，65歳以後は配偶者の老齢基礎年金に対する振替加算として経過的に支給されます。

> 2017年3月末現在の被保険者数は，第1号被保険者が3,822万人，被保険者の総数は4,266万人です。

▶3　経過的加算額
65歳からの年金では，60代前半に支給される特別支給の老齢厚生年金の定額部分に相当するものが老齢基礎年金となるが，当分の間は定額部分の方が高い額となるため，この差を調整するために報酬比例の年金額に経過的加算額が加算される。

報酬比例の年金額 ＝①＋② ×物価スライド率

（①総報酬制導入前の期間の年金額）

$$① = \left[\begin{array}{c}平均標準\\報酬月額\end{array}\right] \times \left[\begin{array}{c}生年月日による乗率\\ \dfrac{9.5 \sim 7.125}{1000}\end{array}\right] \times \left[\begin{array}{c}2003年3月までの\\被保険者期間月数\end{array}\right]$$

（②総報酬制導入後の期間の年金額）

$$② = \left[\begin{array}{c}平均標準\\報酬額\end{array}\right] \times \left[\begin{array}{c}生年月日による乗率\\ \dfrac{7.308 \sim 5.481}{1000}\end{array}\right] \times \left[\begin{array}{c}2003年4月以降の\\被保険者期間月数\end{array}\right]$$

なお，給付水準については，2004年の改正により，**モデル世帯**の場合，受給開始時で，基礎年金部分を含めて現役世代の平均的手取り収入の50％以上を確保するとしていますが，受給開始後は水準が低下していきます。

（ii）特別支給の老齢厚生年金

1年以上の被保険者期間をもつ60代前半の者には，経過的に特別支給の老齢厚生年金が支給されます。特別支給の老齢厚生年金の年金額は，定額部分，報酬比例部分，加給年金額から構成されます。報酬比例部分および加給年金額は65歳からの老齢厚生年金と同じです。定額部分の年金額の計算式は次の通りです。

なお，定額部分の支給開始年齢は男子が2001年度（女子が2006年度）から，報酬比例部分は男子が2013年度（女子が2018年度）から，段階的に65歳に引き上げられます。

▶4　モデル世帯
モデル世帯とは，夫は平均的賃金で40年間勤続し，同年齢の妻は専業主婦だった世帯。厚生労働省の試算によると，1960年生まれのモデル世帯が2025年に65歳になって年金を受給し始める時の水準は50.2％だが，85歳時には40.5％に低下する。夫婦共働き世帯や単身世帯の給付水準はモデル世帯に比べて大幅に低く，受給開始の時点で40％を下回る。

$$\left[1{,}626円\right] \times \left[生年月日に応じた率\right] \times \left[被保険者期間月数\right] \times 物価スライド率$$

V 年金保険制度

▷5 60代前半の在職老齢年金は，総報酬月額（標準報酬月額と過去1年間の標準賞与額の12分の1合計額）と老齢厚生年金の月額との合計額が28万円を超えるとき，総報酬月額の増加2に対して年金額1を支給停止する。47万円を超える場合は，総報酬月額の増加分だけ年金を停止する。

（iii）　在職老齢年金

60代前半の特別支給の老齢厚生年金，65歳からの老齢厚生年金とも，退職して被保険者資格を喪失した者には全額が支給されますが，在職中の者については年金額の全部または一部が支給停止されます。60代の前半と後半では，仕組みの異なる在職老齢年金制度が適用されます。60代後半の在職老齢年金制度では，総報酬月額（標準報酬月額と過去1年間の標準賞与額の12分の1の合計額）と老齢厚生年金の月額との合計額が47万円を超えるとき，総報酬月額の増加2に対して年金額1を支給停止します。70歳以上の在職者に対しても，60代後半と同様の支給調整措置が行われます。

また，複数の実施機関から共済年金制度統一後の老齢厚生年金を受けている者が在職中の場合は，それぞれの年金額を合算したうえで支給停止額を決定します。そのうえで，この支給停止総額をそれぞれの年金額に応じて按分した額が，それぞれの老齢厚生年金の支給停止額となります。

◯障害厚生年金・障害手当金

厚生年金保険の障害給付には，1～3級の障害厚生年金と，それより軽い障害の場合に支給される一時金としての障害手当金があります。

①支給要件

障害厚生年金（1級・2級）は，厚生年金保険の被保険者期間中に初診日がある傷病が原因で，障害基礎年金（1級・2級）に該当する障害が生じたときに，障害基礎年金に上乗せして支給されます。また，障害基礎年金に該当しない程度の障害であっても，厚生年金保険の障害等級に該当する場合は，3級の障害厚生年金または障害手当金が支給されます。障害手当金は，厚生年金保険の被保険者期間中に初診日のある傷病が5年以内に治り，3級の障害よりやや程度の軽い障害が残った場合に支給されます。

②給付額

障害厚生年金および障害手当金の額の計算式は次の通りです。老齢厚生年金と同様の従前額保証があります。被保険者期間月数が300月（25年）に満たないときは300月として計算します。

3級の障害厚生年金と障害手当金には最低保障額が設けられており，2018年度で，前者は年額58万5,106円，後者は117万0,200円です。障害手当金については，物価スライドは行われません。

1級の障害厚生年金＝ 報酬比例の年金額 × 1.25 ＋ 配偶者加給年金額

2級の障害厚生年金＝ 報酬比例の年金額 ＋ 配偶者加給年金額

3級の障害厚生年金＝ 報酬比例の年金額

障害手当金＝ 報酬比例の年金額 × 2.0

報酬比例の年金額 ＝ ① ＋ ② × 物価スライド率

（①総報酬制導入前の期間の年金額）

① ＝ 平均標準報酬月額 × $\left(\dfrac{7.125}{1000}\right)$ × 2003年3月までの被保険者期間月数

（②総報酬制導入後の期間の年金額）

② ＝ 平均標準報酬額 × $\left(\dfrac{5.481}{1000}\right)$ × 2003年4月以降の被保険者期間月数

◯遺族厚生年金

①支給要件

遺族厚生年金が支給されるのは，

次の場合です。

(1)厚生年金の被保険者が死亡したとき

(2)厚生年金の被保険者期間中の傷病がもとで初診日から５年以内に死亡したとき

(3)１級・２級の障害厚生年金の受給権者が死亡したとき

(4)老齢厚生年金の受給権者，または資格期間を満たした者が死亡したとき

ただし，(1)(2)の場合は，遺族基礎年金の保険料納付要件を満たしていることが必要です。

②遺族の範囲

遺族厚生年金を受給できる遺族とは，(1)遺族基礎年金の支給対象となる遺族▷6，夫は55歳以上，(2)子のない妻▷7，(3)被保険者が死亡したときに55歳以上の父母・祖父母（支給は60歳から），(4)18歳の年度末までの孫，です。いずれの場合も，被保険者が死亡時点で生計を維持していたことが条件です。

③年金額

遺族厚生年金の年金額は，報酬比例の年金額の４分の３を基本として，子のいない中高齢の妻が受給する場合にはこれに**中高齢寡婦加算**▷8**や経過的寡婦加算**▷9を加えた額となります。遺族厚生年金の年金額の計算式は次の通りです。

$$\left[\begin{array}{c}\text{総報酬制導入前の}\\\text{期間の年金額}\end{array}\right]+\left[\begin{array}{c}\text{総報酬制導入後の}\\\text{期間の年金額}\end{array}\right]\times\text{物価スライド率}\times\frac{3}{4}+\begin{array}{c}\text{中高齢寡婦加算額}\\\text{または}\\\text{経過的寡婦加算額}\end{array}$$

なお，遺族が老齢厚生年金の受給権をもつ65歳以上の配偶者の場合には，自らの老齢厚生年金をまず全額受給した上で，その額を遺族厚生年金が上回る場合に超過額が支給されます。

3　財　源

厚生年金の財源は，労使が折半負担する保険料，積立金の運用収入，国庫負担です。保険料については，2003年度から総報酬制が導入され，標準報酬月額と標準賞与に対して同率の保険料が課されるようになりました。また，2004年の改正により保険料水準固定方式が導入され，改正前に13.58％だった保険料率は，2004年10月から毎年0.354％ずつ引き上げられ，2017年９月以降は18.30％に固定されています。また，被用者年金制度の一元化にともない，共済年金の保険料率も毎年0.354％ずつ引き上げられ，国家公務員共済及び地方公務員共済は2018年に，私学共済は2027年に18.30％に統一されることになっています。

国庫負担は，事務費の他は基礎年金拠出金に要する費用の２分の１に限定され，報酬比例の厚生年金部分に対しては行われません。

（寺本尚美）

▷6　遺族厚生年金が支給される遺族の順位は，①配偶者と子，②父母，③孫，④祖父母である。先順位の者が受給権を取得すれば，その後に受給権を失っても，次順位の者には支給されない。

▷7　子のない妻に対する遺族厚生年金については，2004年の改正により，2007年度以降は，夫を亡くした時点で妻が30歳未満だった場合，18歳未満の子どもがいなければ，５年間で給付が打ち切られることになった。

▷8　中高齢寡婦加算
厚生年金保険の被保険者期間が20年以上ある夫が死亡したとき40歳以上の子のない妻，または子が一定年齢に達して遺族基礎年金を受給できなくなった妻が遺族厚生年金を受ける場合には，その妻が40歳から65歳未満まで中高齢寡婦加算（2018年度は年額58万5,100円）が支給される。

▷9　経過的寡婦加算
遺族厚生年金を受給している妻が65歳になり，自らの老齢基礎年金を受給するようになったときに，65歳までの中高齢寡婦加算に代わり支給される。額は，1986年４月１日において30歳以上だった妻が60歳までの国民年金に加入可能な期間をすべて加入した場合の老齢基礎年金額に相当する額と合算して，ちょうど中高齢寡婦加算の額となるように，生年月日に応じて設定されている。

VI 医療保険制度

医療保険制度の実施体制（概要）

1 医療保険制度とは何か

　医療保険とは，私たちが，万が一，病気やけがをしたとき，その医療費用の保障を目的とする社会保険です。わが国では，1961年以降，すべての国民が何らかの医療保険に必ず加入し，医療サービスを受けることができるようになりました。これを国民皆保険（制度）といいます。

2 医療保険制度の仕組み

　医療保険は，4つの主体（機関）から構成されています。

　1つ目は被保険者です。被保険者とは，医療保険に加入し，医療保険による医療サービス給付を受ける人をさします。被保険者は，毎月，一定の保険料を保険者に納め，万が一のけがや病気に備えます。

　2つ目は保険者です。保険者とは，実際に医療保険を運営している機関のことをさします。保険者は，被保険者に保険証を発行し，保険料を徴収します。

　3つ目は保険医療機関です。保険医療機関とは，各地域の社会保険事務所に申請して指定を受けた病院や診療所のことをさします。病院や診療所の医師も，「保険医」として医療保険の診察を行える医師としての登録を受けなければなりません。

　4つ目は審査支払機関です。審査支払機関とは，保険医療機関から医療サービスの報酬（診療報酬）の請求があったとき，その請求内容を審査し，保険者から診療報酬の支払を受ける機関のことをさします。

　では，実際に，万が一，病気やけがをした場合，この仕組みがどのように機能するのかみてみましょう（図VI-1）。

　被保険者（患者）は，自分が選んだ病院や診療所に行き，窓口で保険証を提示します。次に，診察を受け，検査や投薬，場合によっては手術を受けます。最後に，窓口で，すべての診療行為にかかった費用の一部を支払って帰ります。治療が長い期間になる場合は，入院し看護やリハビリテーションを受けます。これらの診療行為はすべてモノやサービスの形で受け取ります。これを現物給付といいます。

　病院や診療所は，審査支払機関に対して，診療報酬を請求します。診療報酬とは，国が定めた医療サービスと材料の料金表です。支払審査機関は，その請

▷1　ここでの医療保険は，「公的医療保険」のことをさす。

▷2　社会保障入門編集委員会編『社会保障入門2016』中央法規出版，2016年，128頁。

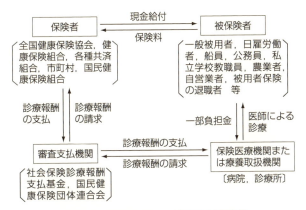

図VI-1　医療保険制度の基本的な仕組み

出所：社会保障入門編集委員会編『社会保障入門　2016年版』中央法規出版，2016年，128頁を一部改変。

求内容が適正であるかどうか審査をします。審査を通過した請求内容は，保険者に回されます。保険者は，診療報酬を，審査支払機関を通して，病院や診療所に支払います。

❸　医療保険制度の種類

現在，わが国の医療保険は，大きく分けて3つあります。①被用者保険，②国民健康保険，③高齢者医療です（表VI-1）。

被用者保険とは，同じ職業の人で保険集団をつくる医療保険のことをさします。被用者保険には，一般の企業（会社）に雇われる人を被保険者とする健康保険，船員保険，共済組合があります。健康保険には，①主に大企業の各健康保険組合が運営する組合管掌健康保険と，②主に中小企業が加入する協会けんぽ（旧政府管掌健康保険）があります。旧共済組合には，①国家公務員が加入する国家公務員共済組合，②地方公務員が加入する地方公務員共済組合，③私立学校の教職員が加入する私立学校教職員共済組合があります。

国民健康保険は，同じ地域に住む人を被保険者として保険集団をつくる医療保険のことをさします。国民健康保険には，市町村国民健康保険と国民健康保険組合があります。市町村国民健康保険は，農業を営んでいる人，自営業を営んでいる人が加入する医療保険です。国民健康保険組合は，医師，歯科医師，弁護士，理容師など特定の職種の自営業者が加入し，全国単位および都道府県別に運営されている医療保険です。

高齢者医療は，75歳以上の人および65歳以上75歳未満で障害者の認定を受けた人が加入する高齢者のための医療保険であり，後期高齢者医療制度と呼ばれています。

現在では，それぞれの医療保険の縮小と財政悪化が徐々に進んでいます。将来は，これらの医療保険の再編・統合が必要とされています。たとえば，平成30年度に，都道府県が市町村に代わって，国民健康保険の財政運営の責任主体

▷3　被用者
企業（会社）に雇われて働く人のことをさす。

VI 医療保険制度

表VI-1 医療保険制度の種類

(平成27年6月現在。ただし, 食事療養費標準負担額は28年4月現在)

制度名		保険者 (平成26年3月末)	加入者数 (平成26年3月末) (本人) 家族 千人	保険給付						財源	
				医療給付							
				一部負担	高額療養費制度, 高額医療・介護合算制度	入院時食事療養費	入院時生活療養費	現物給付	保険料率	国庫負担・補助	
健康保険	一般被用者	協会けんぽ	全国健康保険協会	35,643 (20,303) (15,340)	義務教育就学後から70歳未満 3割 義務教育就学前 2割 70歳以上75歳未満 2割 (※) (現役並み所得者 3割) (※)平成26年1月までに既に70歳に達している者 1割	(高額療養費制度) ・自己負担限度額 (70歳未満の者) (年収約1,160万円~)252,600円+(医療費-842,000円)×1% (年収約770~約1,160万円)167,400円+(医療費-558,000円)×1% (年収約370~約770万円)80,100円+(医療費-267,000円)×1% (~年収約370万円) 57,600円 (住民税非課税) 35,400円 (70歳以上75歳未満の場合) (現役並み所得者)80,100円+(医療費-267,000円)×1% (一般) 44,400円, 外来(個人ごと) 12,000円 (住民税非課税) 24,600円, 外来(個人ごと) 8,000円 (住民税非課税世帯のうち特に所得の低い者) 15,000円, 外来(個人ごと) 8,000円 ・世帯合算基準額 70歳未満の者については, 同一月における21,000円以上の負担が複数の場合は, これを合算して支給 ・多数該当の負担軽減 12月間に3回以上該当の場合の4回目からの自己負担限度額 (70歳未満の者) (年収約1,160万円~) 140,100円 (年収約770~約1,160万円) 93,000円 (年収約370~約770万円) 44,400円 (~年収約370万円) 44,400円 (住民税非課税) 24,600円 (70歳以上75歳未満及び一般)(※) 44,400円 ・長期高額疾病患者の負担軽減 血友病, 人工透析を行う慢性腎不全の患者等の自己負担限度額 10,000円 (ただし, 年収770万円超の区分で人工透析を行う70歳未満の患者の自己負担限度額 20,000円) (高額医療・高額介護合算制度) 1年間(毎年8月~翌年7月)の医療保険と介護保険における自己負担の合算額が著しく高額になる場合に, 負担を軽減する仕組み。自己負担限度額は, 所得と年齢に応じきめ細かく設定。	(生活療養標準負担額) ・一般(I) 1食につき 460円 +1日につき 320円 ・一般(II) 1食につき 420円 +1日につき 320円 ・低所得者 1食につき 210円 +1日につき 320円 ・特に所得の低い住民税非課税世帯 1食につき 130円 +1日につき 320円 ※療養病床に入院する65歳以上の方が対象 ※難病等の入院医療の必要性の高い患者の負担は食事療養標準負担額と同額	・傷病手当金 ・出産育児一時金等	10.00% (全国平均)	給付費の16.4%
		組合	健康保険組合 1,419	29,273 (15,598) (13,676)			(食事療養標準負担額) (現役並み所得者等)80,100円+(医療費-267,000円)×1% (一般) 44,100円 ・住民税課税世帯 1食につき 360円		・傷病手当金 附加給付あり	各健康保険組合によって異なる	定額 (予算補助)
		健康保険法第3条第2項被保険者	全国健康保険協会	18 (12) (6)							
船員保険			全国健康保険協会	127 (58) (69)				同上 (附加給付あり)	・傷病手当金 1級日額390円 11級 3,220円 ・出産育児一時金等	9.60% (疾病保険料率)	給付費の16.4%
各種共済		国家公務員	20共済組合	8,914 (4,491) (4,422)				同上		定額	
		地方公務員等	64共済組合							ー	なし
		私学教職員	1事業団							ー	
国民健康保険		農業者自営業者等	市町村 1,717 国保組合 164	36,927 市町村 33,973 国保組合 2,954			・特に所得の低い低所得者 1食につき 100円	同上 (附加給付あり)	・出産育児一時金 ・葬祭費	世帯毎に応益割(定額)と応能割(負担能力に応じて)で賦課	給付費等の41% 給付費等の47%
		被用者保険の退職者	市町村 1,717							保険者によって賦課算定方式は多少異なる	なし
後期高齢者医療制度		[運営主体] 後期高齢者医療広域連合 47		15,436	1割 (現役並み所得者3割)	自己負担限度額 外来(個人ごと) (現役並み所得者)80,100円+(医療費-267,000円)×1% 44,400円 (多数該当の場合) 44,400円 (一般) 44,400円 12,000円 (住民税非課税世帯) 24,600円 8,000円 (住民税非課税世帯のうち特に所得の低い者) 15,000円 8,000円	同上	同上 ただし, ・老齢福祉年金受給者 1食につき 100円	葬祭費 等	各広域連合によって定めた被保険者均等割額と所得割率によって算定されている	・保険料約10% ・支援金約40% ・公費 約50% (公費の内訳) 国:都道府県:市町村 4:1:1

(注) 1. 後期高齢者医療制度の被保険者は, 75歳以上の者及び65歳以上75歳未満の者で一定の障害にある旨の広域連合の認定を受けた者。
2. 現役並み所得者は, 住民税課税所得145万円(月収28万円以上)以上又は世帯に属する70~74歳の被保険者の基礎控除後の総所得金額等の合計額が210万円以下の者。ただし, 収入が高齢者複数世帯で520万円未満若しくは高齢者単身世帯で383万円未満の者, 及び旧ただし書所得の合計額が210万円以下の者は除く。特に所得の低い住民税非課税世帯とは, 年金収入80万円以下の者等。
3. 国保組合の定率国庫補助については, 健保の適用除外承認を受けて, 平成9年9月1日以降新規に加入する者及びその家族については協会けんぽ並とする。
4. 加入者数は四捨五入により, 合計と内訳の和とが一致しない場合がある。
5. 船員保険の保険料率は, 被保険者保険料負担軽減措置(0.50%)による控除後の率。

資料:厚生労働省『平成27年版 厚生労働白書』を一部改変。
出所:健康保険組合連合会編『図表で見る医療保障 平成28年度版』ぎょうせい, 2016年, 58~59頁。

になる予定です。

④ わが国の医療保険制度の特徴

▷4 医療保険制度研究会編『目で見る医療保険白書 平成16年版』ぎょうせい, 2004年, 56~57頁。

社会保険としての医療保険は, およそ5つの特徴をもっています。◁4

1つ目は, 原則として, 一定の資格をもつ人は強制的に加入することです。

2つ目は, 保険料負担は, それぞれの人の所得に保険料率をかけて徴収していることです。負担能力に応じて徴収していることから「応能主義」と呼んでいます。また, 保険料負担は, 加入者本人と企業(会社)がそれぞれ半分ずつしていることです。

3つ目は, それぞれの人が加入する医療保険があらかじめ決定されていることです。自由に他の医療保険に移動することはできません。

4つ目は, 医療保険における医療サービスの内容は予め定型化されていることです。つまり, 保険の範囲内では, 高額な診療を行うことができず, すべて

VI-1 医療保険制度の実施体制（概要）

全額自己負担となってしまいます。

5つ目は，医療保険の運営は，国や地方自治体（市町村）など公的な機関によって行われています。民間保険会社が運営することはありません。民間保険会社は，現金給付としての医療保障を提供しますが，保険のしくみのなかで現物サービスを直接提供することはありません。

❍公的医療保険制度が存在する理由

日本の場合，なぜ社会保険としての医療保険制度が大きな位置を占めているのでしょうか。

基本的に，医療の世界では，医療・医学に関する知識や情報に関して，医療サービスを提供する側（医師，看護師などの医療従事者・経営者）と，医療サービスを受ける側（患者やその家族）との間に，情報の量・質・理解力が異なっています。すなわち，医師は多くの情報・質のよい情報・専門家としての理解力をもっていますが，患者は少ない情報・質のよい情報をもっていないので理解できないことがあります。この現象を，専門用語では，「情報の非対称性」が存在する，といいます。

そこで，「情報の非対称性」をできる限りなくし，医師の不正や患者の知識不足や理解不足を補うため，第三者である国や公的機関が，情報の仲立ちをすることによって，情報の落差を埋める活動をしたり，仕組みをつくったりするのです。その仕組みが社会保険としての医療保険なのです。また，法律による規制もあります。

具体的には，大きく分けて2つの規制が存在します。医療サービスに関する価格の規制と数量的な規制です。

まず，価格の規制ですが，これは診療報酬制点数表によって規制（規定）されています。つまり，診療報酬点数表は，保険診療で提供できる医療サービスメニュー（品目表）であると同時に，一つひとつの診療行為に国が適正と決めた価格をつける（価格表）ものです。なぜこのような価格規制をするのでしょうか。仮に，医師が医療サービスの価格を自由に決められるならば，情報の非対称性が存在することによって，医師は不適正に医療サービスの価格を高くしてしまう誘惑・誘因が働いてしまうからです。そのような医師の行為を防止するために，診療報酬点数表を設けて医療サービスの価格を決めているのです。

次に，数量の規制ですが，医療法に基づく医療スタッフの免許制度と医療計画に基づくベッド数（病床数）規制があります。医療行為は，人の生命を預かり，高い専門性と知識を必要とします。医療従事者としての能力を確認し，その質を保証するため，国による国家試験に合格したものだけに資格が与えられ，医療現場に従事することができます。また，ベッド数の規制については，仮に無制限に病院の開設を認めた場合，病院同士で患者の獲得競争が起こり，医療サービスの質の低下を招きかねないからです。

（齋藤立滋）

VI 医療保険制度

診療報酬の仕組み

 診療報酬とは

患者が医療機関で保険証を提示して診察や治療など受けた場合に，医療保険が医療機関に支払う費用のことです。診療報酬の内容は，次の2つの価格から成り立っています。①診察や治療など，医師や看護師の「技術の価格」です。診療報酬点数表により，すべての技術の価格が定められています。②医薬品や保健医療の材料など，「モノの価格」です。薬価基準や材料価格基準により，すべてのモノの価格が定められています。

診療報酬点数表とは

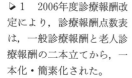

○診療報酬の体系・仕組み

診療報酬は，診察や治療などの医療行為や材料ごとに点数が決められ，それらの点数に基づいて個々に算出されます。医療機関は医療行為や薬の点数を合計して（1点＝10円）請求します。

○診療報酬点数表の役割

(1)すべての医療行為（約6,000項目）について，全国一律の価格が決められていることです。すべての患者は公平に医療行為を受けることができます。
(2)医療保険で行える医療行為の内容や範囲が決められていることです。認可された医療行為や医薬品は，診療報酬点数表に明示されています。

○診療報酬点数表の内容

診療報酬点数表には，基本診療料と特掲診療料があります。
①基本診療料
基本診療料は，医療行為を行う際にまず算定され，外来と入院があります。
　(i) 外　来：外来の基本診療料には，病気やけがをして初めて病院や診療所で診察を受けた患者に対して算定される初診料があります。

初診後に，同じ病気やけがで再度診察を受けた患者に対して算定される再診料・外来診療料があります。再診料は200床未満の病院や診療所で再診の都度に算定されます。外来診療料は200床以上の病院で算定されます。診療報酬点数と体系に基づいて医療機関間の機能分担を明確化することにより，地域社会で効率的に必要な医療を受けることができます。

　(ii) 入　院：入院の基本診療料には，入院基本料と特定入院料があります。

▷1　2006年度診療報酬改定により，診療報酬点数表は，一般診療報酬と老人診療報酬の二本立てから，一本化・簡素化された。

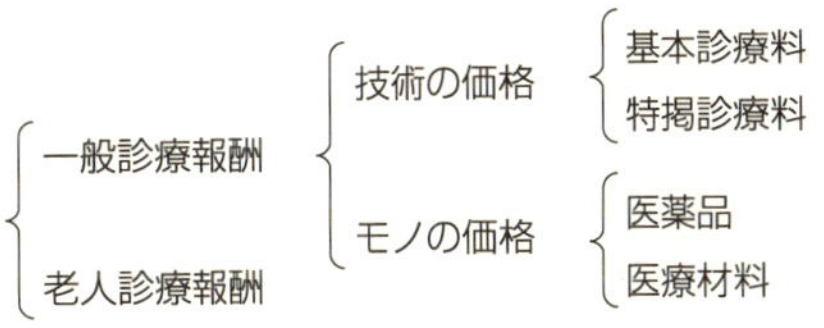

入院基本料は，入院医療に関する基本的なものとして診察料，看護料，部屋代などを点数化します。一般病棟入院基本料，療養病棟入院基本料，結核病棟入院基本料，精神病棟入院基本料，特定機能病院入院基本料などがあります。

特定入院料は，集中的な治療や特別なケアを必要とする場合に点数化され，入院基本料に加算されます。

②特掲診療料

特掲診療料は，医療上必要な項目を選択して算定されます。**指導管理料**，**在宅医療**，検査，画像診断，投薬，注射，リハビリテーション，精神科専門療法，処置，手術，麻酔，放射線治療の12があります。

❸ 診療報酬改定の内容と意味

人々の医療に対する多様な要求に対応できる医療システムの構築には，診療報酬の見直しは必要になります。最新・重要な医療技術や薬が診療報酬上で正当に評価されることは，社会・公平性の面からも重要です。

○ 2014年度診療報酬の改定内容

(1)2025年に向けて，医療提供体制の再構築を図ることです。「①患者にとって質の高い医療が提供される診療報酬体系の在り方を検討する。②医療・介護・予防・住まい・生活支援が一体的に提供される地域包括ケアシステムを構築する」ことにより，重度な要介護状態となっても住み慣れた地域で自分らしい暮らしを続けることを目指します。

(2)医療機関の機能分化と連携，在宅医療の充実に取り組むことです。①入院医療から在宅復帰の促進を評価することです。病床の機能・役割を細分化・明確化（高度急性期，急性期，回復期，慢性期）を目指すものです。②外来医療の機能分化から在宅医療への推進を評価し，質の高い在宅医療の実現を目指すものです。

○ 2016年度診療報酬の改定内容

(1)地域包括ケアシステムを推進し，医療機能を分化・強化することです。「①医療機能に応じた入院医療の評価，②チーム医療の推進，勤務環境の改善，③効果的・効率的で質の高い在宅医療・訪問看護の提供体制の確保」などがあります。

(2)患者にとって安心・安全で納得できる医療を実現することです。「①第三者による客観的評価の推進，②生活の質を高める医療の実現，③質の高いリハビリテーションの評価から早期機能回復の推進」などがあります。

(3)重点的対応が求められる医療分野を充実することです。「①質の高いがん医療の評価，②認知症患者への医療の評価，③質の高い精神医療の評価，④難病患者への医療の評価，⑤救急医療の充実」などがあります。（梓川　一）

▷2　指導管理料
患者に対して運動や食事療法などを指導管理する点数。特定疾患療養・治療管理料，入院食事栄養指導料，在宅療養指導料，生活習慣病管理料，救急救命管理料，退院時リハビリテーション指導料，薬剤管理指導料など。

▷3　在宅医療
定期的な通院が必要な患者の自宅に医療者が訪問し，医療を施すこと。往診，訪問看護，訪問リハビリテーションなど。

▷4　診療報酬の問題点についてさまざまな指摘がある。「密室での利害関係により決定している」「技術の評価ではなく件数の多い手術を減点し総医療費を減少させている」「業界の既得権益の存在」「入院期間に応じて初期加算・長期減算」などがある。

	技術の価格	基本診療料
一般診療報酬		特掲診療料
	モノの価格	医薬品
老人診療報酬		医療材料

図VI-2　診療報酬の体系

Ⅵ 医療保険制度

医療保険給付の内容

 医療保険制度とは

　1961年にようやく達成できた国民皆保険制度は，国民は誰でも・どこでも・いつでも受診ができること，平等に保険給付を受けること，国民生活の安定化を目指すものでした。こうして医療保険の加入者や家族が病気やけがをしたときに，各種医療給付を受けることができるようになりました。つまり，個人で解決できない事態，誰かに起こりうる・予測できない事態に備えて，加入者全員で保険料を負担しあい，社会全体で支えあう制度です。

② 医療保険制度の給付形態

　保険給付は，法定給付と附加給付に分類することができます。
　◯法定給付
　法令に基づいて保険者に義務づける給付で，医療給付と現金給付があります。
　①医療給付
　疾病やけがの診察・治療にかかる費用など，医療上の内容に対して給付されるもので，現物給付と償還払給付があります。
　（ⅰ）現物給付
　病気やけがをしたときに，病院で医師の診察を受けることができます。現物給付とは，診察，治療，薬剤，手術，在宅療養，入院など具体的な医療サービスが提供されることです。医療保険に加入して保険料を支払っているため，受診時に自己負担金を支払うことによっていつでも現物給付を受けることができます。
　（ⅱ）償還払給付
　何らかの事情によって医療機関に医療費の全額あるいは自己負担額を超えて支払った場合，その後に保険者から償還すべき相当額が払い戻されます。たとえば，高額療養費の給付があります。
　②現金給付
　高度な治療を要する場合，あるいは出産や死亡した場合，医療保険の加入者に現金を給付するものです。療養費，入院時食事療養費，訪問看護療養費，特定療養費，移送費，傷病手当金，出産手当金，出産育児一時金，死亡時の埋葬料などがあります。

VI-3 医療保険給付の内容

◑附加給付

保険者の裁量により法定給付に上乗せして給付されます。組合管掌健康保険,共済組合,国民健康保険組合に,たとえば,一部負担還元金,家族療養附加金,合算高額療養附加金,埋葬附加金などがあります。

③ 医療保険制度の給付・自己負担

自己負担割合は,年齢と収入に応じて定められています。

(1)義務教育就学後から70歳未満（被保険者・被扶養者）：3割の自己負担。

(2)義務教育就学前（被扶養者）　　　　　　　　　　：2割の自己負担。

(3)70歳以上75歳未満（被保険者・被扶養者）：2割または3割の自己負担。

(4)75歳以上（後期高齢者医療制度の被保険者）：1割または3割の自己負担。

　急速な高齢化・少子化が同時進行する今日の社会状況において,国民皆保険制度・世代間の支えあいシステムが破綻しないように,現役世代の負担を軽減させて,世代間での公平化を図るためです。

④ 医療保険制度の給付内容（表VI-2）

◑病気やけがをしたときの給付

①療養給付・家族療養費

被保険者や家族（被扶養者）が病気やけがをして医療機関で受診するとき,各種保険証を提示して医療費全額のうちの自己負担分を窓口で支払うことにより,必要な医療サービスを受けることができます。

②入院時食事療養費

被保険者や家族（被扶養者）が入院したとき,1人1日あたり定額の標準負担額（1日1食で360円）を支払うことにより,入院時の食事給付を受けることができます。平均的家計における食費（国が定めた基準）から個人標準負担額を差し引いたものが入院時食事療養費として,保険者から医療機関に支払われます。低所得者についての特別措置があります。

③訪問看護療養費

被保険者や家族（被扶養者）が在宅療養を要する場合（＝看護師などによる訪問看護サービスを要することを医師が認めた場合）,訪問看護や療養に関わる費用の一部を患者が負担することにより,具体的な訪問看護サービスの給付を受けることができます。患者の自己負担の割合は年齢に応じて決まっています。

④高額療養費

被保険者や家族（被扶養者）の治療費や検査費が高額となった場合,家計に対する医療費の自己負担を軽減するための給付です。一医療機関・1か月あたりの医療費が,所得に応じて設定される月ごとの自己負担上限額を超えた部分について,被保険者の申請によって事後的に保険者が支給します。支給につい

▷1　義務教育就学前の子どもを対象とした乳幼児等医療費支給制度がある。これは医療機関にかかったときの医療費の一部を助成する制度であり,この制度を利用すれば,厳密には2割の自己負担ではなくなる。

▷2　世代間の公平を図る観点から,平成26年度から段階的に1割から2割の自己負担とした。

▷3　現役並みの所得者は3割の自己負担となる。

109

VI　医療保険制度

> ▷4　同一世帯で，直近12か月間に高額療養費の支給月が3か月以上になった場合，4か月目からは自己負担限度額が軽減された定額となる。また，病院の窓口で支払う1か月の自己負担額について，同じ医療保険に加入する家族が世帯単位で合算し，その合算額から世帯における自己負担限度額を控除した額を高額療養費として支給することになる。

> ▷5　勤務ができなくなった日から数えて4日目から支給される。

ては，複数回の受診や同じ世帯の家族の窓口負担額[4]を，1か月単位で合算することができます。

　⑤移送費・家族移送費

　被保険者や家族（被扶養者）が医療機関を受診する際に，緊急を要する事情によりやむを得ず有料の移送手段を活用した場合，事後に実費分または保険で認められた額について現金給付されます。

　○仕事を休んだときの給付

　①傷病手当金

　被保険者がけがや病気のために働くことができない状況（自宅療養も含む）となり，給料が減額されたり，支給されなくなった場合，生活の安定を目的として現金給付されます。働くことができない状態となった被保険者本人を対象[5]とするため，家族（被扶養者）は対象外になります。自営業者は休業期間の給付額が明確ではないため，国民健康保険に傷病手当金給付はありません。

　②出産手当金

　被保険者（働く女性）が妊娠や出産をする場合，その休暇期間中に給付されます。女性が働きながら安心して妊娠や出産ができるためには，出産休暇期間中の収入が確保されるなどの生活保障が必要です。自営業者は休暇期間の給付額が明確ではないため，国民健康保険に出産手当金給付はありません。

　③育児休業手当金

　育児休業中の経済的な援助とその後の継続的な勤務を促進するために，育児休業開始の日から子どもが満1歳に達するまで給付されます。「①保育所における保育が実施されない，②配偶者の死亡，負傷・疾病，婚姻の解消，③配偶者の産前産後休業」の場合には，子どもが1歳6か月まで給付されます。

　④介護休業手当金

　要介護状態の家族を介護するために介護休業を取得した場合，3か月以内において勤務できなかった期間について介護休業手当金が給付されます。

　○出産・死亡の一時金

　①出産育児一時金・家族出産育児一時金

> ▷6　生産・死産にかかわらず，出産費用の補助という形で支給される。多胎の場合はその人数分が支給される。

　被保険者（出産育児一時金）および被扶養者（家族出産育児一時金）が出産したときに，一児当たり42万円が現金給付されます[6]。少子化がますます進行する今日，出産や育児を支える社会環境・体制を整備すべきであり，個人の自己負担の軽減[7]，出産・育児期間中の生活の安定を目的としています。

　②埋葬料・家族埋葬料

> ▷7　妊娠・出産は疾病・治療対象ではないため，医療保険の対象外（医療費全額負担）となる。

　被保険者あるいは家族（被扶養者）が亡くなったとき，遺族に現金給付されます。亡くなった人が世帯主でない場合や自殺による死亡の場合も支給されます。

（梓川　一）

VI- 3　医療保険給付の内容

表VI-2　各医療保険制度の給付

	健康保険・共済組合	国民健康保険
療養の給付 訪問看護療養費	義務教育就学前　　　　　　　　：8割 義務教育就学後から70歳未満　：7割 70歳以上75歳未満　　　　　　：8割（現役並み所得者：7割） 75歳以上　　　　　　　　　　：9割（現役並み所得者：7割）	
入院時食事療養費	食事療養標準負担額　　　　　　：一食につき360円 低所得者　　　　　　　　　　　：一食につき210円 特に所得の低い低所得者　　　　：一食につき100円	
入院時生活療養費 （65歳〜）	生活療養標準負担額　　　　：一食につき食費360円　＋　居住費320円 低所得者　　　　　　　　　：一食につき食費210円　＋　居住費320円 特に所得の低い低所得者　　：一食につき食費130円　＋　居住費320円 老齢福祉年金受給者　　　　：一食につき食費100円　＋　居住費0円	
傷病手当金	最長1.5年の範囲内で 1日につき「標準報酬日額の×3分の2」相当額を支給	任意給付（実施している市町村はない）
出産手当金	出産日以前42日〜出産日後56日までの範囲で 1日につき「標準報酬日額の×3分の2」相当額を支給	任意給付（実施している市町村はない）
出産育児一時金	被保険者またはその被扶養者が出産した場合， 原則42万円を支給	条例または規約の定めるところによる（多くの保険者で原則42万円を支給）
埋葬料	被保険者またはその被扶養者が死亡した場合， 定額5万円を支給	条例または規約の定めるところによる（多くの市町村で実施。1〜5万円程度を支給）

高額療養費の自己負担限度額（70歳未満）

年収区分	月単位の自己負担上限額（円）
年収約1160万円〜	252,600＋（医療費－842,000）×1％
年収約770〜約1160万円	167,400＋（医療費－558,000）×1％
年収約370〜約770万円	80,100＋（医療費－267,000）×1％
〜年収約370万円	57,600
住民税非課税	35,400

高額療養費の自己負担限度額（70歳以上）＊平成29年8月〜30年7月

年収区分	月単位の自己負担上限額（円）	
	外来（個人）	外来・入院（世帯単位で合算）
現役並	57,600	80,100＋（医療費－267,000円）×1％
一　般	14,000	57,600
住民税非課税	8,000	24,600
住民税非課税（総所得0円の世帯）	8,000	15,000

高額療養費の自己負担限度額（70歳以上）＊平成30年8月〜

年収区分		月単位の自己負担上限額（円）	
		外来（個人）	外来・入院（世帯単位で合算）
現役並	年収約1160万円〜	252,600＋（医療費－842,000）×1％	
	年収約770〜約1160万円	167,400＋（医療費－558,000）×1％	
	年収約370〜約770万円	80,100＋（医療費－267,000）×1％	
一　般		18,000	57,600
住民税非課税		8,000	24,600
住民税非課税（総所得0円の世帯）		8,000	15,000

＊ 70歳以上を対象に高額療養費制度の段階的見直しを実施
　第1段階目（29年8月〜30年7月）：現行の枠組みを維持したまま，限度額を引き上げ
　第2段階目（30年8月〜）：現役並み所得区分については細分化し，限度額を引き上げ
出所：厚生労働省ホームページ「医療費の自己負担」から筆者（2018）作成一部改変。

Ⅵ 医療保険制度

 国民健康保険

概　要

　国民健康保険は，同じ地域に住む人を被保険者として保険集団をつくる医療保険のことをさします。国民健康保険には，市町村国民健康保険と国民健康保険組合があります。

　市町村国民健康保険は，農業を営んでいる人，自営業を営んでいる人，無職の人などが加入する医療保険です。

　国民健康保険組合は，医師，歯科医師，弁護士，理容師などの特定の職種の自営業者が加入し，全国単位および都道府県別に運営されている医療保険です。

　市町村国民健康保険については，保険者である市町村が1,716あり，加入者は約3,303万人います（2015年3月末現在）。

　国民健康保険組合については，保険者が164あり，加入者は約291万人います（2015年3月末現在）。

2　給　付

　2003年4月から，健康保険と同様に，給付率は引き下げられ，本人家族ともに7割となっています。

　保険給付には，法定給付と附加給付があります。法定給付には，医療（現物）給付と現金給付の2つがあります。われわれが普段受けている診療や治療は，医療（現物）給付にあたります。現金給付には，傷病手当金，出産手当金，出産育児一時金，埋葬料，移送費などがあります。

3　負　担

　国民健康保険は個人ごとに加入しますが，保険料の納付は世帯主が行います。市町村は，保険料方式もしくは税方式のどちらの方式でも選択でき，保険料（税）を徴収することができます。現在は，全国の約8割の市町村が税方式を採用しており，地方税法にもとづいて国民健康保険料（税）を徴収しています。

　保険料（税）の負担は，4つの負担方法を組み合わせています。①収入に応じて納める所得割，②固定資産税納税額に応じて納める資産割，③世帯の加入者数（被保険者数）に応じて納める被保険者均等割，④世帯ごとに納める平等割です（図Ⅵ-3）。平等割額に関しては上限額が設けられています。一般分は

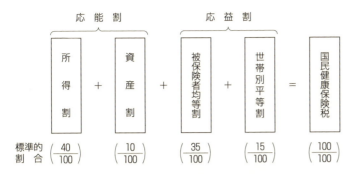

図Ⅵ-3 保険料の構成（国民健康保険の場合）

出所：健康保険組合連合会『図表で見る医療保障 平成28年度版』ぎょうせい，2016年，68頁。

年54万円，介護分は16万円です（2016（平成28）年度分）。

一部負担金は，加入者，家族（被扶養者）ともに一律3割の負担となっています。ただし，義務教育就学前については2割，70歳以上75歳未満の高齢者については一般の人については2割，一定以上所得者は3割となっています。

国庫負担金・国庫補助金については，事務費の全額を負担したり，給与費の一部を補助したりします。

4 財政収支

2014年度の決算見込みにおける収入と支出，収支差引額をみていきます。

市町村一般被保険者分に関しては，収入合計は13兆9,846億円です。うち，保険料収入が21.3％，国庫負担が23.0％を占めます。支出合計は14兆60億円です。うち，保険給付費が66.2％，後期高齢者支援金が12.8％を占めます。収支差引額は214億円の赤字です。ただし，この収支差引額から基金繰入金687億円，繰越金3,320億円などを足し，他の支出を引くと，2,390億円の黒字となり，繰入金や繰越金に依存していることがわかります。

5 課題

国民健康保険については，
(1)加入者の平均年齢が高く，医療費の増加が大きい，
(2)低所得者の加入割合が高いため，他の被保険者の負担が重くなる，
(3)医療費の地域格差が大きいため，保険者間の負担の不均衡が存在する，
(4)都市部での保険料の収納率が低下傾向にある，
以上の4つの構造的な問題を抱えています。

（齋藤立滋）

▶ 健康保険組合連合会編『図表で見る医療保障 平成28年版』ぎょうせい，2016年，144～145頁。

VI 医療保険制度

健康保険組合

 概　要

　健康保険は2種類あります。①主に大企業の各健康保険組合が運営する組合管掌健康保険（以下，組合健保と略します）と，②主に中小企業が加入する全国健康保険協会（以下，協会けんぽと略します），です。

　加入者（被保険者）は，大きく分けて3種類あります。①強制適用，②任意，③任意継続，です。

　①強制適用は，常に5人以上の従業員を雇っている事業所を対象として，その事業所に勤めている従業員に強制的に適用されます。

　②任意は，①の強制適用にあてはまらない事業所を対象として，その従業員の半数以上の同意を得た上で，厚生労働大臣の認可を受けることで，適用されます。

　③任意継続は，①，②の加入者が，退職などにより加入者資格を喪失したあとも，引き続き加入者となることをいいます。

　組合健保については，保険者である健康保険組合が1,409あります。加入者は約2,913万人います。そのうち，本人加入者は約1,564万人，家族加入者は約1,349万人です（2015年3月末現在）。

　協会けんぽについては，保険者は全国健康保険協会で，加入者は約3,639万人います。そのうち，本人加入者は約2,090万人，家族加入者は約1,549万人です（2015年3月末現在）。

 給　付

　2003年4月から，給付率は引き下げられ，組合健保，協会けんぽともに，本人，家族ともに7割となりました。

　保険給付には，法定給付と附加給付があります。法定給付には，医療（現物）給付と現金給付の2つがあります。われわれが普段受けている診療や治療は，医療（現物）給付にあたります。現金給付には，傷病手当金，出産手当金，出産育児一時金，埋葬料，移送費などがあります。

3 負　担

　負担には，保険料と一部負担金，国庫負担金・国庫補助金があります。

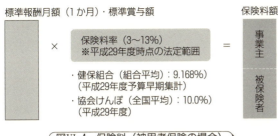

図Ⅵ-4 保険料（被用者保険の場合）

出所：健康保険組合連合会編『図表で見る医療保障 平成29年度版』ぎょうせい，2017年，68頁。

　保険料率は，平成28（2016）年度は，協会けんぽは10.0％（全国平均），組合健保は9.103％（組合平均）となっています。この率で保険料額を計算し，事業主と加入者で半分ずつを納めています（図Ⅵ-4）。

　一部負担金は，加入者，家族（被扶養者）ともに一律3割の負担となっています。ただし，義務教育就学前については2割，70歳以上75歳未満の高齢者については一般の人については2割，一定以上所得者は3割となっています。

　国庫負担金・国庫補助金については，事務費の全額を負担したり，給付費の一部を補助したりします。

4 財政収支

　平成26（2014）年度の決算見込みにおける収入と支出，収支差引額をみていきます。

　まず，組合健保からみていきます。経常収入合計は7兆6,023億円です。経常支出合計は7兆5,389億円です。収支差引額は634億円の黒字となっているが，近年赤字が続いており，全体の6割を超える健保組合が赤字となる状況が続いています。

　次に，協会けんぽの経常収入合計は9兆1,028億円です。経常支出合計は8兆7,309億円です。収支差引額は，3,719億円の黒字となりました。協会けんぽは，平成22（2010）年度以降，保険料率を引き上げ，収入増加を図り，黒字が続いています。

　今後は，人口減少に伴って被保険者数が減少したり，非正規雇用者比率が増加し，健康保険に加入したくても加入できない（職場が健康保険に加入していない，低賃金のため保険料が払えない）ことも原因の一つとなり，赤字の増加が予想されます。

　健保組合のなかには，企業グループ内の統廃合を進めているものもあります。コストを削減して運営費用を引き下げるためです。

（齋藤立滋）

VI 医療保険制度

共済保険組合

1 概　要

　共済組合には大きく分けて3種類あります。①国家公務員が加入する国家公務員共済組合，②地方公務員が加入する地方公務員共済組合，③私立学校の教職員が加入する私立学校教職員共済制度，です。

　2015年3月末現在をみます。国家公務員共済組合については，保険者は20あり，加入者は約224万人います。そのうち，本人加入者は約107万人，家族加入者は約117万人です。

　地方公務員共済組合については，保険者は64あり，加入者は約570万人います。そのうち，本人加入者は約288万人，家族加入者は約282万人です。

　私立学校教職員共済については，保険者は日本私立学校振興・共済事業財団で，加入者は約89万人います。そのうち，本人加入者は約54万人，家族加入者は約35万人です。

2 給　付

　共済組合には，2つの給付があります。短期給付と長期給付です。このうち，医療保険に該当するのは，短期給付です。短期給付は，健康保険とほぼ同じ内容で，医療給付（現物給付）と現金給付があります。

3 負　担

　保険料の負担については，保険料の他に一部負担金と国庫負担があります。

　保険料率については，各組合ごとに毎年の収支が均衡するように決められています。組合によって，加入者の年齢構成，平均標準報酬などの事情が異なるため，保険料率も異なります（表VI-3）。

　一部負担金は，加入者，家族（被扶養者）ともに一律3割の負担となっています。ただし，義務教育就学前については2割，70歳以上75歳未満の高齢者については一般の人については2割，一定以上所得者は3割となっています。

　国庫負担は，事務費の全部もしくは一部に充てられます。

（齋藤立滋）

VI-6 共済保険組合

表VI-3 共済保険組合（短期部門）の概要

制 度 の 種 類		国家公務員共済組合	地方公務員共済組合	私立学校教職員共済
根　拠　法 ［施　行］		国家公務員共済組合法 （昭33.5.1法128） ［昭33.7.1］	地方公務員等共済組合法 （昭37.9.8法152） ［昭37.12.1］	私立学校教職員共済法 （昭28.8.21法245） ［昭29.1.1］
対　　　象		国　家　公　務　員	地　方　公　務　員	私　立　学　校　教　職　員
保　険　者 （平成26年3月末現在）		各省庁等共済組合 （20）	各地方公務員等共済組合 （64）	日本私立学校振興・ 共済事業団
加　入　者　数 （平成26年3月末現在）		1,074千人 （1,187千人）	2,901千人 （2,945千人）	521千人 （349千人）
財源	掛金・保険料（一般） 本人 使用者 計	4.03%〜5.46% 4.03%〜5.46% 8.05%〜10.91% ※介護分を含む （平成27年10月1日現在）	5.47% 5.47% 10.94% ※介護分を含む （平成27年10月1日現在）	4.36% 4.36% 8.71% ※介護分を含む （平成27年3月末現在）
	国庫負担・補助	事　務　費　の　全　額	（各地方公共団体が事務費の 全額負担）	事　務　費　の　一　部
保険給付	診　療　等 （一部負担）	義務教育就学後から70歳未満：3割。ただし義務教育就学前：2割，70歳以上75歳未満：2割※（現役 並み所得者□は3割） ※70歳以上75歳未満の者については，平成26年3月末までに既に70歳に達している者：1割		
	入院時食事療養費	標準負担額　・住民税課税世帯　1食260円　・住民税非課税世帯　90日まで1食210円　91日目以降は1食 160円　・特に所得の低い住民税非課税世帯　1食100円		
	入院時生活療養費	生活療養標準負担額　・一般（I）1食460円+1日320円　・一般（II）1食420円+1日320円　・住民 税非課税世帯　1食210円+1日320円　・特に所得の低い住民税非課税世帯　1食130円+1日320円 ※療養病床に入院する65歳以上の者が対象 ※難病等の入院医療の必要性の高い患者の負担は食事療養標準負担金と同額		
	高　額　療　養　費	［自己負担限度額］〈70歳未満の者〉・年収1,160万円〜：252,600円−（医療費−842,000円）×1%　・年 収約770〜約1,160万円〜：167,400円+（医療費−558,000円）×1%　・年収約370〜約770万円〜： 80,100円+（医療費−267,000円）×1%　・〜年収約370万円：57,600円　・住民税非課税：35,400円 〈70歳以上75歳未満の者〉・現役並み所得者：80,100円+（医療費−267,000円）×1%，外来（個人ごと） 44,400円　・一般：44,400円，外来（個人ごと）12,000円　・住民税非課税世帯：24,600円，外来（個 人ごと）8,000円 ［世帯合算基準額］70歳未満の者については，同一月における21,000円以上の負担が複数の場合は，これ を合算して支給 ［多数該当の負担軽減］12ヶ月間に3回以上該当の場合の4回目からの自己負担限度額。 〈70歳未満の者〉・年収約1,160万円〜：140,100円　・年収約770〜約1,160万円：93,000円　・年収約 370〜約770万円：44,400円　・〜年収約370万円：44,400円　・住民税非課税：24,600円 70歳以上の 現役並み所得者：44,400円 ［長期高額疾病患者の負担軽減］血友病，人工透析を行う慢性腎不全の患者等の自己負担限度額は10,000 円　ただし，年収770万円超の区分で人工透析を行う70歳未満の患者の自己負担限度額は20,000円		
	高額医療・高額介護 合　算　制　度	毎年8月から翌年7月までの1年間の医療保険と介護保険の自己負担の合算額が著しく高額となる場合 に，負担を軽減する仕組み，自己負担限度額は所得と年齢に応じてきめ細かく設定		
	出産育児一時金	420,000円 ※産科医療補償制度に加入する医療機関で出産した場合，それ以外の場合は404,000円		
	家族出産育児一時金	420,000円 ※産科医療補償制度に加入する医療機関で出産した場合，それ以外の場合は404,000円		
	埋　　葬　　料	50,000円	50,000円	50,000円
	家族埋葬料	50,000円	50,000円	50,000円
休業給付	傷　病　手　当　金	1日につき標準報酬日額の3分の 2相当額 1年6カ月（結核性3年）まで	1日につき給料日額の3分の2に 一定係数を乗じた額 1年6カ月（結核性3年）まで	1日につき標準給与日額の3分の 2に一定係数を乗じた額 1年6カ月（結核性3年）まで
	出　産　手　当　金	1日につき標準報酬日額の3分の 2相当額	1日につき給料日額の3分の2に 一定係数を乗じた額	1日につき標準給与日額の8割か ら学校等で支払った給与を差し引 いた額
		出産日（出産が予定日後であるときは，予定日）以前42日（多胎妊娠の場合は，98日）から出産日後56日まで		
	休　業　手　当　金	1日につき標準報酬日額の 50%相当額	1日につき給与日額の 60%相当額	1日につき標準給与日額の 60%相当額
災害給付	弔　　慰　　金	標準報酬月額の1カ月相当額	給料月額の1カ月相当額	標準給与月額の1カ月相当額
	家　族　弔　慰　金	標準報酬月額の70%相当額	給料月額の70%相当額	標準給与月額の70%相当額
	災　害　見　舞　金	損害の程度に応じ標準報酬月額の 半月分〜3カ月分	損害の程度に応じ給料の半月分 〜3カ月分	損害の程度に応じ標準給与月額の 半月分〜3カ月分

出所：国立社会保障・人口問題研究所『社会保障統計年報　平成28年版』法研，2016年，24〜25頁。

Ⅵ 医療保険制度

後期高齢者医療制度

1 後期高齢者医療制度の創立

わが国の高齢者医療は，世界に誇れる「国民皆保険制度」を基礎に，1973年には高齢者医療費の無料化（自治体レベルでは1960年から）が始まるなど，国全体で支えてきました。しかし，高齢者医療費の急増等の問題から，1983年に「老人保健法」が制定され，患者負担の導入等を含む老人保健制度が始まりました。その後，急速な少子高齢化が進み，高齢者医療費を中心に国民医療費が増大してきました。そのため，国民皆保険制度を持続可能なものとしていくために，新しい高齢者医療制度の創立が必要となってきました。

それまでの老人保健制度の問題点▲1を解決し，財政運営の安定化と高齢者の特性に応じた医療を確保することを目的として，「老人保健法」が「高齢者の医療の確保に関する法律」に改められました。そして2008年4月，75歳以上の高齢者（65歳以上の寝たきり等の状態の者を含む）を対象とした，後期高齢者医療制度が創設されました。

2 後期高齢者医療制度の概要

◯仕組み（図Ⅵ-5）

75歳以上の高齢者（65歳以上の寝たきり等の状態の者を含む）を対象とし，それまでの保険制度から分離・区分する独立型の制度となっています。したがって，国民は75歳に達した時点で，それまでの保険制度を脱退し，新たに後期高齢者医療制度に加入することになります。

制度の運営は，都道府県単位で設立された「**後期高齢者医療広域連合**▲2」（以下，広域連合）が行います。保険料を納める所とそれを使う所を広域連合に一元化し，財政運営の責任を明確にしています。

市区町村では保険料徴収と窓口業務を行います。

被保険者▲3は「保険料」を納め，広域連合が交付する被保険者証を医療機関に提示して診療を受けます。

◯財源構成

患者の自己負担を除く費用負担▲4は，公費が約5割（国が6分の4，都道府県・市町村が各々6分の1負担），後期高齢者支援金（若年者の保険料）が約4割，高齢者の保険料が約1割となっています。

▷1　老人保健制度の問題点は以下のとおりである。
・若年者および高齢者それぞれが医療費をどの程度負担しているのか不明確であった。
・加入する制度や市区町村により高齢者の保険料額に大きな差があった。
・保険料を納める所（健保組合などの保険者）とそれを使う所（市区町村）が分かれており，財政運営の責任が不明確であった。

▷2　後期高齢者医療広域連合
後期高齢者医療広域連合とは，後期高齢者医療制度の事務を行うために，都道府県ごとに区域内のすべての市区町村が加入して設立された特別地方公共団体である。

▷3　被保険者
(1) 75歳以上で広域連合の区域内に住所を有する者（75歳の誕生日から資格取得）
(2) 65歳以上75歳未満で，一定の障害があると広域連合の認定を受けた者（認定日から資格取得）
〔被保険者の適応除外〕
(1) 生活保護法により保護を受けている世帯（その保護を停止されている世帯を除く）に属する者
(2) 後期高齢者医療の適応除外とすべき特別の理由がある者

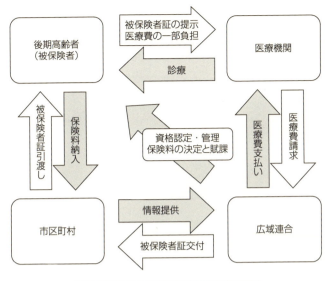

図VI-5　後期高齢者医療制度の仕組み

○保険料

　保険料は被保険者個人単位で算定・賦課されます。保険料の額は，被保険者全員が均等に負担する「均等割額」と，被保険者の前年所得に応じて負担する「所得割額」を合計した額になります。原則として，同じ都道府県で同じ所得であれば，同じ保険料になります。低所得など特別な理由がある者に対して，さまざまな保険料の軽減措置，徴収猶予，減免の制度が，広域連合の条例で定められています。賦課限度額は50万円となっています。

　保険料の納め方は，年金受給額によって，年金からの天引き（特別徴収）と，納付書または口座振替による納付（普通徴収）に分かれます。

○給付

　現物給付（医療サービスの提供）と現金給付（療養費の支給）が行われます。給付の種類は次のとおりのものがあります。療養の給付，入院時食事療養費，入院時生活療養費，保険外併用療養費，療養費，訪問看護療養費，特別療養費，移送費，高額療養費，高額介護合算療養費，その他広域連合の条例で定められた給付があります。

3　後期高齢者医療制度の問題点

　国民を年齢によって，それまでの保険制度から分離・区分するという基本的な構造に問題があるとされています。年齢による差別的な扱いとの意見も多く，国民の十分な理解が得られませんでした。後期高齢者医療制度の廃止と，高齢者のための新たな医療制度について検討がされています。

（玉井良尚）

▷4　被保険者が，病気やけがにより医療機関にかかったときは，外来・入院ともに，医療に要した費用の1割に相当する額を支払う。ただし，現役並み所得者については3割を支払う。なお，現役並み所得者とは，課税所得（各種所得控除後の所得）が基準額（145万円）以上で，かつ，年収が高齢者単身世帯では383万円以上，高齢者複数世帯では520万円以上の被保険者のことである。

▷5　特別な理由とは，低所得の他に，災害等により重大な損害を受けたときや，事業の休廃止等により収入が著しく減少したときなどで，保険料が納められなくなった場合のことである。

VI 医療保険制度

医療機関

▷1 感染症病床
「感染症の予防及び感染症の患者に関する医療に関する法律」に規定されている感染症の患者を入院させるための病床である。

▷2 療養病床
長期にわたり療養を必要とする患者を入院させるための病床である。

▷3 特定機能病院
高度医療の提供ができること、高度医療技術の開発・評価ができること、高度医療に関する研修ができること、厚生労働省令で定める診療科名があること、を要件とする病院。たとえば病床数500床以上の大学病院などがある。

1 医療機関

医療法（第1条の2）によれば、医療機関には、病院、診療所、介護老人保健施設などがあります。医療費の増大、高齢化、疾病の慢性化など、社会の変化に対応できるように医療機関の機能や役割は分化され、それぞれの医療機関がもつ機能に応じて、効率的に医療を提供すべきであるとされています。

2 病　院

病院は、「医師又は歯科医師が、公衆又は特定多数人のため医業又は歯科医業を行う場所」であり、「20人以上の患者を入院させるための施設を有するもの」です（医療法第1条の5）。

病院は、大きく2つの方法で分類することができます。

第1は、病床の種別です。①精神病床、②結核病床、③**感染症病床**◁1、④**療養病床**◁2、⑤一般病床などの分類ができ、一般病床と療養病床の区分が明確になっています。

第2は、病院の機能です。①一般的あるいは総合的な病院としての一般病院、②急性期の治療が終わった後の療養やリハビリテーションをする療養型病院、③**特定機能病院**◁3、④**地域医療支援病院**◁4、⑤臨床研修病院、などの分類ができます。

3 診療所

診療所とは、「医師又は歯科医師が、公衆又は特定多数人のため医業又は歯科医業を行う場所であつて、患者を入院させるための施設を有しないもの又は19人以下の患者を入院させるための施設を有するもの」です（医療法第1条の5）。つまり、診療所には有床の診療所と無床の診療所があり、無床診療所の施設数は増加傾向にあります。介護保険制度が導入され、地域の診療所（かかりつけ医）は、患者の初期診断、日常的診療、健康相談

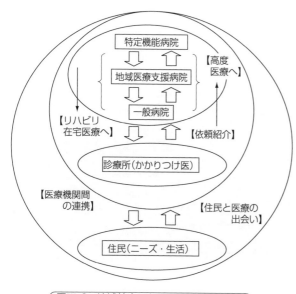

図VI-6　地域社会における医療機関の連携

出所：筆者作成，2009年。

	施設数		対前年		構成割合（%）	
	平成30年 (2018)	平成29年 (2017)	増減数	増減率 (%)	平成30年 (2018)	平成29年 (2017)
総　数	179,090	178,492	598	0.3	…	…
病　院	8,372	8,412	△ 40	△ 0.5	100.0	100.0
精神科病院	1,058	1,059	△ 1	△ 0.1	12.6	12.6
一般病院	7,314	7,353	△ 39	△ 0.5	87.4	87.4
（再掲）療養病床を有する病院	3,736	3,781	△ 45	△ 1.2	44.6	44.9
一般診療所	102,105	101,471	634	0.6	100.0	100.0
有　床	6,934	7,202	△ 268	△ 3.7	6.8	7.1
（再掲）療養病床を有する一般診療所	847	902	△ 55	△ 6.1	0.8	0.9
無　床	95,171	94,269	902	1.0	93.2	92.9
歯科診療所	68,613	68,609	4	0.0	100.0	100.0
有　床	21	24	△ 3	△ 12.5	0.0	0.0
無　床	68,592	68,585	7	0.0	100.0	100.0

表VI-4　施設の種類別にみた施設数

（各年10月1日現在）

出所：厚生労働省（大臣官房統計情報部）「平成30年　医療施設（動態）調査・病院報告の概況」2019年。

などの役割が期待され，その役割は今後ますます重要になります。

4　介護老人保健施設

　介護老人保健施設では，「要介護者に対し，**施設サービス計画**[5]に基づいて看護，医学的管理の下における介護及び機能訓練その他必要な医療並びに日常生活上の世話」を行います（介護保険法第8条第28項）。

　入所者は，介護保健施設のサービスを受け，地域や在宅での自立生活を目指します。施設に従事する専門職者は，医師，薬剤師，理学療法士または作業療法士，介護支援専門員など，多種の分野におよびます。介護保険法の施行（2000年）により，ソフト面や制度面においても医療と介護の連携が進められています。

5　これからの医療機関のあり方

　病院数は1990年以降やや減少傾向であり，一般診療所は漸増傾向にあります。[6]全体として，医療機関総数は漸増傾向にあります。[7]

　今後，急速な高齢化と慢性疾患の増加が予測されます。疾病を予防すること，早期に発見すること，長期療養ができること，在宅で療養ができることなど，多種多様のニーズが生まれてきます。地域において，こうした状況に対応できるためには，医療機関間において連携を推進していく必要があります。

　また，医療事故を防ぎ，安全な医療を提供できるためには，医療機関自らが，意識をもって安全確保に取り組む必要があります。医薬品や医療機関の安全管理，専門職者や職員の研修などを実施しています。

（梓川　一）

▷4　地域医療支援病院
都道府県知事の承認を得た病院で，地域医療の充実を図る。

▷5　施設サービス計画
介護老人保健施設などに入所している要介護者に対して，施設が提供するサービスの内容やその担当者，その他に厚生労働省令で規定する事項を定めた計画のこと。

▷6　病院数の傾向
10,096（1990年）
9,490（1996年）
9,187（2002年）
8,794（2008年）
8,565（2012年）
8,412（2017年）
8,372（2018年）

▷7　総数の傾向
143,164（1990年）
156,756（1996年）
169,079（2002年）
175,656（2008年）
177,191（2012年）
178,492（2017年）
179,090（2018年）

Ⅵ 医療保険制度

 # 地域医療と医療計画

 地域医療

○地域医療を取り巻く環境の変化

地域医療を取り巻く環境変化は著しいものがあります。

第1は，疾病の慢性化と医療体制の変化です。慢性的な疾患が増加する傾向にあり，**生活習慣病**[1]の考え方も取り入れられました。こうして疾病のとらえ方の変化に伴い，医療体制も変化してきました。

第2は，家族機能の低下です。地域によって格差がありますが，少子化，高齢化，核家族化は今後ますます進行し，家族の機能はさらに低下していきます。そこで地域社会において医療の援助や支援が必要となります。

第3は，医療費の増大が深刻化していることです。高齢化や疾病の慢性化が，各医療保険の財政を一層悪化させています。

○地域医療の体制と役割

①救急医療

国民が安心して生活できるように1970年代より救急医療体制を整備してきました。近年の救急医療の利用増加に対応するために，(1)24時間体制の救命救急センターへの支援，(2)夜間・休日に救急医療を担当する医師への手当て支援などを行い，さらに消防と医療の連携を強化しています。

②小児医療

子どもたちの生命を守り，保護者の安心を確保することを目指しています。小児救命救急センターや小児集中治療室に対して支援を行っています。また小児の急病に対応するため，小児救急電話相談事業も実施されています。

③周産期医療

リスクの高い妊産婦や新生児に，高度な医療を迅速かつ適切に提供することを目指しています。現在，新生児集中治療室の不足という問題があり，医療機関に対してさまざまな支援が実施されています。

④災害時医療

突然の災害とその被災者に対応できる医療対策として，災害拠点病院の整備，災害派遣医療チームの養成を実施しています。しかし，2011年に東日本を襲った大地震・大津波は未曾有の被害をもたらし，私たち自然災害の脅威を再認識させられました。自然・災害とどのように向かあっていくべきなのかを深く考

▷1 生活習慣病
1996年に当時の厚生省が取り入れた疾病の概念。日々の食生活や生活スタイルに関わりがあり発症すると考えられる疾患。対策として，個人の生活習慣を改善することや地域医療における支援体制があげられる。糖尿病や高血圧症などがある。

えていかなければなりません。

⑤へき地・離島医療

へき地や離島においては，過疎化が進み，交通も不便であるため，医療サービス提供は困難な状況です。各都道府県において医療計画を策定し，診療所や拠点病院へ，医師の派遣，救急対応の支援，遠隔医療の導入を実施しています。

② 医療計画

◯医療計画とは

医療法（第30条の4）によれば，医療計画とは，各都道府県がより効果的で効率的な医療を提供する体制を構築していく計画です。

1985年の第一次医療法改正[2]において，都道府県医療計画が導入されました。その後も医療を取り巻く環境変化は著しく，医療に求める個人のニーズも多様化してきました。まず人々の生活に身近に存在する地域医療体制を整備していくことが早急に求められています。適正な医療が効率的に提供されるために，保健や福祉の分野も含めた医療計画が作成されています。

◯医療計画の内容

①住民の健康づくりの推進

住民が前向きに健康づくりに励むことができるように支援していくことです。食生活の改善（禁煙や禁酒も含める）を，個人の自己責任や課題としてのみ捉えるのではなく，地域住民や生活環境も考慮して，医療説明会を開催するなど，医療が住民の生活習慣の改善を進めていくことです。

②多様化する医療ニーズへの対応

地域では多数の老若男女がそれぞれの生活を営んでいます。つまり，多様なニーズが存在しています。さらに解決困難な課題のように，専門的な援助を求める医療ニーズもあります。最近の医療ニーズにきめ細かく対応できるためには，地域住民の自己決定を尊重する地域医療の充実が必要となります。

③地域の医療機能の整備

医療計画の達成を推進するためには，病院や診療所の過不足をなくし，地域における医療資源の偏りを解消することです[3]。さらに医療資源を有効活用し，より質の高い医療を提供できるためには，急性期〜回復期〜自宅療養期において，連続性ある医療システムを実現し，体制を整備する必要があります。

④地域の医療機能の分化と連携

都道府県の医療計画において，4つの疾病（ガン，脳卒中，心筋梗塞，糖尿病）と5つの事業（救急医療，災害時医療，へき地医療，周産期医療，小児医療）ごとに，それぞれの医療機能・役割を担う医療機関を明らかにし，そこから地域の医療機関の連携を図っていくことが一層重要となっています。

（梓川　一）

▷2　医療法改正（1985年）では，都道府県が地域の状況に応じて策定した「医療計画」に沿って，必要病床数を設定し，病床数が過剰である地域については，病院の開設等に関する勧告を行う権限を知事に与え，自由開業医制に制限を設けた。

▷3　現実は，地方自治体の財政難，医師不足，地域における偏りなどがあり，経営悪化や閉鎖する病院も増えている。

VI 医療保険制度

 公費負担医療制度

1 公費負担医療制度とは

公費負担医療制度とは，医療費の自己負担の一部または全部を，国あるいは地方自治体が公費により負担する制度です。国民はいずれかの医療保険に加入することにより給付を受けることができますが，医療保険で取り扱うことが不適当な事情，社会的あるいは歴史的な事情がある場合に，公費負担医療制度が実施されることになっています。

2 公衆衛生の向上を目的とするもの

○公害健康被害の補償

大気汚染や水質汚濁などの公害による健康被害として認定された患者の公費負担です。指定疾患には，気管支ぜん息，慢性気管支炎，ぜん息性気管支炎，肺気腫などがあります。

○石綿（アスベスト）による健康被害の救済

石綿を吸入することにより指定疾患（悪性中皮腫，肺がん，気管支がん，石綿肺など）にかかった者，または遺族を対象として，医療費を全額給付し，被害の救済が行われます。

○結核予防法による命令入所または適正医療

結核を患った患者が，指定された医療機関において治療を受けるとき，全医療費の95％を公費と医療保険で負担します。感染の可能性がある場合には，患者本人の同意をもって，保健所長は施設に入所させることができます。

3 社会生活の向上を目的とするもの

○生活保護法に基づく医療扶助

医療扶助は，生活保護法上の保護の一つであり，保護を必要とする者の必要に応じて給付されますが，保護を必要とする者やその扶養義務者が申請をしなくてはなりません。医療扶助の具体的な方法は現物給付によって行われます。

○自立支援医療

障害者に関する医療費公費負担には，「更生医療」（身体障害者福祉法），「育成医療」（児童福祉法），「精神通院医療費公費負担制度」（精神保健福祉法）があり，各法律で規定されていました。障害者自立支援法の成立により，2016（平

▷1 生活扶助，教育扶助，住宅扶助，医療扶助，介護扶助，出産扶助，生業扶助，葬祭扶助がある。

▷2 例外規定として，要保護者が急迫した状況にあるときは，保護の申請がなくても保護の給付がなされる。

成18）年から一元化した新しい制度として自立支援医療制度になりました。

① 　更生医療は，身体障害者手帳をもつ満18歳以上の身体障害者を対象に，社会的自立と社会経済活動への参加の促進を図り，更生のために必要な医療に係る医療費を支給するものです。

② 　育成医療は，18歳未満で身体に障害を有する障害児を対象に，児童の健全な育成を図り，生活の能力を得るために必要な医療に係る医療費を支給するものです。

③ 　精神通院医療は，通院による治療を継続的に必要とする程度の精神障害者を対象に，精神障害の適正な医療の普及を図り，通院における精神障害の医療に係る医療費を支給するものです。

○ **養育医療**

家庭での保育が困難であるため，入院治療を必要とする未熟児に対して，心身ともに健全に成長できるように母子保健法にもとづいて給付されます。指定された養育医療機関で治療を受け，医療保険と公費で負担されます（世帯の所得に応じて一部負担がある）。

○ **戦傷病者特別援護法による補償**

第二次世界大戦の公務により障害者となった人を対象としています。療養の給付や更生医療があり，全額公費負担されます。

○ **原子爆弾被爆者に対する援護に関する法律による認定疾病医療の給付**

認定された疾病の医療費については全額が給付されます。一般の疾病の医療費に対しては，医療保険の自己負担分について給付されます。

❹　難病や特定疾患にかかわるもの

○ **難病医療助成制度による医療費助成**

厚生労働大臣が指定した指定難病に罹患し，一定の要件を満たす場合，医療等に係る費用について自己負担分を助成（医療費患者負担率は2割）する制度です。「難病の患者に対する医療等に関する法律」が公布され，2015（平成27）年1月より，これまでの特定疾患医療から難病医療となり，新たな難病医療助成制度が始まりました。

○ **小児慢性特定疾患に関わる医療費助成**

小児慢性特定疾病に罹患する児童について，健全育成の観点とともに，家庭の医療費負担軽減を図るために，医療費自己負担分の一部を助成する制度です。従来の「特定疾患治療研究事業」を基に18歳未満の特定慢性疾患児を対象として医療費が補助されてきました（20歳まで延長可能）。「児童福祉法の一部を改正する法律」が交付され，平成27年1月より，新たな小児慢性特定疾患医療助成制度が始まりました。

（梓川　一）

▷3　医療処置として，角膜手術，関節形成手術，心臓手術，人工腎臓透析などがある。

▷4　出生時体重が2,000g以下の未熟児の他，「生活力が特に弱い，運動量が異常に少ない，体温が摂氏34度以下，呼吸器循環器系や消化器系の異常」などの症状がある乳児を対象とする。

▷5　スモン，劇症肝炎，重症急性膵炎など一部の疾患については，引き続き特定疾患に基づいた医療費助成を受けることになる。

▷6　これまでは難病の原因究明と治療方法の開発・研究の促進のために「特定疾患治療研究事業」の観点から，さらに難病者の生活安定（経済的安定）を目的として医療費が補助されてきた。1998年3月までは特定疾患患者は全額公費負担を受けていたが，制度が段階的に見直され，一部負担が原則となった。

▷7　現在，指定難病は330疾病になる。

▷8　現在，医療費助成の対象となる疾病は，国が指定した14疾患群722疾病になるが，18歳以降に難病医療助成制度へ移行できないこともあるなど，法制度のつながりに改善すべき点がある。

VI 医療保険制度

医療保険制度改革の展望と課題

1 なぜ改革する必要があるのか

　今，日本の人口は減少しつつあります。今後も減少すると予想されています。一方で，少子高齢化が進み，高齢者の医療や介護の需要がますます増えると予想されています。

　2013（平成25）年にまとめられた「社会保障制度国民会議報告書」は，医療・介護分野の改革を次のように示しています。

① 急性期から亜急性期，回復期等まで，患者が状態に見合った病床でその状態にふさわしい医療を受けることができるよう，急性期医療を中心に人的・物的資源を集中投入し，入院期間を減らして早期の家庭復帰・社会復帰を実現するとともに，受け皿となる地域の病床や在宅医療・在宅介護を充実させていく必要がある。

② この時，機能分化した病床機能にふさわしい設備人員体制を確保することが大切であり，病院のみならず地域の診療所をもネットワークに組み込み，医療資源として有効に活用していくことが必要となる。

③ 「病院完結型」の医療から「地域完結型」の医療への転換が成功すると，これまで一つの病院に居続けることのできた患者は，病状に見合った医療施設，介護施設，さらには在宅へと移動を求められることになる。居場所の移動を伴いながら利用者の QOL を維持し家族の不安を緩和していくためには，提供側が移動先への紹介を準備するシステムの確立が求められる。

④ ゆえに，高度急性期から在宅介護までの一連の流れ，容態急変時に逆流することさえある流れにおいて，川上に位置する病床の機能分化という政策の展開は，退院患者の受入れ体制の整備という川下の政策と同時に行われるべきものであり，川上から川下までの提供者間のネットワーク化は新しい医療・介護制度の下では必要不可欠となる。

2 地域医療構想と在宅医療の推進

　「社会保障制度国民会議報告書」の報告を受けて，2014（平成26）年に，医療介護総合確保推進法が成立しました。次の2つが2025年を目標に進められようとしています。

　1つ目は地域医療構想です。第6次医療計画でしめされている5疾病5事業

▷1　医療計画とは，都道府県が，医療資源の適正な配置，医療機関の機能分担と連携，良質な地域医療の体系的整備を推進するためにつくる計画のことです。第6次は，2013年度から2017年度までを期間としています。

▷2　5疾病とは，がん，脳卒中，急性心筋梗塞，糖尿病，精神疾患をさし，5事業とは救急医療，災害医療，僻（へき）地医療，周産期医療，小児医療をさす。

VI-11 医療保険制度改革の展望と課題

資料VI-1 地域における効率的かつ効果的な医療提供体制の確保

地域医療構想について

○ 「医療介護総合確保推進法」により、平成27年4月より、都道府県が「地域医療構想」を策定。平成28年度中に全都道府県で策定済み。
※「地域医療構想」は、二次医療圏単位での策定が原則。

○ 「地域医療構想」は、2025年に向け、病床の機能分化・連携を進めるために、医療機能ごとに2025年の医療需要と病床の必要量を推計し、定めるもの。

○ 都道府県が「地域医療構想」の策定を開始するに当たり、厚生労働省で推計方法を含む「ガイドライン」を作成。平成27年3月に発出。

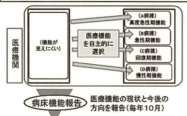

「地域医療構想」の内容
1. 2025年の医療需要と病床の必要量
 ・高度急性期・急性期・回復期・慢性期の4機能ごとに医療需要と病床の必要量を推計
 ・在宅医療等の医療需要を推計
 ・都道府県内の構想区域(二次医療圏が基本)単位で推計
2. 目指すべき医療提供体制を実現するための施策
 例) 医療機能の分化・連携を進めるための施設設備、在宅医療等の充実、医療従事者の確保・養成等

○ 機能分化・連携については、「地域医療構想調整会議」で議論・調整。

出所：厚生労働省ホームページ「地域医療構想」(http://www.mhlw.go.jp/stf/seisakunitsuite/bunya/0000080850.html)。

資料VI-2 在宅医療・介護の連携と診療報酬改定により在宅医療を推進

在宅医療・介護連携の推進

○ 医療と介護の両方を必要とする状態の高齢者が、住み慣れた地域で自分らしい暮らしを続けることができるよう、地域における医療・介護の関係機関(※)が連携して、包括的かつ継続的な在宅医療・介護を提供することが重要。
 (※) 在宅療養を支える関係機関の例
 ・診療所・在宅療養支援診療所・歯科診療所等 （定期的な訪問診療等の実施）
 ・病院、在宅療養支援病院・診療所（有床診療所）等 （急変時の診療・一時的な入院の受入れの実施）
 ・訪問看護事業所、薬局 （医療機関と連携し、服薬管理や点滴・褥瘡処置等の医療処置、看取りケアの実施等）
 ・介護サービス事業所 （入浴、排せつ、食事等の介護の実施）

○ このため、関係機関が連携し、多職種協働により在宅医療・介護を一体的に提供できる体制を構築するため、都道府県・保健所の支援の下、市区町村が中心となって、地域の医師会等と緊密に連携しながら、地域の関係機関の連携体制の構築を推進する。

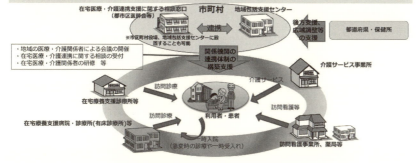

出所：厚生労働省「第4回医療介護総合確保促進会議資料」。

の医療提供・連携体制をつくることに加えて、地域医療構想を策定することが定められました。地域医療構想は、団塊の世代（1947年～1949年生まれ）が75歳以上になる2025年を目標として、都道府県が、①2025年の医療需要を推計し、②2025年にめざすべき医療提供体制をつくっていくことです（資料VI-1）。

　2つ目は、在宅医療・在宅介護の推進です。主に高齢者を想定して、住み慣れた地域で、包括的かつ継続的な医療・介護が受けられるよう、市町村が都道府県・保健所の支援を受けて、地域の関係機関の連携体制をつくっていくことです（資料VI-2）。

（齋藤立滋）

VII 介護保険制度

 介護保険制度の実施体制

1 介護保険の目的と全体像

　介護保険制度は，寝たきりや認知症等により常時介護を必要とする「要介護状態」にある者，および要介護状態に陥るおそれのある「要支援状態」にある者に対して，入浴，排泄，食事等の介護サービスや予防サービス等を提供し，能力に応じた自立の支援を図ることを目的とした制度です。社会保険方式によって運営されており，根拠法となる介護保険法は1997年に制定され，2000年から実施されています。

　介護保険として実施される各種サービスは，老人福祉法に規定されたサービスや，保健および医療等の多分野にまたがるサービスと連携を図ることで成り立っています。高齢者のための保健・医療・福祉のケアサービスを統括し，多様な社会資源や財源の管理運営をおこなっているのが介護保険制度の全体像です。

2 介護保険における「保険」の基本的仕組み

　介護保険は**拠出制**[◁1]の社会保険の仕組みをとっています。保険の基本的仕組みについて，その内容と特徴を含めて概観してみたいと思います。

○保険者

　介護保険の保険者は基本的にすべて市町村および特別区です（複数の市町村が「広域連合」を設置し，保険者となることも可能です）。基礎自治体である市町村が保険者であることによって，保険者は住民のニーズを把握しやすく，独自のサービスを展開できるという大きなメリットがあります。しかしその反面，保険運営は各市町村の財政事情や人口高齢化率に左右されやすく，社会資源の量や質の面において市町村間で地域格差が生じてしまうことも事実です。

　各市町村には，3年ごとに介護保険事業計画を策定し，必要とされる介護サービスの量的・質的確保や基盤整備を進めることが定められています。また市町村が実施する介護保険事業計画をバックアップするために，都道府県には，保険給付の円滑な実施等を支援する介護保険事業支援計画の策定が定められています。

○被保険者

　介護保険は**強制加入**[◁2]を特徴とする社会保険です。介護保険では原則として

▷1　拠出制
拠出とは，お金を出すこと，ここでは保険料を支払うことを意味する。社会保険は加入者すべてに対して保険料の支払いを義務づけている。これを拠出制の社会保険と呼ぶ。これに対して生活保護は全額公費負担（無拠出制）の制度である。

▷2　強制加入
加入する義務があること。日本の社会保険では，40歳以上の者は介護保険に，20歳以上の者は年金保険に，そして原則として被用者は雇用保険と労災保険に加入する義務がある。

VII-1 介護保険制度の実施体制

VII

「40歳以上の者」を被保険者とし，そのうち「65歳以上の者」を第1号被保険者，「40歳以上65歳未満の医療保険加入者」を第2号被保険者と区分しています。「医療保険加入者」とは，健康保険や国民健康保険等の被保険者であることを指しています。日本の医療保険は，「皆保険」体制を敷いているので，40歳以上の者に関しては医療保険および介護保険について「皆保険」を実現していることになります（**医療扶助**を利用する生活保護受給者を除く）。

③ 介護保険サービスの利用の仕組み

介護保険では，すべての被保険者が介護サービスを利用できるわけではありません。サービスを利用できる者（受給権者）は，第1号被保険者のうち要介護・要支援と認定された者，および第2号被保険者のうち，初老期における認知症をはじめとする**特定疾病**により要介護・要支援と認定された者（加齢に伴って要介護状態になった者）に限定されています（表VII-1）。

介護保険によるさまざまな介護サービスは，社会福祉法人をはじめ医療法人，NPO法人，民間企業などの公私の供給主体によって提供されています。公的・私的なサービス供給主体が共通の土壌（市場）でサービスを提供する方式を「福祉ミックス」や「福祉多元主義」と呼ぶことがあります。市場や私的なサービス供給主体が介護サービスを供給することに対していくつかの問題点（たとえば質の確保等）が指摘されていますが，すべての介護サービスに対して政府が大きな権力をもって運営管理するのではなく，市民参加のもとでサービスを分権的・多元的に展開していくことで，公共的な介護サービスを形成することができると考えられています。このように，介護保険制度は高齢者のための保健・医療・福祉を連携するとともに，公的・私的なさまざまな事業者によ

▷3 **医療扶助**
生活保護で受けることができる扶助の一つ。被保護世帯は医療保険に加入せず，医療扶助として無料の医療サービスを受けることができる。

▷4 **特定疾病**
初老期の認知症（アルツハイマー病，脳血管性認知症など）をはじめ，脳血管疾患，筋萎縮性側索硬化症（ALS），パーキンソン病，糖尿病性，慢性関節リューマチなどが指定されている。

表VII-1 介護保険制度における被保険者・受給権者等

	第1号被保険者	第2号被保険者
対象者	65歳以上の者	40歳以上65歳未満の医療保険加入者
受給権者	・要介護者（寝たきりや認知症で介護が必要な者） ・要支援者（要介護状態となるおそれがあり日常生活に支援が必要な者）	左のうち，初老期における認知症，脳血管疾患などの老化に起因する疾病（特定疾病）によるもの
保険料負担	所得段階別定額保険料 （低所得者の負担軽減）	・健保：標準報酬×介護保険料率 　（事業主負担あり） ・国保：所得割，均等割等に按分 　（国庫負担あり）
賦課・徴収方法	年金額一定以上は特別徴収（年金天引），それ以外は普通徴収	医療保険者が医療保険料とともに徴収し，納付金として一括して納付

出所：厚生労働統計協会編『国民の介護と福祉の動向2016/2017』154。

VII　介護保険制度

るサービスを混合利用できる制度体系をなしています。

　また，財源についていえば，社会保険という公的な仕組みを基礎にしながら，サービス提供に関しては民間に委ねている「**準市場(quasi-market)**」方式をとっています。「準市場」方式の介護保険では，サービスの提供者と購入者とが直接契約を結ぶという市場経済のスタイルに準じながらも，サービスの価格は需要と供給のバランスで決定されるのではなく，保険点数（介護報酬）としてあらかじめ公式に定められ，またサービスにかかった費用はその購入者ではなく社会保険から支払われることになります（一部自己負担を除く）。

❹　社会保険としての介護保険の特徴

　介護保険制度が保険方式をとっていることは，サービス提供に関わるさまざまな場面に大きな特徴を生み出します。整理してみましょう。

⭕規格サービスの提供と支給限度額

　保険方式の一つの特徴として，あらかじめ定められたリスク（保険事故）のみに対応し，またあらかじめ規格化されたサービスのみを提供するという仕組みをあげることができます。介護保険では，要介護・要支援状態という保険事故の発生を判定するために「要介護認定」と呼ばれる必要判定（アセスメントを含む）が行われ，そのレベルが「要介護度」として認定されることになっています。また，要介護度のレベルごとに「支給限度額」が定められ，限度額以内のサービス利用分のみに保険が適用されます。支給限度額までは定められた割合の自己負担（**受益者負担**）を支払えばよいのですが，限度額を超えてサービスを利用した分には保険が適用されず，全額自己負担となります。

⭕財源と保険料

　介護保険は，強制加入による保険料収入によって財源を確保しています。とはいえ，介護保険の費用の半分が保険ではなく公費（一般財源）でまかなわれている点は重要です。したがって，負担割合は，保険料（50％），国（25％），都道府県（12.5％），市町村及び特別区（12.5％）となっています（図VII-1）。このように，介護保険は，保険方式といいながら税方式としての性格も強く，財政的に保険が占めている割合は5割にすぎない社会的な扶養制度となっているのです。

　なお，保険料は，第1号被保険者の場合，原則として公的年金から天引き（特別徴収）されますが，公的年金を受給していない者は市町村に直接納付することになります（普通徴収）。保険料の額は，市町村民税本人非課税世帯を基準額とし，所得（標準報酬）に応じた段階別の仕組みになっています。さらに，市町村によっては独自に**保険料の減免制度**を設けているところもあります。このように所得額によって保険料に差を設けることは所得再分配の効果を高めると同時に，拠出側の保険としての原則は崩れるものの，制度への未加入者や

▷5　準市場
（quasi-market）
自由市場では，商品の売り手と買い手が取り引きを結び，商品と引き替えに代金が支払われる。それに準ずる形で，準市場の介護保険でもサービスの提供者（事業者）と購入者（利用者）が直接契約を行うが，代金だけは購入者ではなく社会保険から支払われる。

▷6　受益者負担
サービスを利用する人に対して，その利益を受ける対価として，利用しない人よりも多く利用料（利用者負担）などを支払わせること。この考え方にもとづいて，日本の医療保険や介護保険には一部自己負担が設けられている。受益者負担によってサービスの権利性が高まるとされているが，社会保障において本来権利性と費用負担は無関係である。

▷7　負担割合は，公費負担分50％のうち，施設給付費については，国20％，都道府県17.5％，市町村12.5％となっており，また居宅給付費については，国25％，都道府県12.5％，市町村12.5％となっている。

▷8　保険料の減免制度
介護保険法では所得に応じた保険料の設定をしているが，市町村によっては，低所得者に対して，さらに独自に保険料負担軽減措置として減免制度を設けているところもある。

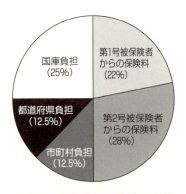

図VII-1　介護保険の財源負担割合

(注)　居宅給付費の場合。
出所：負担割合をもとに筆者作成。

滞納を減らすという効果を期待することができます。

　第2号被保険者の保険料は，被用者（サラリーマン）の場合，医療保険の保険料とセットで徴収され，その一定割合には事業主負担も課せられています（労使折半）。また，所得が高い者ほど保険料も高くなるように，再分配を意識した報酬比例的な保険料の設定がなされています。第2号被保険者の保険料は，本人が市町村に直接を支払うことになっています。

　サービスを利用した場合は，保険料とは別にサービスに要した費用の原則1割（一定以上所得者は2割，さらに現役並み所得者は3割）を自己負担として支払います。生活保護受給世帯の自己負担分は，生活保護給付の一つである介護扶助として支給されます（第1号被保険者の場合）。

　なお，1割の自己負担が高額になることもあるため，負担には上限が設けられています（高額介護サービス費の自己負担限度額）。この限度額は一般世帯で月額44,400円，低所得者（住民税非課税・生活保護受給等）で月額15,000または24,600円となっています。

○不服の申立て

　要介護認定に対する不満があった場合は，**不服申立制度**（審査請求）を利用して申し立てることができます。申立ては，都道府県に設置されている**介護保険審査会**に対して行います。またサービス事業者や施設に対する不満がある場合は，苦情処理制度を利用して申し立てることができます。申立ては，市町村を通して国民健康保険組合連合会へ行うことになります。

（金子　充）

▷9　不服申立制度
市町村が行う行政処分に対して不服があり，権利や利益の回復が図られることが望ましい場合，市町村とは別の行政審判機関に対して処分内容の審査を請求することができる。こうした仕組みを一般的に不服申立制度と呼ぶ。

▷10　介護保険審査会
不服申立の審理や裁決を行うために都道府県が設置する第三者機関であり，利用者（被保険者）代表，市町村代表，公益代表の三者で構成される中立な組織である。

VII 介護保険制度

 介護保険における要介護認定

1 必要判定としての要介護認定

　介護保険のサービスを利用するためには，まず要介護認定と呼ばれる必要判定を受ける必要があります。要介護認定は，介護の必要度を「要介護度」として客観的に示すための一連のプロセスです。医療保険とは異なり，介護保険ではまず要介護認定という必要判定を事前に受けるのが大きな特徴です。

　要介護認定の最初のプロセスは情報収集です。利用者はまず要介護認定のための調査を受ける必要があり，この調査を請け負うのが市町村の訪問調査員です。さらに医学的な見地から，主治医の意見書が必要となっています。

　訪問調査員は，74項目からなる認定調査票（チェックシート）を使って身体の状態（ADL）を中心に必要度を量るとともに，家族構成，経済的事情，住居や近隣の状況といったさまざまな情報を集めます。またそれらの各利用者の個別的な情報を「特記事項」として記載します。それは，**エンパワメント**の視点に立って，その利用者がもっている能力や強さ（ストレングス）を活かしつつ，身体的なADLだけでなく生活環境や社会資源に関する情報をとらえていくことが不可欠だからです。このように，要介護認定の最初のプロセスは，**アセスメント**を制度化し，社会保険の仕組みの中に取り込んでいると考えられます。

2 コンピュータによる1次判定

　収集された情報をもとに，要介護認定が行われます。要介護認定は「1次判定」と「2次判定」の2つの段階を経て最終決定されます。

　1次判定は，過去の利用者の経験的なデータにもとづいて，コンピュータが「要介護度」のいわば原案を割り出すことになっています。このコンピュータによる1次判定は，担当者や地域によって判定結果が変わることはなく，全国のどこの市町村で行っても同じ結果を出すゆえに，公平で客観的な要介護認定ができるという点で大きなメリットがあります。

　しかし，コンピュータによる1次判定においては，特記事項等に記載される家族構成，経済的事情，住居や近隣の状況等の周辺情報は考慮されることがありません。また，利用者の精神状態や心理的な不安感，そして個別的な認知症の症状なども，74項目のチェックシートで識別するにはかなり無理があるといえるかもしれません。手間を省き，時間を短縮するという点で，コンピュータ

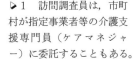

▷1　訪問調査員は，市町村が指定事業者等の介護支援専門員（ケアマネジャー）に委託することもある。

▷2　エンパワメント
援助を必要としている人が置かれた不利な状況や抑圧の要因を明らかにし，パワーの欠如した状態からの回復に向けて側面的に支援をしていくというソーシャルワークの考え方。

▷3　アセスメント
アセスメント（査定・事前評価）は，クライエントが抱える問題を理解し，援助や介入を行う必要性を判断するソーシャルワークの重要なプロセスである。

▷4　1次判定において，コンピュータは過去の膨大な蓄積データを照合することによって，その利用者の介護にどれだけの時間が必要かという観点から要介護度を決めている。つまり，身体の状態やその機能の程度ではなく，介護の手間がどれだけかかるかという「ケアの必要量」をみることで要介護度を計測している。

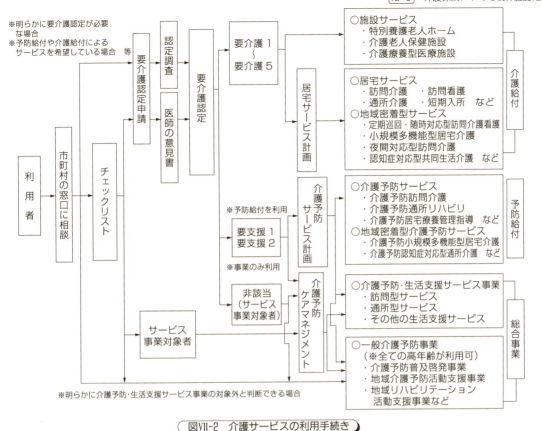

図Ⅶ-2　介護サービスの利用手続き

出所：厚生労働統計協会編『国民の福祉と介護の動向2018/2019』2019年，151頁。

判定にはそれなりの利点があるとしても，数的（量的）に処理できるADL情報ばかりに焦点が当たる1次判定のシステムは，ソーシャルワークの観点からみて大きな課題が残されていると考えられます。そこで，こうした1次判定の問題点をカバーするのが2次判定です。

3　介護認定審査会による2次判定

1次判定の結果を補い，より専門的で個別的な必要度を判定するために，各市町村は**介護認定審査会**を設置して2次判定を行うことになっています。

2次判定で用いられる情報は，「1次判定の結果」「訪問調査員の特記事項」「主治医の意見書」です。介護認定審査会では，1次判定の結果を基本に，これらの情報を考慮に入れ，必要な場合には1次判定の結果を修正していきます。

こうした2次判定の結果として示される要介護度は，介護サービスの必要度によって1から5に区分され（「要介護1」から「要介護5」まで），さらに「要介護1」よりも軽度の区分として「要支援1」「要支援2」が設けられています。また，介護サービスを利用する必要がないと判定された場合は，「自立」（非該当）となります。なお高齢者のADLは変化しやすいため，要介護認定の有効期間は基本的に6か月となっています。

（金子　充）

▷5　介護認定審査会
介護認定審査会は，保健・医療・福祉の専門家や学識経験者5人程度で構成される機関であり，委員は市町村長が任命する。

Ⅶ　介護保険制度

 介護保険サービスと給付内容（施設）

1 保険給付の考え方

　介護保険では，要介護状態になることを事故（リスク）と見立て，その事故に備えて保険を準備しておき，事故が発生した場合に支給限度額内のサービスが提供されるという仕組みをとっています。ただし医療保険とは異なり，保険適用の枠を超えて自由にサービスを付加して利用することも可能になっていますが，その場合は全額自己負担となります。保険適用となる介護サービスの種類と単価，そしてそれぞれのサービスごとの支給限度額は「介護報酬」として厚生労働大臣が定めます。

2 介護保険における保険給付の内容

　保険給付の内容には①要介護者に対する「介護給付」，②要支援者に対する「予防給付」，そして③各市町村長が指定権限を有し，地域の実情に応じた弾力的な基準や報酬を設定できる「地域密着型サービス」などがあります。
　介護給付について詳しくみてみると，介護保険施設に入所している要介護者に対して支給される施設介護サービス費，および居宅介護サービスを受けたときに支給される居宅介護サービス費などに分かれています。施設介護サービスの中身には，特別養護老人ホームや老人保健施設といった施設への入所サービスがあります。一方，居宅介護サービスには，訪問介護（ホームヘルプ）や訪問入浴介護等のサービスがあり，（Ⅶ-4）の表Ⅶ-3参照）地域密着型サービスには，小規模多機能型居宅介護などがあります。またその他にも，福祉用具購入費と介護住宅改修費に対する給付や，介護サービス計画（ケアプラン）の作成に対する居宅介護サービス計画費の給付があります。

3 施設給付の種類

　施設サービスは3種類です。それらは，①食事や入浴等の介護や日常生活上の世話や療養を目的とした「介護老人福祉施設」（特別養護老人ホーム），②看護，医療，機能訓練を含む日常生活上の世話や健康管理を目的とした「介護老人保健施設」（老人保健施設），そして，2018（平成30）年4月から新たに③「介護医療院」が創設されました。介護医療院は，長期的な医療と介護の両方を必要とする高齢者を対象に，「日常的な医学管理」や「看取りやターミナル

VII-3　介護保険サービスと給付内容（施設）

表VII-2　各施設のサービス費

（単位／日）　　　　　　　　　　　　　　　　　　　　　　　　　　　　　　平成30（2018）年4月〜

介護老人福祉施設（特別養護老人ホーム）			介護老人保健施設			介護医療院		
介護福祉施設サービス費（Ⅰ）〈従来型個室〉	要介護1 要介護2 要介護3 要介護4 要介護5	557 625 695 763 829	介護保健施設サービス費（Ⅰ-ⅰ）〈従来型個室〉【従来型】	要介護1 要介護2 要介護3 要介護4 要介護5	698 743 804 856 907	Ⅰ型介護医療院サービス費（Ⅰ-ⅰ）〈従来型個室〉	要介護1 要介護2 要介護3 要介護4 要介護5	694 802 1,035 1,134 1,223
介護福祉施設サービス費（Ⅱ）〈多床室〉	要介護1 要介護2 要介護3 要介護4 要介護5	557 625 695 763 829	介護保健施設サービス費（Ⅰ-ⅱ）〈従来型個室〉【在宅強化型】	要介護1 要介護2 要介護3 要介護4 要介護5	739 810 872 928 983	Ⅰ型介護医療院サービス費（Ⅰ-ⅱ）〈多床室〉	要介護1 要介護2 要介護3 要介護4 要介護5	803 911 1,144 1,243 1,332
ユニット型介護福祉施設サービス費（Ⅰ）〈ユニット型個室〉	要介護1 要介護2 要介護3 要介護4 要介護5	636 703 776 843 910	介護保健施設サービス費（Ⅰ-ⅲ）〈多床室〉【従来型】	要介護1 要介護2 要介護3 要介護4 要介護5	771 819 880 931 984	Ⅱ型介護医療院サービス費（Ⅰ-ⅰ）〈従来型個室〉	要介護1 要介護2 要介護3 要介護4 要介護5	649 743 947 1,034 1,112
			介護保健施設サービス費（Ⅰ-ⅳ）〈多床室〉【在宅強化型】	要介護1 要介護2 要介護3 要介護4 要介護5	818 892 954 1,010 1,065	Ⅱ型介護医療院サービス費（Ⅰ-ⅱ）〈多床室〉	要介護1 要介護2 要介護3 要介護4 要介護5	758 852 1,056 1,143 1,221

出所：厚生労働統計協会編『国民の福祉と介護の動向 2018/2019』2019年，155頁。

ケア」等の医療機能と，「生活施設」としての機能を提供できる施設です。なお，これまであった介護療養型医療施設（介護療養病床）は，2024（令和5）年3月までの経過措置期間に廃止または介護医療院へ転換されます。

　施設サービスの給付は9割給付を基本としており（食事代を除く），残りの原則1割は利用者負担（受益者負担）となります（一定以上所得者は2割または3割）。保険給付の上限額は，要介護度に応じて若干の格差が設けられており（区分支給限度基準額），おおむね要介護度が重度のほうが上限額は高く設定されています。また，利用者負担にも限度額が定められており，特に低所得者は少ない負担で施設が利用できます。

　なお，施設サービスに関する保険給付は基本的に現金給付ではなく，**法定代理受領**と呼ばれる現物給付（サービス給付）によって支給されます。また，施設サービスの利用者負担には上限額が定められており，高額になりがちな施設サービスの利用者負担が一定限度内で済むような措置がとられています。

　介護保険によるサービスの単価はすべて「介護報酬」として定められています。これを定めたのが介護給付費単位数表であり，1単位＝10円を基本として，さらに人件費の地域格差を調整するために地域加算として地域別・サービス別の割増がおこなわれています。

（金子　充）

▷1　利用者負担を行う理由として，不必要な利用の抑制（濫給防止）や拠出に伴う権利性の高揚などがいわれているが，とりわけ介護保険の場合，その「効果」は必ずしも確証しえず，実質的には財源の補塡に終始している VII-1 の注6「受益者負担」も参照）。

▷2　法定代理受領
利用者に対して，保険から現金が支払われるのではなく，直接的にサービスを届けること。現金給付に対する，いわゆる現物給付（サービス給付）のことである。

VII 介護保険制度

 ## 介護保険サービスと給付内容（居宅）

1 居宅給付の種類

居宅介護サービスには，表VII-3に示す通り多くの種類があります。居宅介護サービスの給付は9割給付を基本としており，残りの原則1割は利用者負担（受益者負担）となります（一定以上所得者は2割，さらに現役並み所得者は3割）。ただし，居宅介護サービス計画費の支給額は全額（10割給付）となっており，利用者負担はありません。

施設サービスと同様に，要介護度に応じて保険給付の上限額（**区分支給限度基準額**）（表VII-4）が設定されており，保険給付は基本的に現金給付ではなく，法定代理受領としての現物給付（サービス給付）によって支給されます。ただし，居宅介護福祉用具購入費および居宅介護住宅改修費については**償還払い**となっています。

2 地域密着型サービス

地域密着型サービスは，認知症やひとり暮らしの高齢者などが増加していることに配慮し，要介護の高齢者たちが住み慣れた地域で生活を継続していくために，地域で介護サービスを継続的に受けられる体制を整備することを目指して設置されたものです。

地域密着型サービスは市町村長が指定権限を有し，地域の実情に応じて市町村が任意にサービスの設定を行うことが可能になっており，原則として当該市町村の被保険者のみがこのサービスを利用できます。

主なサービスとしては，家庭的な環境のもとで入浴・食事等の介護や日常生活上の世話等を行う「小規模多機能型居宅介護」をはじめ，認知症の利用者同士が少人数で共同生活を送りながら日常生活のさまざまな介護やリハビリを行うグループホームである「認知症対応型共同生活介護」などがあります（表VII-5）。

（金子　充）

1　区分支給限度基準額
要介護度別に定められた保険給付の上限額。介護報酬の単位で示されており，訪問介護や訪問看護などの代表的な居宅介護サービスに関しては，要支援1が4,970単位，要介護1が1万6,580単位，要介護5が3万5,830単位などとなっている（1カ月の限度額）。

▷2　償還払い
利用者がサービスを利用したときに，その費用の全額を本人がいったん事業者に支払い，その後保険者に申請して現金の払い戻しを受けること。

表VII-4　居宅サービスにおける区分支給限度基準額

平成27(2015)年4月～

区分に含まれる サービスの種類	限度額の 管理期間	区分支給限度基準額
訪問介護，訪問入浴介護， 訪問看護，訪問リハビリ， 通所介護，通所リハビリ， 短期入所生活介護， 短期入所療養介護， 福祉用具貸与， 介護予防サービス	1カ月 （暦月単位）	要支援1　　5,003単位 要支援2　 10,473単位 要介護1　 16,692単位 要介護2　 19,616単位 要介護3　 26,931単位 要介護4　 30,806単位 要介護5　 36,065単位

出所：厚生労働統計協会編『保険と年金の動向 2018/2019』2019年，154頁。

VII-4 介護保険サービスと給付内容（居宅）

表VII-3　介護保険制度における居宅介護サービス等

サービスの種類	サービスの内容
訪問介護 （ホームヘルプサービス）	ホームヘルパーが要介護者の居宅を訪問して，入浴，排せつ，食事等の介護，調理・洗濯・掃除等の家事，生活等に関する相談，助言その他の必要な日常生活上の世話を行う
訪問入浴介護	入浴車等により居宅を訪問して浴槽を提供して入浴の介護を行う
訪問看護	病状が安定期にあり，訪問看護を要すると主治医等が認めた要介護者について，病院，診療所または訪問看護ステーションの看護師等が居宅を訪問して療養上の世話または必要な診療の補助を行う
訪問リハビリテーション	病状が安定期にあり，計画的な医学的管理の下におけるリハビリテーションを要すると主治医等が認めた要介護者等について，病院，診療所または介護老人保健施設の理学療法士または作業療法士が居宅を訪問して，心身の機能の維持回復を図り，日常生活の自立を助けるために必要なリハビリテーションを行う
居宅療養管理指導	病院，診療所または薬局の医師，歯科医師，薬剤師等が，通院が困難な要介護者等について，居宅を訪問して，心身の状況や環境等を把握し，それらを踏まえて療養上の管理および指導を行う
通所介護 （デイサービス）	老人デイサービスセンター等において，入浴，排せつ，食事等の介護，生活等に関する相談，助言，健康状態の確認その他の必要な日常生活の世話および機能訓練を行う
通所リハビリテーション （デイ・ケア）	病状が安定期にあり，計画的な医学的管理の下におけるリハビリテーションを要すると主治医等が認めた要介護者等について，介護老人保健施設，病院または診療所において，心身の機能の維持回復を図り，日常生活の自立を助けるために必要なリハビリテーションを行う
短期入所生活介護 （ショートステイ）	老人短期入所施設，特別養護老人ホーム等に短期間入所し，その施設で，入浴，排せつ，食事等の介護その他の日常生活上の世話および機能訓練を行う
短期入所療養介護 （ショートステイ）	病状が安定期にあり，ショートステイを必要としている要介護者等について，介護老人保健施設，介護療養型医療施設等に短期間入所し，看護，医学的管理下における介護，機能訓練その他必要な医療や日常生活上の世話を行う
特定施設入所者生活介護 （有料老人ホーム）	有料老人ホーム，軽費老人ホーム等に入所している要介護者等について，入浴，排せつ，食事等の介護，生活等に関する相談，助言等の日常生活上の世話，機能訓練および療養上の世話を行う
福祉用具貸与	在宅の要介護者等について福祉用具の貸与を行う
特定福祉用具販売	福祉用具のうち，入浴や排せつのための福祉用具その他の厚生労働大臣が定める福祉用具の販売を行う
居宅介護住宅改修費（住宅改修）	手すりの取り付けその他の厚生労働大臣が定める種類の住宅改修費の支給
居宅介護支援	在宅の要介護者等が在宅介護サービスを適切に利用できるよう，その者の依頼を受けて，その心身の状況，環境，本人および家族の希望等を勘案し，利用するサービス等の種類，担当者，本人の健康上・生活上の問題点，解決すべき課題，在宅サービスの目標およびその達成時期等を定めた計画（居宅サービス計画）を作成し，その計画に基づくサービス提供が確保されるよう，事業者等との連絡調整等の便宜の提供を行う

出所：厚生労働統計協会編『国民の福祉と介護の動向 2018/2019』2019 年，153 頁（若干の変更をした）。

表VII-5　介護保険制度における地域密着型サービス

サービスの種類	サービスの内容
定期巡回・随時対応型訪問介護看護	重度者を始めとした要介護高齢者の在宅生活を支えるため，日中・夜間を通じて，訪問介護と訪問看護が密接に連携しながら，短時間の定期巡回型訪問と随時の対応を行う
小規模多機能型居宅介護	要介護者に対し，居宅またはサービスの拠点において，家庭的な環境と地域住民との交流の下で，入浴，排せつ，食事等の介護その他の日常生活上の世話および機能訓練を行う
夜間対応型訪問介護	居宅の要介護者に対し，夜間において，定期的な巡回訪問や通報により利用者の居宅を訪問し，排せつの介護，日常生活上の緊急時の対応を行う
認知症対応型通所介護	居宅の認知症要介護者に，介護職員，看護職員等が特別養護老人ホームまたは老人デイサービスセンターにおいて，入浴，排せつ，食事等の介護その他の日常生活上の世話および機能訓練を行う
認知症対応型共同生活介護 （グループホーム）	認知症の要介護者に対し，共同生活を営むべく住居において，家庭的な環境と地域住民との交流の下で，入浴，排せつ，食事等の介護その他の日常生活上の世話および機能訓練を行う
地域密着型特定施設入居者生活介護	入所・入居を要する要介護者に対し，小規模型（定員 30 人未満）の施設において，地域密着型特定施設サービス計画に基づき，入浴，排せつ，食事等の介護その他の日常生活上の世話，機能訓練および療養上の世話を行う
地域密着型介護老人福祉施設入所者生活介護	入所・入居を要する要介護者に対し，小規模型（定員 30 人未満）の施設において，地域密着型施設サービス計画に基づき，可能な限り，居宅における生活への復帰を念頭に置いて，入浴，排せつ，食事等の介護その他の日常生活上の世話および機能訓練，健康管理，療養上の世話を行う
看護小規模多機能型居宅介護	医療ニーズの高い利用者の状況に応じたサービスの組み合わせにより，地域における多様な療養支援を行う
地域密着型通所介護	老人デイサービスセンター等において，入浴，排せつ，食事等の介護，生活等に関する相談，助言，健康状態の確認その他の必要な日常生活の世話および機能訓練を行う（通所介護事業所のうち，事業所の利用定員が 19 人未満の事業所。原則として，事業所所在の市町村の住民のみ利用）

（注）「看護小規模多機能型居宅介護」は，従来，「複合型サービス」と称していたが，平成 27 年度介護報酬改定において名称が変更された。
出所：表VII-3 と同じ。

137

VII 介護保険制度

 ## 5 ケアマネジメントとケアプラン

▷1　社会資源
社会福祉サービスを利用する人々の生活上のニーズをみたすために活用できる制度や政策、施設、法律、サービス、人材などのこと。

▷2　居宅介護支援事業所
介護支援専門員を有し、要介護者などからの依頼に基づき、ケアプランの作成、関係者との連絡調整、介護保険施設の紹介などの業務を行う事業者のこと。

▷3　介護保険制度が始まって数年で、要支援・要介護1などの軽度者の認定やサービス利用者の増加が課題とされ、自立支援に役立たないサービスの提供が問題視された。2003年度からは保険者である市町村による介護保険給付適正化事業が開始され、ケアプランや要介護認定調査のチェックが行われるようになった。

▷4　地域包括支援センター
2005年の介護保険法の改正により、地域の介護支援を行う中核的機関として設立された。社会福祉士、保健師、主任ケアマネジャーなど、各専門職が連携して、介護予防ケアマネジメント、総合相談支援事業、権利擁護事業、包括的・継続的ケアマネジメントなどの業務を行う。

▷5　介護予防ケアマネジメント
要支援1，2の利用者や要介護認定は非該当で要支援・要介護状態になるおそれのある高齢者を対象とす

1 ケアマネジメントの導入

2000年4月から介護保険制度が施行され，新しい介護システムの一つとしてケアマネジメントが導入されました。ケアマネジメントは，利用者が必要とするケアを調整する機能を果たす支援の仕組みであり，**介護支援専門員（ケアマネジャー）**がその担い手となりました。ケアマネジメントの特徴は，複数のニーズをもち，それを自分一人では解決することのできない人を対象とすること，ニーズ中心に利用者と**社会資源**▷1を結びつけること，ケアマネジャーという一つの窓口から必要な社会資源を得ることができることなどにあります。

介護保険は社会資源の一つであり，ケアマネジャーは介護保険給付対象のサービスに限定せずに，利用者や家族のニーズに合わせて適切な社会資源を選択し，組み合わせて提供することが求められています。しかし，現実には多くのケアマネジャーが**居宅介護支援事業所**▷2に所属しているため，介護保険制度の枠内のみでサービス利用につなげる役割を担っている状況です。このような制度的なジレンマを解消するために，2005年の介護保険法改正後は，事業者による掘り起こしが指摘される軽度者▷3については，市町村の責任のもと，**地域包括支援センター**▷4による公正中立な**介護予防ケアマネジメント**▷5が実施されることになりました。

2 ケアマネジメントにおけるケアマネジャーとケアプラン

ケアマネジメントにおいては，利用者の依頼に基づいて，ケアマネジャーを中心とした専門家チームが，利用者やその家族の相談に応じ，そのニーズを把握したうえで，利用者の生活全体を支える**介護サービス計画（ケアプラン）**▷6を作成します。ケアマネジメントは，インテーク（初回面接），契約，アセスメント，プランニング，モニタリング，評価，終結というプロセスからなっており，ケアマネジャーはすべてのプロセスに継続的に関わり，利用者の生活全体に責任をもつことになります。

3 ケアプラン作成における課題

ケアプラン作成において利用者の自己決定や主体性を大切にしたプランニングを行うためには，まず利用者やその家族との信頼関係の形成が重要になりま

138

す。信頼関係という土台を築いたうえで，利用者やその家族がどのような生活をしていきたいのか，どのような支援を必要としているのか，利用者の声にしっかりと耳を傾け，利用者自身のニーズを適切にアセスメントして初めてよりよいケアプランを立てることが可能になります。

たとえば，「ヘルパーを利用したい」という利用者の言葉を聞いたとき，そのまま解決の手段としてサービスにつなげるのではなく，なぜヘルパーを使いたいのか，ヘルパーによって何を解決できると思っているのかを掘り下げて一緒に考えていくことが必要です。特に，判断能力の低い認知症高齢者や関わりや支援の難しい利用者については，アセスメントが不十分になりがちです。不適切なケアプランを押しつけてしまったり，利用者を選別したりすることがないように，ケアマネジャーには，利用者の代弁者として社会に訴える力量が求められており，専門職としての援助技術や倫理的な責任感が求められています。

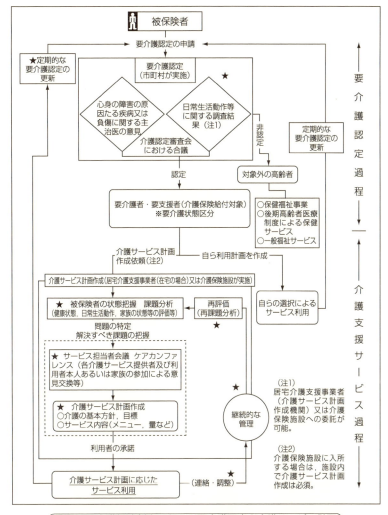

図VII-3　介護保険制度における要介護認定と介護サービス計画

出所：和田勝・稲川武宣・唐澤剛『介護保険の手引　平成23年版』ぎょうせい，2010年，93頁。

④ プランニングと利用者主体

利用者が主体的な生活を営むためには，ときに介護保険制度の枠組みを超えた支援が必要になります。プランニングの作成は，ケアマネジャーだけによる作業ではなく，利用者が自ら参加するという意識をもつことが重要です。また，援助目標を考えていく際には，ケアマネジャーと利用者との相互交流の過程のなかで利用者の「ありたい生活」のイメージを共有し，合意しながら，ともに構築していくことが大切です。ケアマネジメントにおいて，ケアマネジャーは，利用者が主体的かつ意欲的に実践できるケアプランを自己決定していく過程を支援していくことが求められています。

（澤田有希子）

るケアマネジメントであり，重度化の防止を図ることを目的とする。

▷6　介護サービス計画（ケアプラン）
要支援・要介護者に提供するケア計画のこと。在宅サービスでは，居宅サービス計画，施設サービスにおいては，施設サービス計画といわれる。ケアプランを作成することで，利用者は自分が受けるサービス内容を確認することができる。またサービス提供者間での役割分担や援助方針の統一性が図れる。

Ⅶ 介護保険制度

介護保険制度改革の動向と課題

 地域包括ケアという理念

　高齢者の介護・医療・生活保障を貫く新しい政策理念として「地域包括ケア」が注目されています。地域包括ケアは，介護や医療，生活支援サービスを地域において切れ目なく提供していくことを意味しています。それは，単に高齢者の介護サービスを地域で展開するということではなく，高齢者の介護や医療を中心とする生活保障を地域に丸ごと整備することを通して，地域の雇用を創出し，また住民同士のつながりや連帯を深めていくことで，地域の「持続可能性」を高めるものであると考えられています[1]。

　地域包括ケアでは，高齢者の日常生活圏域（30分でかけつけられる圏域＝中学校区）において，介護，医療，予防，住まい，配食・買い物等を含む生活支援が「包括的」かつ「継続的」に行われます。これらを進めるために，介護保険では，24時間対応の定期巡回・随時対応サービスや複合型サービス（小規模多機能型居宅介護と訪問看護の組み合わせなど），介護予防・日常生活支援総合事業などが創設されました。そして障害者や生活困窮者の自立支援等も組み合わされ，誰もが住みやすいまちづくりが展開されます。

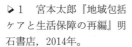 高齢化，介護者問題，財政問題

　しかしながら，高齢者の暮らしぶりおよび介護保険制度をとりまく社会状況は非常に厳しく，高齢者人口は増えつづけており，それにあわせて低所得による生活困窮や孤立におちいる高齢者が増加しています。高齢者人口の将来見通しを見ると，65歳以上の高齢者の人口割合は2025年から2055年の30年間で30.3～39.4％へ，また75歳以上は18.1～26.1％へ増加すると予測されています。2025年には，高齢者世帯（世帯主が65歳以上の単身世帯と夫婦のみの世帯）の世帯数全体に占める割合は25.7％に達し，認知症高齢者は700万人を超える予測となっています（国立社会保障・人口問題研究所，2014年）。

　こうしたなかで介護の担い手の問題は非常に深刻であり，「老老介護」といわれる家族介護者の問題に加え，介護労働者の不足が目立っています。「2025年に向けた介護人材にかかる需給推計（確定値）について」（厚生労働省，2015年）によると，2025年度には介護職員が37.7万人不足する予測で，充足率は2017年度の94.0％から2025年度の85.1％へと低下していきます。

▷1　宮本太郎『地域包括ケアと生活保障の再編』明石店，2014年。

一方，社会保障の財政事情も芳しくありません。社会保障給付費は年間約100兆円を超えていますが，年金と医療にかかる費用がその8割を占めています。社会保障給付費に占める介護費用は，2015年に10.5兆円ですが，2025年には19.8兆円に達すると予測されています（厚生労働省，2015年）。市町村の負担も大きくなってきており，とりわけ高齢化率の高い地域では深刻です。

③ 政府による介護保険の政策動向

高齢者の暮らしおよび介護保険をとりまく社会状況が厳しいなかで，介護保険制度改革はどのような方向に向かっているでしょうか。

近年における介護保険法の改正や介護報酬の改定では，被保険者の負担増とサービスの給付抑制をもたらす改正が連続して行われてきました。たとえば，2015年から一定以上所得者については自己負担割合が2割になったことや，高額介護サービス費・高額介護合算療養費の限度額が引き上げられたことなどをあげることができます。

また，介護予防給付に含まれていた要支援者に対する訪問介護・通所介護が「地域支援事業」（介護予防・日常生活支援総合事業）に移行されました。これは，要支援者に対する主要な予防サービスが市町村事業に位置づけられたということであり，要支援者の権利性を低める改正であると指摘されています。というのも，市町村事業である地域支援事業は介護保険の指定サービスではなく，市町村が地域の実情に応じた独自の判断で実施していく事業であるから，将来的に地域ごとに制度内容に格差が生じる可能性があるからです。

一方で，介護労働者の不足が目立つなかで，一定の処遇改善が行われてきました。たとえば，2012年から介護報酬に「介護職員処遇改善加算」が設けられるなど，介護労働者の賃金を高める努力が重ねられています。介護福祉士を目指す学生に対して学費や入学準備金等を貸与し，5年間介護職に従事すれば返還を免除とする介護福祉士等就学資金貸付制度が導入されました。

しかし通所介護など民間営利企業の参入割合が高い事業では，人件費率を抑えて収益率を上げようとする事業所が増えています。政府は収益率の高い事業の介護報酬を抑えようとして報酬改定を行う傾向があるため，各事業所ではいっそう人件費率を下げざるを得なくなって，介護労働者が離職していくという悪循環が生まれていると考えられます。[2]

介護の市場化・産業化が政策的に誘導されるなかで，介護労働の低賃金化と非正規化は必然的に拡大していくでしょう。介護保険をより良い制度へと改善するのであれば，緊縮財政を招いている財政政策や介護・医療の産業化を強力に推し進める経済政策を見直すことも含め，社会保障を超えた政治的な課題が多く横たわっているといえます。

（金子　充）

▶2　石倉康次「変容する福祉市場と地域における福祉供給」介護保険白書編集委員会編『介護保険白書』本の泉社，2015年。

Ⅷ 社会福祉制度

1 社会福祉の概要と実施体制

1 社会福祉の基本的枠組み

社会福祉の統一的概念を提示することは困難ですが，共通の要素を中心に，基本的枠組みを示すと，大きく4つの基本的要素が明らかになります（図Ⅷ-1）。

第1は，社会福祉が取り組むべき問題です。これは，福祉問題，生活問題，生活障害，生活困難などということもできます。第2は，このような問題を解決するための社会資源です。これは，援助資源，サービス，福祉制度などと呼ぶこともできます。この2つが極めて基本的な要素です。

問題が明らかにされ，それに対応するサービスが整備されれば問題が解決するかというと，必ずしもそうではありません。そこで両者を結びつける仕組み，サービス供給システムが必要となります。これを担うのが第3の構成要素，援助者であり，その際に使う技術が援助技術です。第4は，このような援助を何のために行うのか，どういう方向に解決しようとしているのか，すなわち援助の目標や援助観です。

2 社会福祉の主体

社会福祉の主体とは，社会福祉推進の目的をもって，この過程に参加するものをいいます。一般には，政策主体，実践主体，運動主体を基礎にした，相互関係の総体としてとらえられます。

政策主体とは，社会福祉施策の形成を担い，かつ推進体制の大枠を決定するもので，事実上，国や地方公共団体を意味します。政策形成は，実践主体や運動主体，さらには住民自身の意思を尊重しつつ行われます。

実践主体とは，社会福祉政策を具体的に担うもので，行政，社会福祉法人，専門職などが代表的な主体です。福祉問題の多様化とサービス供給主体に関する規制緩和により，近年では，供給主体の多様化が図られており，企業，NPO法人，**住民参加型サービス**供給主体など，さまざまな主体の参入が図られています。運営主体，経営主体もこれに近い概念です。

運動主体とは，政策主体の行う政策や実践主体の行う実践に対して，最終的には制度改編，制度改革等を求めて行動化を図る主体です。運動主体が用いる一つの手法を，**ソーシャルアクション**と呼んでいます。

▷1 住民参加型サービス
社会福祉サービスの供給主体のうち，住民が主体的に運営を行うもの。社会福祉協議会が関与して展開しているものはその代表的例である。最近では，NPO法人などが組織した本格的なものもある。

▷2 ソーシャルアクション
人々が健やかな生活を送るためのニーズを充足することを目的に，社会資源の創出，社会参加の促進，社会環境の改善，政策形成等を行う，ソーシャルワークの一技法。社会福祉活動法と表記されることもある。

3 社会福祉の方法

社会福祉の方法という言葉は，相談援助（援助技術）という意味で使われる場合と，サービス形態という意味で使われる場合があります。

援助技術という意味で使う場合には，一般に，ソーシャルワークと呼ばれ，直接援助技術と間接援助技術に分けることができます。直接援助技術は，さらに個別援助技術（ケースワーク）と集団援助技術（グループワーク）に，間接援助技術は，地域援助技術（コミュニティワーク）と社会福祉調査法に分けることができます。間接援助技術には，この他にも社会福祉活動法（ソーシャルアクション），社会福祉計画法（ソーシャルプランニング）などの方法も含めることがあります。また，最近では，社会福祉に固有の援助技術であるかどうかは別にして，**ケアマネジメント**[3]という技術も普及しつつあります。

サービス形態という意味で使う場合には，サービスを受ける拠点に着目した施設給付と在宅給付という分類方法や，給付の性格に着目した現金給付（金銭給付），現物給付さらには**役務給付**[4]などの分類方法が用いられます。

4 社会福祉の分野と法律

社会福祉の分野は，非常に多岐にわたっています。ここでは，これを問題の特性に着目した分類と，実践の展開の場に着目した分類の2つで考えてみたいと思います。

まず最初に，問題の特性に着目した分類ですが，これは一般の人たちがイメージするものに近いと思います。たとえば，子どもの生活問題に対して児童福祉，障害者の生活問題に対して身体障害者福祉・知的障害者福祉・精神障害者福祉，高齢者の生活問題に対して老人福祉（高齢者福祉），母子及び父子並びに寡婦家庭の生活問題に対してひとり親福祉，低所得という問題に対しての生活保護，などの分野が考えられます。

またそれぞれの分野に対応して，児童福祉法，身体障害者福祉法・知的障害者福祉法・精神保健福祉法，老人福祉法，母子及び父子並びに寡婦福祉法，生活保護法などの基本的な法律が準備されています。法律と分野との関係が明確であることで，一般の人がイメージしやすくなっているものと考えられます。

次は，実践の展開の場に着目した分類です。これには，学校場面の実践であ

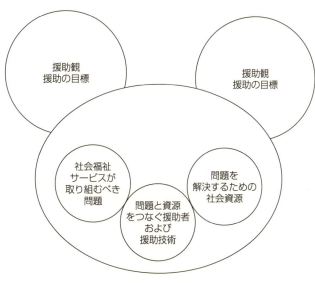

図Ⅷ-1 社会福祉の基本的枠組み

出所：柏女霊峰・山縣文治編著『増補 新しい子ども家庭福祉』ミネルヴァ書房，2002年，4頁。

▷3 ケアマネジメント
複数のニーズをもつ人々が社会生活機能を高めたり，よりよい生活を行うことができるようにすることを目的として，フォーマルおよびインフォーマルなサービスや支援のネットワークを組織化し，調整し，維持すること。ケースマネジメントともいう。介護保険制度では，これを行う人を介護支援専門員（ケアマネジャー）という。

▷4 役務給付
ホームヘルプ，保育，介護など，人そのものをサービスとするもの。

る教育福祉，司法場面の実践である司法福祉，家族場面の実践である家族福祉，地域場面の実践である地域福祉，医療場面の実践である医療福祉，などの分野が考えられます。

わが国では，実践場面に応じた福祉法という考え方はほとんどありません。むしろ，これは実践家（ソーシャルワーカー）との関係で語られることが多いようです。たとえば，前項の実践場面を順に考えると，スクールソーシャルワーカー，家庭裁判所調査官，ファミリーソーシャルワーカー，コミュニティワーカー，医療ソーシャルワーカー，などが想定されます。

5 社会福祉の実施体制・実施機関（図Ⅷ-2）

多様な社会福祉サービスを展開するために，さまざまなレベルの実施体制や実施機関が準備されています。ここでは，その概要を示しておきます。

○国および地方自治体の組織

社会福祉を取り扱う国の機関は，厚生労働省です。このなかでも，社会・援護局，老健局，子ども家庭局，などが主な所轄局となります。

地方自治体の所轄部局の名称はさまざまです。かつては，「民生」という名称が多くありましたが，最近では，保健福祉部（局），健康福祉部（局）といった，保健分野と福祉分野を統合した部局名が多くなりつつあります。

○各種審議会

審議会とは，福祉行政について意見をいったり，施策の方向を示したりする機関です。国には社会保障審議会，都道府県（政令指定都市，中核市）には，社会福祉審議会と**児童福祉審議会**[5]が設けられています。その他の自治体は，**任意設置**[6]です。

○福祉事務所

福祉事務所は，社会福祉法にもとづいて設置される機関で，都道府県と市が義務設置，町村は任意設置となっています。福祉事務所では，生活保護業務，母子生活支援施設や助産施設への入所相談などが行われます。多くの福祉事務所には，家庭児童相談室が併設されています。

○各種相談所

公的な相談等機関としては，この他，児童福祉法にもとづく児童相談所，身体障害者福祉法にもとづく身体障害者更生相談所，知的障害者福祉法にもとづく知的障害者更生相談所，売春防止法にもとづく婦人相談所，地域保健法にもとづく保健所・保健センターなどがあります。

○社会福祉施設

社会福祉施設は，社会福祉六法のなかでそれぞれ位置づけられています。さらに社会福祉法でこれを第一種社会福祉事業と第二種社会福祉事業に分類しています。

▷5 児童福祉審議会
児童福祉審議会については，社会福祉審議会のなかに児童福祉を審議する部門を設置している場合，独立して設置する必要はない。

▷6 任意設置
設置するかどうかの判断が，自治体に委ねられているもの。設置した場合，法律等に規定する業務を行うことができる。

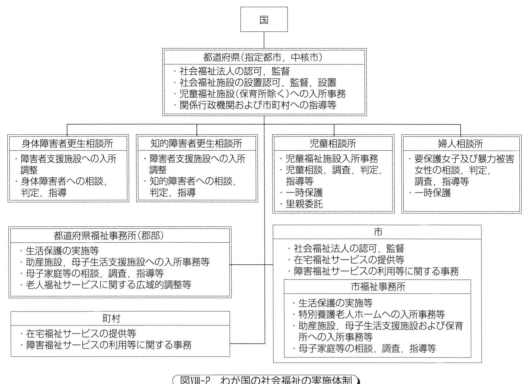

図Ⅷ-2　わが国の社会福祉の実施体制

出所：社会福祉の動向編集委員会編『社会福祉の動向2018』中央法規出版，2017年，23頁を一部改変。

◯在宅福祉サービス機関

　在宅福祉サービスは，社会福祉施設のうちのデイサービスセンターなどの在宅福祉サービス専門施設，入所施設併設の在宅福祉サービス部門，企業・生協・農協・**社会福祉協議会**などによる事業として提供されています。在宅福祉サービスは，入所施設に比べ自由度のかなり高いサービスであるため，供給主体も多様化しています。

◯その他の民間機関

　社会福祉法では，社会福祉六法等に規定される社会福祉事業だけでなく，「社会福祉を目的とする事業」もその対象としています。これには，NPO法人や市民団体が行う自主的な事業も含まれます。このような社会福祉サービスの実施機関は，把握できないほど多様化しています。

　新たな供給主体のなかでも，社会的期待が高いのがNPO法人です。NPO法人は，介護保険制度や障害者総合支援制度などにもとづく在宅福祉サービス事業はむろんのこと，子育て支援やまちづくりなどの分野でも大きな役割を果たしています。

（山縣文治）

▷7　社会福祉協議会
社会福祉法にもとづき，国，都道府県，市町村レベルに設置される民間機関。社会福祉を目的とする事業の企画および実施，社会福祉に関する活動への住民の参加のための援助，社会福祉を目的とする事業に関する調査・普及・宣伝・連絡・調整・助成，社会福祉を目的とする事業の健全な発達を図るために必要な事業などを行う。

VIII 社会福祉制度

 社会福祉サービスの利用システム

 社会福祉サービスを利用するために──措置制度

　措置制度とは，行政（都道府県・市町村等）が自らの判断にもとづいて，要援護者に対して施設サービスや在宅サービスの提供を行う制度で，戦後のわが国の社会福祉サービス提供を特徴づける基幹的システムです。このうち福祉の措置に定められているサービスを，**社会福祉法人**[1]等に委託して提供を行うシステムを措置委託制度といいます（図VIII-3）。

　この措置・措置委託制度の制定と背景は，戦後のわが国の社会状況や福祉三法（生活保護法，児童福祉法，身体障害者福祉法）の成立時期までさかのぼります。第二次世界大戦後のわが国の経済状況・社会状況は混乱しており，社会資本の整備や経済復興が最優先の課題でした。しかし一方で，国民全体の貧困化や，社会には戦災孤児や戦争からの引揚者で受傷した身体障害者の存在が社会問題化していました。そこで，福祉三法などの社会福祉関連の法制定において，援助を必要としている人々の申請を待つことなく，その必要性を専門的に判断し社会福祉サービスを提供する仕組みを採り入れました。この措置制度は，その後制定された精神薄弱者福祉法（現知的障害者福祉法），老人福祉法，母子及び寡婦福祉法（現母子及び父子並びに寡婦福祉法）にも社会福祉サービスの利用システムとして採用されました。

　その後，わが国や社会福祉の利用者を取り巻く環境は大きく変わりました。国民の生活状況は，国民皆年金皆保険の実現など飛躍的に改善され，社会福祉サービスは，特定の援助を必要とする人々のものではなく，国民一般が利用す

▷1　社会福祉法人
社会福祉法第22条において規定されている社会福祉事業を行うことを目的として設立された法人をいう。所轄庁は，都道府県知事である。

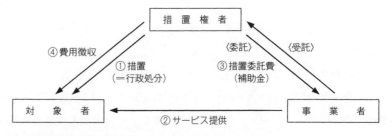

図VIII-3　措置制度の仕組み

※　措置の対象者が事業者を選択できない。
　　事業者と措置の対象者の間には契約関係がない。

出所：厚生省社会・援護局企画課監修『社会福祉基礎構造改革の実現に向けて』中央法規出版，1998年，176頁。

表Ⅷ-1　措置制度の長所と短所

	比較事項	長　　所	短　　所
措置制度	サービス選　択	行政庁の判断で優先順位の高い者に対してサービス提供を担保	利用者のサービス選択が不可能
	サービス内　容	一定水準以上のサービスを均一に提供できる	競争原理が働かず，サービス内容が画一的となる
	サービス供　給	行政庁の財政能力に応じた制度の運用が可能	予算上の制約に左右される

出所：図Ⅷ-3と同じ，177頁。

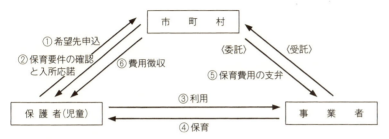

図Ⅷ-4　保育所サービスの利用の仕組み

出所：図Ⅷ-3と同じ，177頁。

るものとして位置づけられるようになりました。また，1980年代前後からベビーホテルや老人ホームなど特定分野で民間企業によるサービスが提供されるようになり，福祉公社などの第三セクター方式やNPOなどの民間非営利組織といった新たな組織によるサービスも提供され，行政以外の，つまり措置制度によらない社会福祉サービスが提供され始めました。このような状況は，措置制度のあり方をもう一度考えさせる契機となっています。つまり措置制度は，行政の決定に重点があり，援助を必要としている人々にサービスの受給権や選択を認めたものではなく，多様化するニーズに対応できないなどのデメリットも存在しています（表Ⅷ-1）。

2　社会福祉サービスを利用する新しい仕組み

措置制度のもつデメリットを解消するために，社会福祉サービスを利用する新しい仕組みもできています。

保育所の利用システムは，1997年の児童福祉法の改正によって導入されたものです（図Ⅷ-4）。このシステムでは，利用者が保育所を選択することができるようになり，市町村等の窓口に申請することによって，保育サービスを利用することができるようになりました。また，2000年4月から施行されている介護保険法では，介護サービスの利用は保険給付によって行われています。さらに障害者福祉サービスにおいては2013年に障害者総合支援法が施行され，障害者福祉サービスの一元化が図られています。

（岡田忠克）

▷2　母子生活支援施設や助産施設においても2001年4月からはこの方式が採用されている。

VIII 社会福祉制度

社会福祉サービスの提供システム

1 社会福祉サービスを提供する主体

○民間社会事業から公的福祉へ

　わが国の社会福祉サービスの提供には，さまざまな機関が関わっており，それぞれの機関が独自の役割を担ってきたことで現在の社会福祉システムが形成されてきました。

　第二次世界大戦前は，民間の社会事業家や社会福祉施設・団体が大きな役割を果たしてきましたが，戦後，日本国憲法において国の責任が位置づけられるようになると，行政による社会福祉サービスの提供が法律によって規定されることになりました。その後，わが国の社会福祉サービスの提供は，国，都道府県，市町村，社会福祉法人などの機関によって担われるようになりました。1980年代前後からベビーホテルや老人ホームなど特定分野で民間企業によるサービスが提供されるようになり，福祉公社などの第三セクター方式や**民間非営利組織**といった新たな組織もサービスを提供しています。

○社会福祉サービスの提供主体の分類

　社会福祉サービスを提供する主体（組織）を三浦文夫は，公共的福祉供給システムと非公共的福祉供給システムに分類しています。さらに前者は国や地方自治体によって福祉サービスを提供する行政型供給組織と社会福祉法人や社会福祉協議会などの認可型供給組織に，後者を民間非営利組織，住民参加型グループなどによる参加型供給組織と営利企業による利益追求を目的とする市場型供給組織に分けています。

　行政型供給組織とは，憲法第25条による公的責任，ナショナルミニマムにもとづき社会福祉サービスのニーズの充足に必要な財やサービスを供給する国や地方自治体を指します。認可型供給組織は，社会福祉法人や社会福祉協議会のように行政の規制のもとで社会福祉サービスの内容，運営，組織形態が定められ，行政の認可を受けることによってサービスを提供する組織です。社会福祉法人への措置委託によるサービス提供は，わが国の社会福祉の基幹的なシステムです。組織自体は民間ではあるものの行政による関与が強いため公共的福祉供給システムに位置づけられます。

　参加型供給組織は，福祉サービスの利用者自身や地域住民がサービスの企画運営に参加することによってサービス提供，組織運営を行う組織です。参加型

▷1　民間非営利組織
NPO（Non-Profit Organization）とも呼ばれる。企業のような営利を目的とした組織ではなく，福祉や環境保護といったミッション（社会的使命）に従って活動を行う組織。まったく無償で活動を行うのではなく，利益の追求と配分を行わないという意味で非営利とされる。

▷2　三浦文夫『増補改訂社会福祉政策研究』全国社会福祉協議会，1995年，95～118頁。

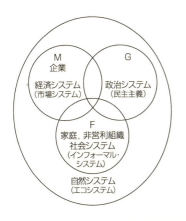

図Ⅷ-5 福祉ミックス論の概念

出所:丸尾直美『市場指向の福祉改革』日本経済新聞社,1996年,235頁。

供給組織には,当事者グループや地域住民の組織化グループから民間非営利組織,ボランティア団体,生協などさまざまな形態があります。

市場型供給組織は,市場機構を媒介とし,営利を目的として福祉サービスを供給する組織です。買う福祉との批判もありますが,福祉ニーズの狭間を充足していることも事実であり,近年,公的責任の限界や介護保険制度の創設によって社会福祉サービスの提供組織としての位置づけが明確となっています。

2 社会福祉サービスを提供する主体の多元化──福祉多元主義

近年,社会福祉サービス提供や政策研究におけるキーワードとして「福祉多元主義」「福祉の混合経済」が,政策概念・分析概念の枠組みとして関心がもたれています。この概念は,イギリスで1978年に公表された『民間非営利組織の将来』(*The Future of Voluntary Organization*)と題された報告書,いわゆるウルフェンデン報告によって提示されたものです。これは,社会福祉サービスを提供する主体を,①公的部門,②民間営利部門,③民間非営利部門,④**インフォーマル部門**の4部門に区別し,それぞれの主体が独自の機能と目的を有していることを前提として,公的部門による福祉サービスの問題点や民間非営利部門の今後の役割のあり方など,各部門の独自性と課題を踏まえつつ,最終的には公私の主体それぞれが福祉サービスを提供していくことを強調するものです。

わが国では丸尾直美が「福祉ミックス論」を提唱しています(図Ⅷ-5)。丸尾は,公的部門が肥大化することによって生ずる問題の緩和のために,企業の民間活力と,非営利組織,家族,ボランティア,本人の能力と自助努力をも活用して,公・民・インフォーマル部門の最適な組み合わせを実現することが,福祉や環境の質を効率的に維持・改善することにつながるとしており,特にインフォーマル部門の役割を重視しています。

(岡田忠克)

▷3 インフォーマル部門
家族,近隣住民をさす。報告書では,インフォーマル部門の援助として,①若年者,虚弱者,特に疾病を抱えるもの,障害者,高齢者に対するケア,②家族の成員間での経済的資源の再配分,③離婚,死亡などの家族解体の危機や育児などにおける助言と心理的支援をあげている。

VIII 社会福祉制度

 生活保護制度

生活保護の目的

病気や障害などで働くことができなくなったり，会社が倒産して収入がなくなったり，働いていても収入が少なかったりして生活に困る場合があります。このような時に，国が最低限度の生活を保障し，自分の力で生活していけるようになるまで援助する制度が生活保護です。

生活保護は，生活保護法にもとづいて実施されます。生活保護法では，その目的を「日本国憲法第25条に規定する理念に基き，国が生活に困窮するすべての国民に対し，その困窮の程度に応じ，必要な保護を行い，その最低限度の生活を保障するとともに，その**自立を助長**すること」と規定しています。

▷1 自立助長
生活保護を受給しながら，世帯や個人の自立を図ることができるよう支援していくこと。生活保護法における「自立」概念が不明確であるため，時には，保護の早期打ち切りのために用いられることもある。

2 生活保護の原理

○無差別平等の原理

法律に定める要件を満たす限り，すべての人が保護を受けることができるという原理です。旧生活保護法では，保護の適用除外として，「能力があるにもかかわらず，勤労の意思のない者，勤労を怠る者，その他生計の維持に努めない者」「素行不良な者」は対象とならないという規定がありました。

○最低生活保障の原理

生活保護法が保障する最低限度の生活は，健康で文化的な生活水準を維持することができるものでなければならないという原理です。

○保護の補足性の原理

生活に困窮する者が，その利用し得る資産，能力，他の法律に規定される制度や事業など，あらゆるものを活用することを要件として，保護が適用されるという原理です。したがって，実際に支給される保護費は，最低生活費から収入（年金や手当も含みます）や仕送り等を引いた額となります。

▷2 活用すべきものには，児童手当や老齢基礎年金等も含まれる。また，資産についても，貯金，土地，住宅をはじめ，周辺の状況と比較して華美なものや贅沢と認定されたものは処分を求められることがある。

3 生活保護の原則

○申請保護の原則

保護は，要保護者，扶養義務者または同居の親族の申請にもとづいて開始されます。ただし，要保護者が急迫した状況にあるときには，保護の申請がなくても，必要な保護を行うことができます。

150

VIII-4 生活保護制度

表VIII-2 世帯類型別生活扶助基準（2016年度）

（単位：円）

	3人世帯 33歳男・29歳女・4歳子	高齢単身世帯 68歳女	高齢夫婦世帯 68歳男・65歳女	30歳女・4歳子・2歳子
1級地―1	140,430	81,840	123,760	144,900
1級地―2	157,420	78,160	118,200	138,380
2級地―1	150,000	74,490	112,610	131,860
2級地―2	142,570	70,800	107,070	125,330
3級地―1	135,170	67,100	101,480	118,830
3級地―2	127,750	63,430	95,910	112,300

（注）金額は生活扶助1類と生活扶助2類の合計額。加算等は含まない。

出所：厚生労働省ホームページ『平成29年版厚生労働白書（資料編）』(http://www.mhlw.go.jp/wp/hakusyo/kousei/17-2/kousei-data/siryou/sh0800.html#sec08)（2018.1.31）。

○ 基準および程度の原則

保護は，要保護者の年齢，性別，世帯構成，所在地域などにもとづいて決められている基準や程度の範囲内で行われます。

○ 必要即応の原則

保護は，要保護者の年齢，性別，健康状態等，その個人または世帯の実際のニーズを考慮して，有効かつ適切に行うという原則です。

○ 世帯単位の原則

保護は，世帯を単位として行われます。ただし，これが困難な場合，個人を単位として行われることもあります。

これらの原則にしたがって，級地ごとに生活保護費をモデル的に計算したものを示しておきます（表VIII-2）。

4 生活保護の方法

生活保護は，在宅扶助と施設保護の大きく2つの方法で行われます。

○ 在宅扶助の種類

在宅扶助には，生活扶助，教育扶助，住宅扶助，医療扶助，介護扶助，出産扶助，生業扶助，葬祭扶助の8種類があります。このうち，教育扶助は義務教育に関わる経費，介護扶助は介護保険制度に関わる扶助です。医療扶助と介護扶助は原則現物給付，それ以外は現金給付を原則としています。

これらの扶助は，世帯の状況によって，複数を組み合わせて受給することができます。

○ 生活保護施設の種類

生活保護法には，救護施設，更生施設，医療保護施設，授産施設，宿所提供施設の5つの施設が規定されています。利用は，在宅扶助を含め，福祉事務所を窓口として行われます。

（山縣文治）

▷3 級地
生活保護費は，全国の市町村を，1級地―1から3級地　2までの6段階に分類し，その級地ごとに計算される。1級地―1は東京や大阪などの都市部である。

VIII 社会福祉制度

生活困窮者支援の現状と課題

▷1　年越し派遣村
「派遣切り」や「雇い止め」に遭うなどして，生活困窮に陥った人たちに，民間団体が一時的に宿泊や避難所，相談所等を提供した取組みである。2008年12月31日から翌年1月5日にかけて，東京の日比谷公園に開設された。炊き出しに並ぶ人々の姿が，テレビなどのメディアで盛んに報道された。隠れていた貧困が「見える化」された象徴的な例として，しばしば語られている取組みである。宇都宮健児・湯浅誠 編『派遣村──何が問われているのか』岩波書店，2009年などを参照。

▷2　内閣府『平成26年版子ども・若者白書（全体版）』30〜31頁。http://www8.cao.go.jp/youth/whitepaper/h26honpen/pdf/b1_03_03.pdf（2017年1月30日取得）

▷3　貧困ビジネス
生活困窮者の「溜め」（お金，人間関係，精神の充実など；湯浅誠氏の概念）を増やすことに寄与する社会的企業のようなビジネスではなく，逆に生活困窮者の「溜め」を奪うビジネスのこと。一部の人材派遣業や消費者金融，インターネットカフェなどが貧困ビジネスとして位置づけられることがある。湯浅誠『貧困襲来』山吹書店，2007年などを参照。

1　生活困窮者支援の背景

　主に高度経済成長期からバブル時代にかけて広がった「経済大国ニッポン」のイメージのもとで，日本の貧困問題は長年，隠されてきたと言われています。そのなかにあって，テレビなどの各種メディアで報道された，2008年のリーマン・ショック後の**年越し派遣村**の開催，および2011年の東日本大震災による困窮した被災者の姿は，貧困とは無縁の生活を送っていると考えていた多くの人々にとって衝撃的なものでした。実際には，バブルが崩壊して数年後の1990年代半ばあたりから，生活保護受給者数は，日本全国でおおむね増加し続けています。生活保護受給者全体のうち，近年とくにその割合を上昇させ続けているのが，高齢者世代です。厚生労働省の調査によれば，2016年3月には，保護世帯全体のうち，65歳以上の高齢者を中心とする世帯の割合が5割を超え（50.8％），過去最高となりました。

　貧困が社会問題となっているのは，高齢者だけではありません。正社員を希望しても非正規の職で働かざるを得ない若年世代の労働問題，あるいは十分な教育を受ける機会や，安定した生活を送ることなどを望めない「子どもの貧困」の問題も喫緊の課題となっています。たとえば厚生労働省の調査によれば，2009年の日本の子どもの相対的貧困率は15.7％で，OECD 加盟国34か国中10番目に高く，OECD 平均を上回っています。

2　貧困問題の「見えない化」と「見える化」

　様々な取組みのなかでも，とくに民間団体による生活困窮者支援は，「見えない化」されていた貧困の「見える化」を推し進めてきました。一方で，現代社会において，貧困は形を変えながら，関連したさまざまな問題を引き起こしています。たとえば実際に日本全国でしばしば起きている「餓死」や「孤独死」の事件は，必要な人に支援が行きわたっていない生活保護の制度上の問題点のみならず，現代の人間・社会関係が「貧困」に陥っている状況の一端を伝えています。また，生活困窮者を「食い物」にしていると言われる**貧困ビジネス**は，社会保障制度の隙間を突いた大きな社会問題となっています。

　とくに若年世代の非正規雇用率が上昇するなかで，雇用形態の分断による格差は，大きな社会問題となっています。日本社会の経済状況の停滞，および親

世代の貧困化などを背景として，アルバイトの大学生等に，負担や責任の重い労働を低賃金で担わせるなど，労働関連法などから見てグレーゾーンあるいは違法な労働形態を強いる，いわゆる「ブラックバイト」は，日本社会がますます貧困になっている一つの表れであるというという指摘もなされています。[14]

　労働に関連した貧困問題の陰に隠れているのが，家族の貧困の問題です。地域や親せき関係など社会の絆から人々が切り離されていくなかで，ひとり親，とくにシングルマザー家庭の生活困難は，行政のみならず活動団体などの調査等により，徐々に明らかにされてきています。児童虐待は，あらゆる階層に起こりうる問題ですが，とくに貧困とも関連を持っています。また，親の貧困は**貧困の再生産**[5]という形で，子どもの貧困につながり，子どもの学力低下，情緒不安定，逸脱行動等を引き起こしやすくなるとされています。

　その他，日本の住宅事情も大きな課題です（「住まいの貧困」）。たとえば，2007年から2008年を中心に引き起こされた世界金融危機後に，職を失った人々のなかには，住んでいた職場の寮から追い出されるなどして，住まいまでも失ってしまった人も少なくありませんでした。また近年，路上生活者の数は，統計的には減少し続けていると言われていますが（厚生労働省「ホームレスの実態に関する全国調査」），その一方で，2007年ごろから話題になり始めた「ネットカフェ難民」，つまり決まった住居がなく漫画喫茶やインターネットカフェなどで寝泊まりする人々も存在します。このことを指して，「ホームレス」の問題が見えにくくなっている（「見えない化」）ことも指摘されています。

③ 生活困窮者自立支援制度とその課題，および民間団体との連携

　上記のような，「見えない化」されていた貧困問題の「見える化」の動きを背景として，2015年4月から生活困窮者自立支援法が施行され，福祉事務所を設置する全国の自治体に生活困窮者向けの相談窓口が開設されました。この法律は，必須事業として，自立相談支援事業，住居確保給付金の支給を規定しています。また任意事業としては，就労準備支援事業，一時生活支援事業，家計相談支援事業，生活困窮世帯の子どもの学習支援が挙げられています。生活保護受給に至る前のセーフティネットとして，この法律に基づく制度に期待が寄せられる一方で，任意事業の支援の実施状況が芳しくないこと，就労困難者には自立支援としての実効性に疑問があること，この制度の実際の運用においては，必ずしも**アウトリーチ**[6]を行うものではなく，潜在的な生活困窮者の発見にはつながりにくいこと，などの課題が指摘されています。[7]この制度では，社会福祉協議会や社会福祉法人，NPO等への委託も可能となっています。今後，国家や行政が，種々の社会資源やノウハウを有する民間の取組みと連携することで，それを単なる社会保障の不十分さの「免罪符」とすることなく，現実にあった効果的な生活困窮者支援を進めていくことが望まれます。（西川知亨）

▷4　大内裕和『ブラックバイトに騙されるな！』集英社，2016年などを参照。

▷5　貧困の再生産
親の貧困が子どもの貧困に結びつき，連鎖すること。親が経済や人間・社会関係，学歴，文化に関する資源や資本に乏しいと，その子どもは，人間関係の形成，学業や就労面において不利な条件で社会生活を送らざるを得ない状況になるという問題点を浮かび上がらせる概念である。

▷6　アウトリーチ
相談されるのを待つのではなくて，支援者が積極的に出向いて生活困窮者などに支援の手を差し伸べること。

▷7　生活困窮者自立支援制度の問題点については，たとえば，稲葉剛『生活保護から考える』岩波新書，2013年などを参照。

VIII 社会福祉制度

 # 児童福祉制度

 児童福祉の理念および責任

児童福祉に関する基本的な事柄を規定している法律は，児童福祉法です。児童福祉法では，その理念を，「すべて国民は，児童が心身ともに健やかに生まれ，且つ，育成されるよう努めなければならない。すべて児童は，ひとしくその生活を保障され，愛護されなければならない」と定めています。また，児童福祉の責任については，「国及び地方公共団体は，児童の保護者とともに，児童を心身ともに健やかに育成する責任を負う」と定めています。

児童福祉という用語については，家庭を含めて考える必要性のあること，保護的な福祉観から脱却する必要があることなどを考え，最近では「子ども家庭福祉」あるいは「児童家庭福祉」と呼ばれることもあります。

2 児童福祉の機関

児童福祉法では，児童福祉の機関として4つを規定しています。

○児童福祉審議会

都道府県，指定都市，中核市に設置が義務づけられているもので，児童福祉，妊産婦，知的障害者の福祉に関する事項を調査審議します。ただし，社会福祉審議会のなかに児童福祉を審議する部門を設置している場合，独立して設置する必要はありません。一般の市町村は任意設置となっています。

▷1　社会保障審議会
⇒ Ⅳ-4 を参照。

国レベルで児童福祉に関する審議を行う機関は，**社会保障審議会**です。

○児童相談所

児童相談所は，子どものことに関する総合相談，判定，措置など，多様な機能を果たしています。都道府県と指定都市が義務設置，人口30万人程度の市が任意設置となっています。児童福祉法では，その業務として，①家庭その他からの相談，②必要な調査，医学的，心理学的，教育学的，社会学的および精神保健上の判定，③判定にもとづく必要な指導，④一時保護，の4つを規定しています。

○福祉事務所

福祉事務所は，社会福祉法にもとづいて設置される機関で，都道府県と市が義務設置，町村は任意設置となっています。多くの福祉事務所には，家庭児童相談室が併設されています。児童福祉法では，その業務として，子どもおよび

妊産婦の福祉に関し，①必要な実情の把握，②相談，調査，個別的または集団的指導などを行うことと規定しています。

○ 保健所

保健所は，地域保健法にもとづいて設置される機関で，都道府県と政令指定都市，中核市，その他政令で定める市に設置されます。保健所における児童福祉法関連業務は，①子どもの保健について正しい衛生知識の普及，②子どもの健康相談，健康診査，保健指導，③身体に障害のある子ども，および疾病により長期にわたり療養を必要とする子どもの療育指導，④児童福祉施設に対する栄養の改善その他衛生に関する必要な助言を行うこと，です。

③ 児童福祉サービス

児童福祉サービスは，児童福祉法，母子及び父子並びに寡婦福祉法，母子保健法，児童手当法，児童扶養手当法，特別児童扶養手当等の支給に関する法律など，さまざまな法律や通知にもとづいて提供されます。これをいくつかの方法により類型化してみます。

○ サービス分野・対象による類型化

児童福祉サービスの分野・対象は，母子保健，健全育成，保育，要養護児童，非行児童，障害児，ひとり親家庭などに分けることができます。

○ サービス拠点による類型化

子どもの主たる生活場所は，自宅，日中は自宅外で夜間は自宅，24時間自宅外，という３つになります。さらには，ショートステイや一時保育のように，この３つの間を短期的あるいは一時的に移動する形態もあります。

○ サービス形態による類型化

給付形態は，大きく現物給付と現金給付とに分けることができます。現物給付は，現品給付（障害児に対する補装具や福祉用具など），施設給付（入所施設，通所施設，通園事業など），役務給付（児童居宅介護事業，介護人派遣事業など）の３つに分けることができます。

現金給付は，現金給付（児童手当，生活保護など），特定の問題や障害に対する給付（**児童扶養手当**，**特別児童扶養手当**など），利用料等の減免あるいは代払い（応能負担の利用料設定，公共料金の減免など），資金の融資や貸与（母子福祉資金，生活福祉資金など）の４つに分けることができます。

○ 利用方式による類型化

利用方式には，措置制度，障害者総合支援制度，選択利用制（保育所，母子生活支援施設，子育て短期支援事業など），サービス提供機関とは直接的な契約関係を結ぶことなく任意で利用するもの（各種相談事業，児童厚生施設，児童家庭支援センターなど），などがあります。

（山縣文治）

▷ 2 　児童扶養手当
児童扶養手当法にもとづく手当制度。離別ひとり親世帯（離婚，未婚など）を主たる対象とし，子どもが18歳になった年の年度末（一定の障害がある場合20歳）まで支給される。

▷ 3 　特別児童扶養手当
特別児童扶養手当等の支給に関する法律にもとづく手当制度。重度または中程度の障害（障害種別を問わない）がある子どもの扶養者を対象とし，子どもが20歳になるまで支給される。

VIII 社会福祉制度

7 老人福祉制度

▷1　養老院
養老院は，養老事業の実践が不十分ななかで，防貧・救貧的な機能をもつ施設として，慈善事業家や宗教家の手によって創設された。最初の養老院は，東京の聖ヒルダ養老院（1895年），神戸養老院（当初は友愛養老院）（1899年）など。（井村圭壯「日本の高齢者福祉の歴史」『高齢者福祉史と現状課題』学文社，2010年，18頁。）

▷2　養護老人ホーム
65歳以上の高齢者が対象で，身体または精神上の理由，住宅事情や環境上の理由，収入等の経済的理由で在宅生活が困難な高齢者が入所する老人ホーム。

▷3　特別養護老人ホーム
原則として65歳以上の高齢者が対象で，日常生活を送る上で介護が必要な要介護高齢者を対象とした老人ホーム。やむを得ない事由によって，介護保険制度に規定される介護老人福祉施設に入所することが著しく困難であると認められる場合には，その者を特別養護老人ホームに入所させること，と規定される。

▷4　軽費老人ホーム
原則として60歳以上の高齢者を対象とした比較的低額な生活施設。契約施設であり，基本的にある程度は身辺自立が可能な高齢者が入

1 老人福祉法の制定

　1963年に老人福祉法が制定される以前の老人施設は，**養老院**▷1という施設一種類に集約されており，生活保護法に基づく保護施設として規定されていました。当時の老人福祉事業は，要保護高齢者を収容し，保護するという生活扶助の目的をもったものでした。高度経済成長期を迎えた1960年代には高齢者の人口増加が始まりました。また，家制度の解体や産業構造の変化による核家族化の浸透は老親扶養意識の低下をもたらし，都市化によるコミュニティの変容が高齢者の生活不安を招くことになりました。このような社会状況のなかで，高齢者の扶養や介護の問題が社会問題として認識されるようになり，ついに1963年には老人福祉法が制定されました。老人福祉法によって，**養護老人ホーム**▷2，**特別養護老人ホーム**▷3，**軽費老人ホーム**▷4などの老人福祉施設が体系化しました。

2 施設福祉の充実

　1970年に高齢化社会を迎え，老年人口が増加するにしたがって，寝たきりや虚弱，認知症の高齢者の増大が懸念されるようになりました。この頃から老人ホームの量的充実と質の向上が課題となりました。1971年には「社会福祉施設緊急整備5か年計画」が策定され，これ以降，特別養護老人ホームが計画的に整備されていくことになりました。

　しかし，1977年に中央社会福祉審議会が提言した「今後の老人ホームのあり方について」は，施設福祉から在宅福祉への転換という変化をもたらしました。老人ホームの小規模化や「収容の場」から「生活の場」への転換，ボランティアの活用や地域住民への解放といった方向性が明確に示されました。そのため，施設における個人のプライバシーの保護と高齢者の人権の尊重という視点から，施設における処遇やサービスが検証され，そのあり方を大きく改善することが求められるようになりました。

3 施設の社会化から在宅福祉サービスへ

　制度として在宅福祉サービスが本格的に動き出したのは，1970年以降からです。老人福祉法が制定されて以降は，老人ホームなどの施設はその閉鎖性が批判され，施設の社会化や開放性が課題となりました。老人ホームは地域の人々

にも利用可能な福祉サービスの拠点施設となることが求められました。

1978年には老人ショートステイ事業が，1979年には老人デイサービス事業が開始され，老人福祉施設は在宅福祉サービスを提供する地域の拠点となりました。また，この頃には，福祉行政ではない民間の篤志家やボランティアによる地域密着型の**宅老所**や**グループホーム**などが多く見られるようになりました。これらの官民を含む介護サービス事業が現在の在宅ケアサービスの原型となっています。

④ ゴールドプランから介護保険法まで

1989年12月に「高齢者保健福祉推進十ヵ年戦略（ゴールドプラン）」が発表され，その後10年間で整備すべき在宅福祉対策としての整備目標が示されました。在宅福祉三本柱といわれるショートステイ事業，ホームヘルパー事業，デイサービス事業の拡充が図られることになりました。また，1990年には，地域で介護を要する高齢者やその家族の相談窓口として，在宅介護支援センター（現地域包括支援センター）が創設され，各市町村への普及が目標とされました。

1990年の「老人福祉法等の一部を改正する法律」（福祉8法改正）にともなって，施設福祉と在宅福祉の連携はより強化され，住民に身近な市町村が一元的に責任をもつようになりました。かつては，福祉とは経済的に困窮した人への救貧的なサービスというイメージが強くありましたが，福祉サービスの量的拡充により，福祉サービスは一般化されていくようになりました。

⑤ 介護保険制度への移行

2000年4月からは介護保険制度が施行されました。介護保険制度は，介護サービスの利用契約化を通して，個人の自立支援や利用者による選択の尊重を推し進め，日本の高齢者介護のあり方を大きく変容させました。介護サービス市場は準市場化され，施設や事業所の運営には，効率性・開放性といった市場原理や競争原理が持ち込まれるようになりました。措置制度から契約制度への変化は，これまでの措置制度のもとで福祉サービスを与えられる立場におかれてきた要介護高齢者を改めて人生の主体としてとらえなおし，**生活の質**（QOL）の向上を図るという意味で重要な意義がありました。

ただし，低所得者や家族の虐待によって，介護保険サービスの利用や居宅において養護を受けることができない高齢者に対しては，以前からの老人福祉法上の措置制度による福祉サービスが存続しています。老人福祉施設は要介護高齢者に，市場原理に拠らない公共性の高いサービスを提供していかなければならず，2つの制度のはざまで矛盾する課題を抱えているといえます。

（澤田有希子）

▷5 **宅老所**
民家などを活用し，家庭的な雰囲気のなかで，一人ひとりの生活リズムに合わせた柔軟なケアを行っている小規模な事業所。現在の小規模多機能ケアのさきがけとなる取り組みであり，1980年代半ばから全国で始まった草の根活動。

▷6 **グループホーム（認知症対応型共同生活介護）**
認知症の高齢者が5～9人程度で居住できる住宅に住み，家庭的な雰囲気のなかで認知症ケアについての十分な訓練を受けた専門の介護職員によってケアが提供される小規模多機能型・地域密着型施設。

▷7 **生活の質**（QOL: quality of life）
「生活の質」「生命の質」などに訳される。自分自身の生活に対する主観的な満足感や充実感，安定感，幸福感，達成感などの個人の意識面を中心にとらえる立場と，人々の満足な生活にするための社会システムの創造として生活の質を社会環境から考える立場がある。

所する施設。A型（給食サービス），B型（自炊），ケアハウスがある。

Ⅷ 社会福祉制度

 障害者福祉制度

 障害者総合支援法成立の経緯

　わが国の障害者保健福祉施策は，①障害種別ごとに施設・事業体系があり統一されていなかった，②サービス提供体制が自治体によって異なっていた，③サービス利用の財源の確保が困難な状況だった，などの課題がありました。このようななかで，障害者総合支援法の前身である障害者自立支援法が2005年10月に成立し2006年4月に施行されました。これにより，障害種別にかかわりのない共通の福祉サービスや公費負担医療などが制度化されました。その後，2010年12月に「障がい者制度改革推進本部等における検討を踏まえて障害保健福祉施策を見直すまでの間において障害者等の地域生活を支援するための関係法律の整備に関する法律」が制定され，2011年8月に「障害者総合福祉法の骨格に関する総合福祉部会の提言」が公表されたことを受けて，2012年3月に「地域社会における共生の実現に向けて新たな障害保健福祉施策を講ずるための関係法律の整備に関する法律」が公布されました。そして，2013年4月から障害者総合支援法◁1が施行されることになり，2016年に続き，2018年に障害者自らの望む障害福祉サービスの支援の拡充を目指して改正が行われました。

▷1　障害者総合支援法
正式名称は「障害者の日常生活及び社会生活を総合的に支援するための法律」。目的は「障害者及び障害児が基本的人権を享有する個人としての尊厳にふさわしい日常生活又は社会生活を営む」ことにある。2014年4月に完全施行。

2　障害者総合支援法のポイント

　現在の障害者総合支援法のポイントは，以下の5点です。
　①障害者福祉サービスの一元化：障害児・者（身体障害・知的障害・精神障害・発達障害・難病等）を対象としたサービス体系が一元化されました。これらのサービス提供主体も市町村に一元化されました（障害児入所施設を除く）。
　②支給決定等の手続きの透明化・明確化：利用者が必要とするサービスを公平に利用できるシステムの実施を目指して，支援の必要度に関する客観的な基準（障害支援区分）を導入し，市町村審査会の意見聴取など支給決定のプロセスが透明化されるようになりました。また，適切な支給決定と総合的なサービスの計画的な利用を支援するために計画相談等が導入されました。
　③安定的な財源の確保：利用者の負担はサービス量や所得に着目したしくみに基づき，応能負担となっていました。また，国の義務的経費も明文化されました。
　④障害福祉計画によるサービス基盤の整理：国が定める基本指針に即して，市町村および都道府県は障害福祉計画を定めることになりました。

⑤児童福祉法による給付の一本化：障害児を対象とした施設・事業は，2012年度より児童福祉法に基づくものとなりました（居宅サービスを除く）。

3　障害者総合支援法による，総合的な自立支援システムの全体像

総合的な自立支援システムの全体像は，自立支援給付，地域生活支援事業，児童福祉法による給付で構成されます（図Ⅷ-6）。

○自立支援給付

自立支援給付には「介護給付」「訓練等給付」（表Ⅷ-3）「自立支援医療」「補装具」などがあります。

○地域生活支援事業

地域生活を営む利用者のニーズをふまえて，市町村および都道府県が地域の実情に応じた柔軟な事業形態で行うことが可能となるよう計画的に実施するものです（表Ⅷ-4）。

○児童福祉法による給付

先述のように，2012年4月から障害児の給付（居宅サービスを除く）が児童福祉法に一元化されました。それにより，「障害児通所給付」「障害児入所給付」「障害児相談支援給付」が位置づけられました。

4　相談支援

相談支援には，総合的な相談支援を行う相談支援事業に加え，2012年4月から計画相談支援，障害児相談支援，地域相談支援が創設されました。また，地

▷2　「障害児通所給付」には児童発達支援，医療型児童発達支援，放課後等デイサービス，保育所等訪問支援がある。「障害児入所給付」には福祉型障害児入所施設，医療型障害児入所施設がある。

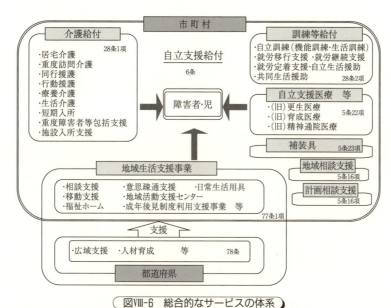

図Ⅷ-6　総合的なサービスの体系

（注）自立支援医療のうち旧精神通院医療の実施主体は都道府県等。
出所：厚生労働統計協会（2019）『国民の福祉と介護の動向 2019/2020』厚生労働統計協会，123頁。

Ⅷ　社会福祉制度

表Ⅷ-3　自立支援給付

サービス		サービスの内容
介護給付	居宅介護（ホームヘルプ）	自宅で，入浴，排せつ，食事の介護等を行うもの
	重度訪問介護	重度の肢体不自由者又は重度の知的障害者若しくは精神障害により行動上著しい困難を有する者で常に介護を必要とする人に，自宅で入浴，排せつ，食事の介護，外出時における移動支援などを総合的に行うもの。2018 年 4 月から入院中の医療機関においても訪問先が拡大された
	同行援護	視覚障害により，移動に著しい困難を有する人に，移動に必要な情報の提供（代筆・代読を含む），移動の援護等の外出支援を行うもの
	行動援護	自己判断能力が制限されている人が行動するときに，危険を回避するために必要な支援，外出支援を行うもの
	重度障害者等包括支援	介護の必要性がとても高い人に，居宅介護等複数のサービスを包括的に行うもの
	短期入所（ショートステイ）	自宅で介護する人が病気の場合などに，短期間，夜間も含め施設で，入浴，排せつ，食事の介護等を行うもの
	療養介護	医療と常時介護を必要とする人に，医療機関で機能訓練，療養上の管理，看護，介護及び日常生活の世話を行うもの
	生活介護	常に介護を必要とする人に，昼間，入浴，排せつ，食事の介護等を行うとともに，創作的活動又は生産活動の機会を提供するもの
	障害者支援施設での夜間ケア等（施設入所支援）	施設に入所する人に，夜間や休日，入浴，排せつ，食事の介護等を行うもの
訓練等給付	自立訓練（機能訓練・生活訓練）	自立した日常生活又は社会生活ができるよう，一定期間，身体機能又は生活能力の向上のために必要な訓練を行うもの
	就労移行支援	一般企業等への就労を希望する人に，一定期間，就労に必要な知識及び能力の向上のために必要な訓練を行うもの
	就労継続支援（Ａ型・Ｂ型）	一般企業等での就労が困難な人に，働く場を提供するとともに，知識及び能力の向上のために必要な訓練を行うもの
	共同生活援助（グループホーム）	主として夜間において，共同生活を行う住居で相談，入浴，排せつ又は食事の介護その他の必要な日常生活上の援助を行うもの
	就労定着支援	一般企業等へ就労移行した人に，就労に伴う生活面の課題に対応するための支援を行うもの
	自立生活援助	一人暮らしに必要な理解力・生活力等を補うため，定期訪問や随時対応による日常生活における課題を把握し，必要な支援や生活環境の整備を行うもの

表Ⅷ-4　地域生活支援事業一覧（必須事業のみ）

平成 28(2016)年 3 月改正

市町村地域生活支援事業	都道府県地域生活支援事業
［1］理解促進研修・啓発事業 ［2］自発的活動支援事業 ［3］相談支援事業 　（1）基幹相談支援センター等機能強化事業 　（2）住宅入居等支援事業（居住サポート事業） ［4］成年後見制度利用支援事業 ［5］成年後見制度法人後見支援事業 ［6］意思疎通支援事業 ［7］日常生活用具給付等事業 ［8］手話奉仕員養成研修事業 ［9］移動支援事業 ［10］地域活動支援センター機能強化事業	［1］専門性の高い相談支援事業 　（1）発達障害者支援センター運営事業 　（2）高次脳機能障害およびその関連障害に対する支援普及事業 ［2］専門性の高い意思疎通支援を行う者の養成研修事業 　（1）手話通訳者・要約筆記者養成研修事業 　（2）盲ろう者向け通訳・介助員養成研修事業 ［3］専門性の高い意思疎通支援を行う者の派遣事業 　（1）手話通訳者・要約筆記者派遣事業 　（2）盲ろう者向け通訳・介助員派遣事業 ［4］意思疎通支援を行う者の派遣に係る市町村相互間の連絡調整事業 ［5］広域的な支援事業 　（1）都道府県相談支援体制整備事業 　（2）精神障害者地域生活支援広域調整等事業

出所：厚生労働統計協会『国民の福祉と介護の動向 2017/2018』2017 年，129 頁，一部改変。

域移行・地域定着支援の個別給付化が図られました。さらに，地域における相談支援の拠点として，市町村は基幹相談支援センターを設置できることとなりました。そして，地域支援体制づくりに重要な役割がある自立支援協議会が法律に規定されました。

① 計画相談支援（障害者総合支援法）
・サービス利用支援：支給決定時のサービス等利用計画・障害児支援利用計画の作成
・継続サービス利用支援：支給決定後の見直し
② 障害児相談支援（児童福祉法）
・障害児支援利用援助：支給決定時の障害児支援利用計画の作成
・継続障害児支援利用援助：支給決定後の見直し
③ 地域相談支援（障害者総合支援法）
・地域移行支援：地域移行支援計画の作成，住居の確保やその他の地域における生活に移行するための活動に関する相談や同行支援等の便宜を供与
・地域定着支援：常時の連絡体制を確保し，障害の特性に起因して生じた緊急の事態等に相談，緊急訪問，緊急対応等の便宜を供与

⑤ 障害福祉サービスの利用手続きと利用者負担

○相談・受付
障害福祉サービスを利用したい障害者は相談支援事業者に相談をします。利用したい障害福祉サービスを市町村に申請します（相談支援事業者の申請の代行も可能）。

○支給決定と総合的なサービスのケアマネジメント
市町村は，サービスの必要性を総合的に判定するため認定調査を行います。その結果をもとにコンピュータによる障害支援区分の一次判定が行われます。さらに，認定審査会は一次判定の結果と認定調査時の特記事項と医師の診断書をもとに二次判定を行い，**障害支援区分**[3]の認定が決定されます。就労移行，生活訓練，機能訓練の場合は，暫定支給決定が行われます。その後，障害支援区分や概況調査で把握された事項を勘案し，支給の要否が行われます。支給が決定した障害者に障害福祉サービス受給者証が交付されます。障害者本人は，指定事業者とサービスの利用の契約をし，サービス利用が実施されます（図Ⅷ-7）。

○利用者負担
福祉サービスの利用者負担は，2012年4月1日から負担能力に応じた利用者負担となることに決まりました。負担の上限月額は表Ⅷ-5のとおりです。

○障害に係る自立支援医療
従来の障害ごとに「更生医療」「育成医療」「精神通院医療」という公費負担

▷3　障害支援区分
障害特性や心身の状態に応じて必要とされる標準的な支援の度合いを表す6段階の区分のことである。

Ⅷ　社会福祉制度

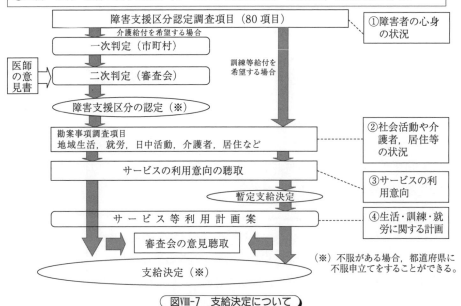

図Ⅷ-7　支給決定について

出所：図Ⅷ-6と同じ。

表Ⅷ-5　利用者負担の上限額と世帯の範囲

区　分	世帯の収入状況	負担上限月額
生活保護	生活保護受給世帯	0円
低所得	市町村民税非課税世帯	0円
一般1	市町村民税課税世帯（所得割16万円未満） ※入所施設利用者（20歳以上），グループホーム・ケアホーム利用者を除きます。	9,300円
一般2	上記以外	37,200円

●所得を判断する際の世帯の範囲は，次のとおり。

種　別	世帯の範囲
18歳以上の障害者 （施設に入所する18，19歳を除く）	障害のある方とその配偶者
障害児 （施設に入所する18，19歳を含む）	保護者の属する住民基本台帳での世帯

出所：図Ⅷ-6と同じ。

制度を再編し，「自立支援医療」に一元化されました。利用の手続きは，支給決定の実施主体は，更生医療と育成医療は市町村ですが，精神通院医療については都道府県です。自立支援医療費の支給認定を受けた人が指定自立支援医療機関の受診時に支給があります（図Ⅷ-8）。

地域共生社会の実現に向けた取組の推進として，介護保険と障害福祉の両方の制度に共生型サービスが位置づけられました。2018（平成30）年改正点は資料Ⅷ-1のようになっています。

（栄セツコ）

① 利用者負担が過大なものとならないよう，所得に応じて1月当たりの負担額を設定（これに満たない場合は1割）
② 費用が高額な治療を長期にわたり継続しなければならない（重度かつ継続）者，育成治療の中間所得層については，更に軽減処置を実施

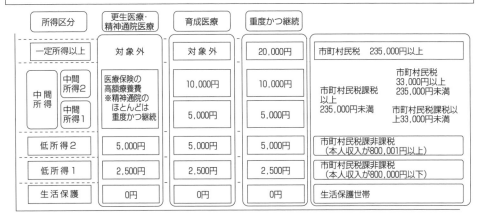

「重度かつ継続」の範囲
○ 疾病，症状等から対象となる者
　［更生・育成］腎臓機能・小腸機能・免疫機能・心臓機能障害（心臓移植の抗免疫療法に限る）・肝臓の機能障害（肝臓移植後の抗免疫療法に限る）の者
　［精神通院］① 統合失調症，躁うつ病・うつ病，てんかん，認知症等の脳機能障害，薬物関連障害（依存症等）の者
　　　　　　② 精神医療に一定以上の経験を有する医師が判断した者
○ 疾病等にかかわらず，高額な費用負担が継続することから対象となる者
　［更生・育成・精神通院］医療保険の多数該当の者

図Ⅷ-8　自立支援医療における利用者負担の基本的な枠組み

出所：表Ⅷ-3と同じ，126頁。

資料Ⅷ-1　障害者の日常生活及び社会生活を総合的に支援するための法律及び児童福祉法の一部を改正する法律（概要）

○趣旨
　障害者が自らの望む地域生活を営むことができるよう，「生活」と「就労」に対する支援の一層の充実や高齢障害者による介護保険サービスの円滑な利用を促進するための見直しを行うとともに，障害児支援ニーズの多様化にきめ細かく対応するための支援の拡充を図るほか，サービスの質の確保・向上を図るための環境整備等を行う。
○概要
1．障害者の望む地域生活の支援
　（1）施設入所支援や共同生活支援を利用していた者等を対象として，定期的な巡回訪問や随時の対応により，円滑な地域生活に向けた相談・助言等を行うサービスを新設する（自立生活援助）
　（2）就業に伴う生活面の課題に対応できるよう，事業所・家族との連絡調整等の支援を行うサービスを新設する（就労定着支援）
　（3）重度訪問介護について，医療機関への入院時も一定の支援を可能とする
　（4）65歳に至るまで相当の長期間にわたり障害福祉サービスを利用してきた低所得の高齢障害者が引き続き障害福祉サービスに相当する介護保険サービスを利用する場合に，障害者の所得の状況や障害の程度等の事情を勘案し，当該介護保険サービスの利用者負担を障害福祉制度により軽減（償還）できる仕組みを設ける
2．障害児支援のニーズの多様化へのきめ細かな対応
　（1）重度の障害等により外出が著しく困難な障害児に対し，居宅を訪問して発達支援を提供するサービスを新設する
　（2）保育所等の障害児に発達支援を提供する保育所等訪問支援について，乳児院・児童養護施設の障害児に対象を拡大する
　（3）医療的ケアを要する障害児が適切な支援を受けられるよう，自治体において保健・医療・福祉等の連携促進に努めるものとする
　（4）障害児のサービスに係る提供体制の計画的な構築を推進するため，自治体において障害児福祉計画を策定するものとする
3．サービスの質の確保・向上に向けた環境整備
　（1）補装具費について，成長に伴い短期間で取り替える必要のある障害児の場合等に貸与の活用も可能とする
　（2）都道府県がサービス事業所の事業内容等の情報を公表する制度を設けるとともに，自治体の事務の効率化を図るため，所要の規定を整備する
○施行期日
　平成30年4月1日（2．（3）については公布の日）

VIII 社会福祉制度

 成年後見制度と日常生活自立支援事業

 制度が必要とされる背景

2000年以降，高齢者介護サービスや障害福祉サービスの利用が措置制度から契約に基づく制度へと移行しました。その結果，福祉サービスの利用者は自らの判断でサービスを選択することが可能となりました。選択するためには情報を手に入れ，そこから自分に合ったものを判断し，決定する力が要求されます。また，契約内容の理解や契約に関わる事務手続きを行わなくてはなりません。しかしながら，認知症高齢者や知的障害者などの福祉サービスの利用者にはそのような行為が難しい人も存在します。また，そういった人々が地域生活を営む場合，日常生活上の金銭管理等に対しても支援が必要な場合があります。成年後見制度と日常生活自立支援事業は，どちらも支援を必要とする人々が福祉サービスの利用や地域生活を安心して行えるために生まれた制度です。

2 成年後見制度

成年後見制度は，民法に規定される制度で，認知症高齢者や知的障害者，精神障害者等の判断能力が不十分な成年者を保護するための制度です。財産管理や福祉施設への入退所に関する契約などの支援を行うことを目的としています。

1999年に民法が改正され，成年後見制度は誕生しました。この制度は，従来の「**禁治産・準禁治産制度**」を改め，自己決定の尊重，残存能力の活用，ノーマライゼーション等の理念と本人の保護の理念との調和を目的に，柔軟で活用しやすい制度になるよう構築されました。

成年後見制度には，法定後見制度と任意後見制度の2種類があります。法定後見制度は，本人の判断能力に応じて後見，保佐，補助の3つの類型があり，支援や保護の内容も類型によって異なり，残存能力を活用できる仕組みとなっています。本人の意志能力が減退・喪失した後，本人や親族などが家庭裁判所に申し立てを行い，裁判所が支援を行う後見人（補佐人，補助人）を選任します。後見人（補佐人，補助人）には，親族のほか，弁護士や社会福祉士といった専門職や福祉関係の法人などが選ばれる場合もあります。一方，任意後見制度では，本人が十分な判断能力があるうちに判断能力が低下した場合に備えて具体的な支援内容と後見人を事前に自分で決めておくことができます。契約内容が決まったら，後見人となる人と公正証書による任意後見契約を結ぶ必要が

▶ 禁治産・準禁治産制度
裁判所から心身喪失の状況等であると判断された者を保護するため，自らの財産の管理や処理を制限する制度。1999年に改正されるまで，民法に規定されていた。①心身状態の判定が難しい上，軽い症状には対応できない，②手続きに多くの時間と費用がかかる，③後見人が本人の権利を全面的に奪って保護をする形になる，④戸籍に記載される，⑤人権擁護ではなく取引の安全と家産の維持が目的である，などの問題点があった。

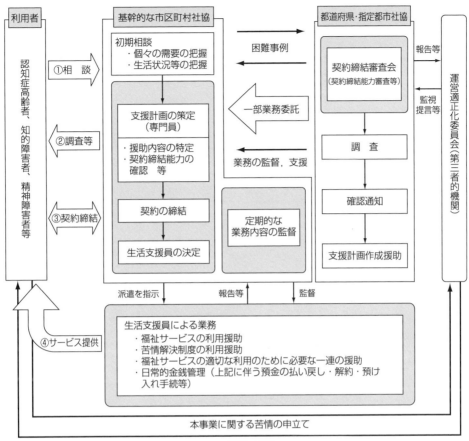

図Ⅷ-9 日常生活自立支援事業の流れ

出所：これからの地域福祉のあり方に関する研究会における厚生労働省社会・援護局地域福祉課資料，2007年11月を一部改変。

あります。

3 日常生活自立支援事業

　日常生活自立支援事業は（図Ⅷ-9），認知症高齢者，知的障害者，精神障害者などのうち，判断能力が不十分ではあるもののこの事業の契約内容について判断できる能力がある人に対して，福祉サービスの利用援助を行うことによって，地域での自立した生活を営めるように支援を行うことを目的としています。

　実施主体は都道府県・指定都市社会福祉協議会ですが，事業の一部を市区町村社会福祉協議会等（基幹的社協等）に委託できるとされています。実施主体は，利用者との間に援助内容や実施頻度等の具体的な支援を決める「支援計画」を策定し，契約を結んで支援を行います。具体的な援助としては，利用者との契約にもとづいて，福祉サービスの利用援助や苦情解決制度の利用援助，預貯金の預け入れや払い戻しなどの日常的な金銭管理があげられます。なお，これらの支援を受けた場合は利用料が必要です。

（松本しのぶ）

Ⅷ 社会福祉制度

社会福祉改革の展望と課題

戦後社会福祉の特徴と問題点

戦後の社会福祉の特徴は，大きく以下の5点に集約することができます。

第1は，社会福祉サービスの管理や供給を公的制度を中心に，かつ中央集権的に展開してきたことです。その結果，サービス事業者が，制度依存型の事業展開を志向することとなり，一部に硬直化を招くことになりました。社会福祉改革では，このような制度依存型の体質の見直しが図られています。

第2は，措置制度によって，サービスの提供を行ってきたことです。措置制度は，限られた資源の有効活用，利用者間の不公平感の解消，必要な人に適切にサービスを届けるなどの点では有効な制度でした。一方で，利用者の意向が反映しにくい制度であり，利用契約制度への移行が図られています。

第3は，サービス供給システムが，主として家族を単位として取り扱い，個人を単位として扱ってこなかったということです。たとえば，高齢者介護の場面で，高齢者本人と家族介護者との意向がずれた場合，最終的には介護者の方の意向が反映されがちであったことなどはその代表的な例です。これもまた改革の対象となり，利用者本人の意向を反映する仕組みの構築が図られています。

第4は，サービスの展開の場が，施設中心であったことです。施設中心の社会福祉サービスについては，社会福祉関係八法の改正において，在宅福祉サービスの法定化が行われ，その後も在宅福祉サービスの拡充が続けられています。

第5は，社会福祉制度構築にあたって，専門家の視点が弱かったことです。ソーシャルワークという社会福祉の専門援助技術は，戦前からすでに存在していましたが，政策の立案過程の中心にソーシャルワーカーや社会福祉実践家が位置づけられることはまれでした。社会福祉改革では，専門家の養成や資格化，政策立案過程へのソーシャルワーカーの参画も試みられています。

2 社会福祉改革の内容

社会福祉改革は，非常に多岐にわたる改革です。今後の福祉サービスの理念に関わるものを中心に，大きく5点を取り上げ簡単に紹介します。

第1は，サービス提供者とサービス利用者の対等な関係を実現する制度の構築です。具体的には，措置制度の廃止による，保育所や母子生活支援施設などにおける選択利用制度の導入，高齢者福祉分野における介護保険制度，障害者

▷ 1 ⇒Ⅲ-6 を参照。

福祉分野における障害者総合支援制度の導入です。これにより，措置制度が継続する分野は，児童福祉サービスのうち児童相談所が措置機関となっている施設，生活保護施設，高齢者福祉施設のうち養護老人ホーム，など少数となりました。

　第2は，利用者の選択に資するとともに住民の知る権利を保障する情報提供・情報公開制度の導入です。保育所については児童福祉法で独自の情報提供制度を，社会福祉法ではすべての社会福祉事業経営者に情報提供の努力義務を課しています。

　第3は，多様な権利擁護・権利保障制度の実現です。これには，大きく2つの内容が含まれます。第1は，サービス利用決定時に関わるものです。具体的には，**日常生活自立支援事業**▷2（福祉サービス利用援助事業），**成年後見制度**▷3，ケアマネジャー（介護支援専門員）制度などです。第2は，サービス利用中に関わるものです。苦情解決担当者や苦情解決責任者，職員以外のシステムとして**第三者委員制度**▷4，さらに事業所外のシステムとして，**運営適正化委員会**▷5や，介護保険制度内での介護保険審査会などがこれにあたります。

　第4は，サービスの質の向上です。福祉サービスの質については，建物や生活空間などのハード面だけでなく，サービスの担い手である職員の資質，利用者の意見を反映するシステム，苦情解決の仕組み等も大きな意味をもっています。社会福祉改革では，第三者評価制度が推進されています。

　第5は，地域福祉の推進です。社会福祉法の目的に，地域福祉の推進が掲げられました。これを受け，社会福祉法では，市町村には地域福祉計画，都道府県にはこれを支援する地域福祉支援計画の策定を規定しています。

③ 今後の社会福祉への期待

　行政，社会福祉施設，在宅福祉サービス事業者など，社会福祉関係者に当面求められる課題は，前項で示した社会福祉改革の方向ですが，これをさらに有効にするための課題として5点を提示しておきます。

(1)自助，共助，公助の新しい関係を前提とした，新たな社会的ケアの思想の普及

(2)住民および利用者の主体性の高揚と，そのためのエンパワメントや**ストレングス視点**▷6にもとづくアプローチの強化

(3)総合的なソーシャルアドミニストレーションの推進

(4)利用者の生活を基盤にした社会福祉専門職の専門性と信頼性の確保

(5)真の住民主体論に立脚した新たな地域福祉論の構築

　少子高齢社会の一層の進展が予想されるなかで，社会福祉サービスの重要性が高まっていくと考えられます。住民と社会福祉制度と社会福祉専門職の三者の自立的協働関係がますます重要になってくるでしょう。　　　　　　（山縣文治）

▷2　日常生活自立支援事業
⇒Ⅷ-9 を参照。

▷3　成年後見制度
民法第843条に基づく制度で，精神上の障害などにより判断能力が不十分な人を対象にした権利擁護制度。後見，保佐，補助の3類型がある。

▷4　第三者委員制度
サービス提供者（第一者）でもなく利用者（第二者）でもない人（第三者）が，サービスの利用者や地域住民から，サービスに関する苦情や疑問等を聞き，調整する制度。

▷5　運営適正化委員会
社会福祉法第83条に規定される委員会。福祉サービス利用援助事業の適正な運営を確保するとともに，福祉サービスに関する利用者等からの苦情を適切に解決するため，都道府県社会福祉協議会におかれる。

▷6　ストレングス視点
対等な援助関係にもとづき，利用者等が自らのストーリーを創り出すことで利用者に変化を促し，エンパワメントに導いていくというもの。

IX 労働保険制度

 労働保険の成立と展開

 雇用保険の成立と展開

　雇用保険，労災保険をまとめて労働保険と呼びます。雇用保険は，失業などによって収入が減った人の生活を安定させ，同時に失業そのものを予防していくための制度です。

　日本で，保険の仕組みにより失業者への所得保障を行った最初の法律は，1947年の失業保険法です。戦後直後の経済的混乱のなか，多数の失業者が予想され，これに対処するために創設されました。

　創設当初の失業保険は，法律によって指定された業種で常時5人以上の従業員を雇用する事業所を対象とし，離職の日以前1年間における6か月以上の保険料納付を条件に，それまで得ていた賃金の6割を標準として180日間給付するものでした（1949年の改正で，日雇労働者の加入も制度化されました）。1950年代，60年代を通して，炭鉱業の人員整理による離職者の増大，高度経済成長期の人手不足に対応した労働力移転促進など経済情勢・雇用情勢の変化，あるいは受給者間の給付の不平等といった課題に直面しながら，失業保険は適用対象を拡大させ，必要度の高い人に給付日数を延長するなど，その制度の充実を図っていきました。

　この失業保険法を土台にしてできたのが1974年の雇用保険法です。この法律で，原則として，すべての産業の，すべての規模の事業所を保険の適用とすること，失業給付の日数に年齢別の段階制を設け再就職の難しい高年齢の人ほど給付日数を増やす仕組みにすることなどが定められました。しかし，それ以上に重要なのは，新しい雇用保険制度では，これまでの事後的な保険給付だけではなく，それに加えて失業の予防機能，雇用構造の改善，労働者の能力開発・福祉の増進といった事前的・予防的な内容が付け加えられたことです。「雇用安定事業」「能力開発事業」「雇用福祉事業」の「三事業」の創設です。

　1980年代以降の制度改正は雇用形態の変化，少子高齢化に対応したものといってよいでしょう。特に90年代には景気低迷による雇用情勢悪化という背景もあります。1994年には雇用継続給付の創設（高年齢雇用継続給付，育児休業給付），1998年にはさらなる雇用継続給付（介護休業給付），教育訓練給付が創設されました。2000年にはいわゆる「リストラ」等による中高年離職者へ給付日数を拡大する改正も行われています。また，2007年の改正では，行財政改革の

一環として，従来の「三事業」のうち「雇用福祉事業」が廃止され，「二事業」へと整理統合が行われました。

2 労災保険（労働者災害補償保険）の成立と展開

労災保険は，正式には労働者災害補償保険といい，業務災害（仕事による病気・ケガ・障害・死亡）を負った人に対して，医療サービスや現金を給付する制度です。

戦前，労働者の業務災害補償については，1905年の鉱業法，1911年の工場法，1931年の労働者災害扶助法などによって事業主の災害補償責任が徐々に確立されていき，そのための公的保険として，1922年の健康保険法，1931年の労働者災害扶助責任保険法などが制定されていました。

しかし，これら戦前の労働災害補償制度は，それぞれが断片的で，適用の対象となる労働者の範囲，給付内容も十分とはいえないものでした。戦後1947年，労働基準法と同時に，健康保険法・労働者災害扶助責任保険法・厚生年金保険法などのさまざまな扶助を統合してできたのが労働者災害補償保険法です。療養補償，休業補償，障害補償などを給付する現在の労災保険制度の骨格ができました。

雇用保険（失業保険）と同じく60年・70年代を通して，労災保険もその適用対象，給付内容を充実させていきます。当初の補償内容は一時金が中心でしたが，1960年と65年の改正で補償の長期化・年金化が行われます。そして，1973年改正では通勤途上の災害が補償の対象となりました。それまでは業務上のケガなどしか補償の対象とならなかったのですが，これ以降，通勤途中のケガも業務上とほぼ同じ補償を受けることができるようになったのです。1976年には，労働福祉事業も創設されています。従来から保険施設として労災病院などの施設が規定されていましたが，それらを大幅に拡充して，被災労働者の社会復帰・援護，労働環境整備のためのさまざまな施設やサービス，特別支給金や資金貸し付けなどが設けられました。

90年代に入ってからは，介護の社会化，職場での精神的負荷，過労死といった社会問題への対応が目立つようになりました。1995年改正では介護補償給付が新設され，1999年9月に「心理的負荷による精神障害等に係る業務上外の判断指針について」が策定され，仕事による精神障害を抱えた場合の労災認定の判断基準が示されました。2000年改正では，二次健康診断等給付が新設され，通常の健康診断（労働安全衛生法により事業主が行う一次健康診断）で脳・心臓に異常が発見された労働者に再診断・保健指導を行う制度ができています。2007年，労働福祉事業は**社会復帰促進等事業**へと改められ，事業内容の整理統合が行われました。

（狭間直樹）

▷ **社会復帰促進等事業**
労災保険の保険料をもとに，被災した労働者の社会復帰，職場の事故防止などを目的として行われる事業。労災病院などの施設の運営，被災労働者やその家族のための資金支給（特別支給金や労災修学等援護費など），労災防止対策の実施などが行われている。

（参考文献）
横山和彦・田多英範編著『日本社会保障の歴史』学文社，2003年。

IX　労働保険制度

 雇用保険の概要

 雇用保険とは

　雇用保険の役割は，労働者が失業したり，仕事の継続が難しくなった場合に必要な給付を行って，労働者の生活を安定させ，再就職や同じ職場での仕事の継続を支援することです。雇用保険では，失業などのリスクに備え，会社とそこに雇われている人から事前に保険料を集め，万一それらの人が失業などのリスクに直面した場合には，集めた保険料を元にして現金を給付しています（「失業等給付」と呼ばれます）。また雇用の状態を改善させたり，労働者の職業能力を増大させることで，結果として失業を予防し減少させる役割もあります。この目的でさまざまな事業が行われています（「二事業」と呼ばれます。IX-4を参照）。

2　保険者・被保険者，保険料

　雇用保険は日本国政府が管掌しています。国の組織である厚生労働省が制度を運営していて，その地方部局である都道府県労働局，公共職業安定所（ハローワーク）が保険料徴収や給付の手続きを行っています。

　農林漁業などの小規模事業者を除けば，原則として，労働者が一人でも雇用される事業は雇用保険の適用対象となります。ただし，公務員は他の法律などによって離職中の生活保障が用意されているため原則として対象としていません。適用となる事業所で働く人は年齢や就労状態などに関する条件を満たせば被保険者となり保険に加入することになります。被保険者は，①一般被保険者，②高年齢被保険者，③短期雇用特例被保険者，④日雇労働被保険者の4つに分類されます（図IX-1）。

　一般の事業では，2018年度の保険料は，その事業所の賃金総額の0.9％です。このうち0.6％は「失業等給付」にあてられ，事業所と労働者本人が半分ずつ払います。残り0.3％は「二事業」にあてられ，全額事業主負担となります。

3　保険給付（失業等給付）

　失業などの問題に直面したとき，「失業等給付」を受けることができます。「失業等給付」には図IX-2のように，さまざまな種類の給付があります。

　求職者給付は，労働者が失業したときに支給されます。被保険者により4つ

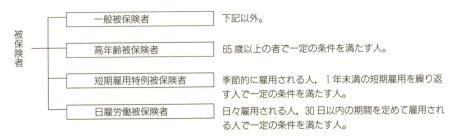

図IX-1　雇用保険の被保険者

出所：田中章二監修，五十嵐芳樹著『社会保険・労働保険の事務手続』清文社，2002年，411頁を参考にして筆者作成。

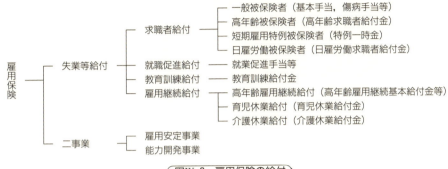

図IX-2　雇用保険の給付

出所：広井良典・山崎泰彦編著『MINERVA社会福祉士養成テキストブック⑲社会保障』ミネルヴァ書房，2009年，173頁を一部改変。

に分類されますが，一般被保険者に対する求職者給付の基本手当の場合，失業前の1日当たりの賃金の4.5割から8割を，決まった日数（所定給付日数）分だけもらえます。所定給付日数は，保険への加入期間や年齢などによって，90〜360日まで変わります。2000年の改正で，倒産・解雇などで離職した者については，所定給付日数が拡大されました（特定受給者資格）。

　就職促進給付は，失業した労働者が再就職した時に，その支援を目的として支給されます。

　教育訓練給付は，厚生労働大臣指定の教育訓練（専門学校や語学学校で指定を受けた講座）を修了した人に支給されます。

　雇用継続給付はさらに細かく3つに分けられます。60歳定年を迎えた後，引き続き継続雇用される場合，賃金は下がるケースが大半です。この減額分を部分的に援助するのが高年齢雇用継続給付です。60歳から65歳になるまでの間で支給されます。育児休業給付は，育児休業した場合の賃金の減額分を援助する仕組みで，休業前賃金の67％（育児休業開始から180日目まで。181日目からは50％）を援助しています。介護休業給付は，常時介護を必要とする家族を介護するために休業した場合に支給されます。対象になる家族1人につき通算93日まで，休業以前の賃金の67％を支給します。

（狭間直樹）

IX 労働保険制度

労災保険の概要

1 労災保険（労働者災害補償保険）とは

　労災保険は，業務災害・通勤災害（業務上・通勤上の負傷・病気・障害・死亡）を被った労働者やその遺族のために必要な保険給付を行うことを目的とした制度です。給付の内容は医療保障・所得保障の両方の内容を含んでおり，労災保険は労働災害に専門特化した医療保険・年金保険といえます。**無過失責任の原則**▷1に立ち，事業者が労働者へ災害補償責任を果たすことを確かなものにするための仕組みです。

> ▷1　無過失責任の原則
> 労働者の業務上の負傷などについて，たとえ使用者の側に故意・過失がなかったとしても，使用者は責任を負わなければならないという原則。

2 保険者・被保険者，保険料

　労災保険を運営している保険者は日本国政府です。国の組織である厚生労働省が制度を運営していて，その地方部局である都道府県労働局，労働基準監督署が保険料徴収や給付の手続きを行っています。

　労災保険には法律上は被保険者という考えがありません。原則として一人でも労働者を雇用する全事業が適用対象（農林水産業の一部は任意加入。公務員は適用除外）となり，そこで働く人が給付の対象となります。

　保険料は事業主が全額負担し，労働者本人に負担はありません。保険料は支払った賃金総額に保険料率を掛けて決定されます。労災保険の保険料率は過去3年間の業務災害・通勤災害の災害率などを考慮して，事業の種類ごとに定められています。0.25％から8.8％まで事業の種類によって大きく異なります（2017年度）。

3 保険給付

　業務災害・通勤災害に遭った場合に，保険給付の対象となります。業務災害は，業務遂行性（労働者が使用者の支配下にあること）と業務起因性（業務上の出来事が原因でケガなどが生じたという因果関係）という2つの基準で判断されます。所定の就業時間内・就業場所で，仕事中に転倒して負傷した場合は業務災害に認定される可能性が高くなりますが，休憩時間中に社外に昼食に出て転んで負傷した場合は業務災害に認定されない可能性が高くなります。

　また，通勤災害の場合は，労働者が就業に関し，合理的な経路および方法により移動していた時に被った災害であるかどうかが基準となります。著しい遠

IX-3 労災保険の概要

表IX-1 労災保険給付（2017年度）

	状況	種類	給付を受けられる条件	給付の内容
負傷・疾病／治療前	病気・ケガをした	療養補償給付（療養給付）	療養の給付 労災病院か労災指定病院などで治療等を受けた場合。	診察・治療・手術などを無料で受ける（通勤災害は初診時200円の自己負担あり）。
			療養の費用の支給 やむをえない理由で上記以外の病院にかかった場合。	病院へは自費で治療費を払い，後日払い戻しを受ける。
	欠勤しなければならない	休業補償給付（休業給付）	療養のため仕事を休み，賃金を受け取れない日が4日以上続く場合。	休業4日目から，給付基礎日額の6割が支給される。
	長期療養しなければならない	傷病補償年金（傷病年金）	療養開始後1年6か月たっても治らず，その程度が傷病等級の1級から3級に該当する場合。	傷病等級に応じて給付基礎日額の313日分〜245日分を支給する。
障害／治療後	障害が残った	障害補償給付（障害給付）	病気やケガが治ったあと，身体に障害が残り，その程度が障害等級の1〜14級に該当する。 1級〜7級なら年金 8級〜14級なら一時金	・1級〜7級の年金 　給付基礎日額の313〜131日分を支給する。 ・8級〜14級の一時金 　給付基礎日額の503〜56日分を支給する。
要介護／治療前・治療後	介護を必要とする	介護補償給付（介護給付）	障害補償給付または傷病補償給付の年金の1級または2級（の一部）を受けていて，常時・随時の介護を受けている場合。 ただし，病院・診療所・特別養護老人ホームなどに入院・入所している場合は除く。	・介護にかかった実費を月額支給。 　上限　常時介護→105,130円 　　　　随時介護→ 52,570円 ・親族等の介護を受けて次の金額を下回る場合は， 　　　常時介護→57,110円 　　　随時介護→28,560円 この金額を支給する。
死亡	死亡した	遺族補償給付（遺族給付）	死亡した人の配偶者・子・父・母・孫・兄弟姉妹でその人の収入によって生計を支えられていた人で一定の条件により年金，一時金のどちらかを支給。	・年金は遺族の数に応じて数が決まる。遺族一人で給付基礎日額の153日分。 ・一時金は1,000日分。
	葬祭を行った	葬祭料（葬祭給付）	遺族であるかないかにかかわらず葬祭を行う人。	基本額315,000円に給付基礎日額の30日分を加えた額。または給付基礎日額の60日分。いずれか高い方を支給。

注：（　）内は通勤災害への給付の名称。社会復帰促進等事業による特別支給金は省略した。

出所：社会・労働保険実務研究会『社会保険・労働保険の事務百科』清文社，2011年，316〜348頁を参考に筆者作成。

回りや日常生活に不必要な寄り道などをすると通勤災害と認められない可能性が高くなります。どの場合に労災と認定されるかは一概にいえず，最終的な判断は労働基準監督署長の判断に委ねられている部分が多いのです。

　保険給付の内容は表IX-1のようになり，業務災害・通勤災害ともにほぼ同じ給付内容です。負傷・疾病が治癒する前，治癒後に障害として残った場合，さらには死亡した場合というように時間の経過とともに給付の内容が変わっています。現金給付の算定には，**給付基礎日額**という基準が用いられます。給付水準は通常の医療保険・年金保険より手厚くなっており，労災に認定されるかどうかによって当事者に大きな差が出ることになります。　　　　　　（狭間直樹）

▷2　給付基礎日額
災害に遭った日以前の3か月間に支払われた賃金の総額を，その間の総日数で割ったもの。

173

IX 労働保険制度

 雇用安定事業

二事業

　雇用保険の役割は，失業などによる所得の低下を防ぐことだけに限りません。雇用保険の保険料を財源にしてさまざまな事業を行い，雇用の状態を改善させたり，労働者の職業能力を増大させることで，結果として失業を予防して，より積極的に労働状況の改善を目指すことも，雇用保険の役割の一つです。

　これらさまざまな事業は，「雇用安定事業」「能力開発事業」の2つに大きく分類され，「二事業」とよばれています。一般の事業では，2018年度の雇用保険保険料はその事業所の賃金総額の0.9％ですが，このうち，0.3％は全額事業主負担となり「二事業」の財源にあてられます。

2 雇用安定事業

　雇用安定事業は，現在の雇用を維持・増大させるために，そのような努力を行う事業主に金銭的な助成を中心に支援を行うものです。

　これらの事業はさまざまな助成金や給付金に分類することができます（表IX-2はその主なものです）。大きく分類すると，これらは次のようになります。

(1)仕事が減り事業を縮小する場合でも，社員を解雇するのではなく，休業や出向などで対応する事業主への助成。
(2)やむをえず離職する場合でも，その再就職に努める事業主への助成。
(3)高齢者の雇用促進のための定年延長，障害者の雇用に取り組む事業主への助成。
(4)雇用機会の少ない地域での雇用創出に努める事業主への助成。
(5)労働者の育児・介護支援を行う事業主への助成。

　都道府県労働局・公共職業安定所，**独立行政法人高齢・障害・求職者雇用支援機構**など，助成金によって担当する機関もさまざまです。

能力開発事業

　能力開発事業は，労働者の職業能力の向上を目指しています。表IX-3のように，職業能力開発を行う事業主への助成金の給付，各種施設の運営，講習の実施などがその内容です。

（狭間直樹）

▶ **独立行政法人高齢・障害・求職者雇用支援機構**
高年齢者，障害者，求職者，その他労働者の職業の安定を図ることを目的とする。障害者雇用納付金関係の業務，職業能力開発大学校の運営などを行っている。旧雇用・能力開発機構から業務の一部が移管されている。

IX- 4　雇用安定事業

表IX-2　雇用安定事業の代表的な助成

雇用調整助成金 　景気の変動，産業構造の変化などの経済上の理由により事業活動の縮小を余儀なくされた場合に，休業，教育訓練，または出向によって，その雇用する労働者の雇用の維持を図る事業主に対して助成する。労働者の失業の予防や雇用の安定を図ることを目的とする。
労働移動支援助成金 　離職を余儀なくされる労働者に対して，求職活動をするための休暇，その他の再就職の促進に役立つと認められる措置を講ずる事業主に対して助成される。
65 歳超雇用推進助成金 　生涯現役社会を実現するため，65 歳以上への定年引上げや高年齢の雇用環境の整備，高年齢の有期契約労働者の無期雇用への転換を行う事業主に対して助成する。
特定求職者雇用開発助成金 　高年齢者や障害者などの就職が特に困難な者を，ハローワークまたは民間の職業紹介事業者等の紹介により，継続して雇用する労働者として雇い入れる事業主に対して助成する。
トライアル雇用助成金 　職業経験，技能，知識の不足等から安定的な就職が困難な求職者について，ハローワークまたは民間の職業紹介事業者等の紹介により，一定期間試行雇用した場合に助成される。それらの求職者の適性や業務遂行可能性を見極め，求職者および求人者の相互理解を促進すること等を通じて，その早期就職の実現や雇用機会の創出を図ることを目的とする。
地域雇用開発助成金 　雇用機会が特に不足している地域等において，事業所の設置・整備や創業を行うことに伴い，その地域に居住する求職者等を雇い入れた場合に助成する。その地域における雇用構造の改善を図ることを目的とする。
通年雇用助成金 　北海道，東北地方等の積雪または寒冷の度が特に高い地域において，冬期間に離職を余儀なくされる季節労働者を通年雇用した事業主に対して助成する。季節労働者の通年雇用化を促進することを目的とする。
両立支援等助成金 　労働者の職業生活と家庭生活を両立させるための制度の導入や事業内保育施設の設置・運営，女性の活躍推進のための取組を行う事業主等に対して助成する。仕事と家庭の両立支援，女性の活躍推進のための事業主の取組の促進を目的とする。

出所：厚生労働省『平成 29 年度雇用関係助成金のご案内～雇用の安定のために～』2017 年，より筆者作成。

表IX-3　能力開発事業の代表的な助成

広域団体認定訓練助成金，認定訓練助成事業費補助金，人材開発支援助成金 　職業訓練を実施する事業主などに支給される。
公共職業能力開発施設・職業能力開発総合大学校の設置運営 　職業能力開発校，職業能力開発大学校，職業能力開発促進センター，職業能力開発総合大学校の設置運営等。
その他 　職業講習や技能検定の実施に対する助成。

出所：社会・労働保険実務研究会『社会保険・労働保険の事務百科』清文社，2011 年，416～417 頁を参考に加筆して筆者作成。

IX 労働保険制度

労働保険改革の展望と課題

 雇用保険改革の課題

雇用保険には次のような課題があるといえます。

○保険財政の健全化

雇用保険の給付は経済情勢に大きな影響を受けます。求職者給付（一般被保険者）の受給者は2001年度に111万人（年度平均）に達し過去最高となりました。その後，減少傾向にありましたが，景気後退の影響を受けて2009年度には85.5万人（年度平均）となり，再び高い水準を記録しました。保険料と国庫負担のバランスを考慮した財政運営が求められます。

○保険給付の見直し

雇用保険においても保険給付の内容を検討することは大きな課題です。たしかに，給付が手厚すぎると，失業しても，あえて再就職しないという人が増えてしまうかもしれません。一部では，再就職時の賃金より，基本手当の方が高いといった逆転現象が発生し，早期就職につながらないといった問題が指摘されたこともあります。しかし，一方でよりニーズの高い人に手厚い給付を求める意見もあります。いわゆる「リストラ」などの自発的でない離職者への給付日数拡大なども引き続き検討していく必要があります。介護休業給付や育児休業給付は重要性が認められながらも，その給付額が十分でないことが指摘されており，内容と財源についての議論が必要です。また，就業形態の多様化への対応を求める意見も強くなっています。パートタイム労働者，派遣労働者，雇用期間が定まった契約社員など多様な形態で就業する人が増えるなかで，保険が適用されていない人も多いのが現状です。そういった人々への適用範囲の拡大と給付の内容も検討されるべきでしょう。

○二事業各種助成金の見直し

二事業にはさまざまな助成金がありますが，複雑な制度（種類の多さや給付条件）やその効果を疑問視する意見もありました。2007年に種類の整理統合など大幅な見直しが行われましたが，引き続き検討すべき課題も多いといえます。

労災保険改革の課題

わが国の労災死傷病者数（死亡および休業4日以上）は，1973年には38万7,342人でしたが，2009年には10万5,718人となっており，長期的には労働災害

▶ 八代尚宏「雇用保険制度の再検討」猪木武徳・大竹文雄編『雇用政策の経済分析』東京大学出版会，2001年，238頁。

IX-5　労働保険改革の展望と課題

表IX-4　「過労死」等および精神障害等の労災補償状況

		2012 年度	2013 年度	2014 年度	2015 年度	2016 年度	2017 年度
脳・心臓疾患	請求件数	842(94)	784(81)	763(92)	795(83)	825(91)	840(120)
	支給決定件数	338(15)	306(8)	277(15)	251(11)	260(12)	664(95)
精神障害	請求件数	1,257(482)	1,409(532)	1,456(551)	1,515(574)	1,586(627)	1,732(689)
	支給決定件数	475(127)	436(147)	497(150)	472(146)	498(168)	1,545(605)

注：1．脳・心臓疾患とは，業務により脳・心臓疾患（負傷に起因するものを除く。）を発症した事案（死亡
　　　を含む。）をいう。
　　2．精神障害とは，業務により精神障害を発病した事案（自殺を含む。）をいう。
　　3．請求件数は当該年度に請求されたものの合計であるが，支給決定件数は当該年度に「業務上」と認定
　　　した件数であり，当該年度以前に請求されたものも含む。
　　4．（　）内は女性の件数で内数である。
出所：厚生労働省『平成30年版　厚生労働白書』2019年，240頁。

は減少する傾向にあります。

　しかし，近年になって，過労・心理的ストレスによる労働災害への対応が課題として指摘されるようになっています。不安定な雇用，長時間労働や能力主義など仕事によるストレスが原因で脳・心臓疾患を抱え死亡したり，精神障害を発症する人も多くなっています。労災補償を請求するケースも増加しており，適切な対応が求められています。

　厚生労働省は，1999年の「心理的負荷による精神障害等に係る業務上外の判断指針について」，2001年の「脳血管疾患及び虚血性心疾患等（負傷に起因するものを除く。）の認定基準について」などによって，労災認定の判断基準を示してきました。

　脳・心臓疾患の認定基準についてみてみましょう。対象となる脳血管疾患は脳内出血，くも膜下出血，脳梗塞などで，心臓疾患は心筋梗塞，狭心症などです。これらの疾病が業務による明らかな過重負荷によって発症したことが認定要件になります。発症直前に業務に関連して著しい精神的・身体的ストレスを引き起こす事態に直面したこと，短期間もしくは長期間において著しい長時間労働，不規則勤務，過酷な作業環境（温度・騒音・時差等）における労働があったこと，などと疾病の関連が評価されます。今後も，こうした認定基準の妥当性を検討する必要があるでしょう。

　認定基準の明確化とともに，これら仕事が原因の過労，心理的ストレスによる死亡などの予防も欠かせません。2001年4月から二次健康診断等給付の実施が開始されました。労働安全衛生法にもとづく定期健康診断などにおいて，異常の所見があると診断された場合に，必要な検査や保健指導が行われます。

　この他，いわゆる「労災隠し」（労災保険料の値上げや会社の信用低下をおそれて事業主が労災事故を労働基準監督署に報告しないこと）への対応など，労災保険にはさまざまな課題があります。

（狭間直樹）

177

X　民間保険制度

 民間保険の概要

民間保険とは

　民間保険とは，日常生活を脅かすさまざまなリスクに対して，生命保険会社，損害保険会社，生活協同組合，労働者共済協同組合，農業協同組合等が提供する各種保険商品の総称のことをいいます。現在，非常にたくさんの種類の保険商品が販売されていますが，一般に，民間保険は生命保険と損害保険に大別されます（図X-1）。このような保険業は，「内閣総理大臣の免許を受けた者でなければ，行うことができない」（保険業法第3条）とされています。生命保険は生命保険業免許を受けた生命保険会社が，損害保険は損害保険業免許を受けた損害保険会社が，それぞれ取り扱うこととされ，原則として**生損保兼営は禁止**されています。

　近年，生命保険と損害保険の両方の性格を帯びた，いわゆる「第三分野保険」も台頭してきていますが，これについては，生命保険会社と損害保険会社のいずれでも取り扱うことができるとされています。

▷1　生損保兼営の禁止
保険業法では，生命保険業免許と損害保険業免許とは，同一の者が受けることはできないとしている。しかし，保険自由化の流れのなかで子会社等を通じた生損保相互参入が可能になり，また第三分野保険の取り扱いについてもいずれの保険会社にも認めたことなどから，一部では事実上生損保兼営が実現している。

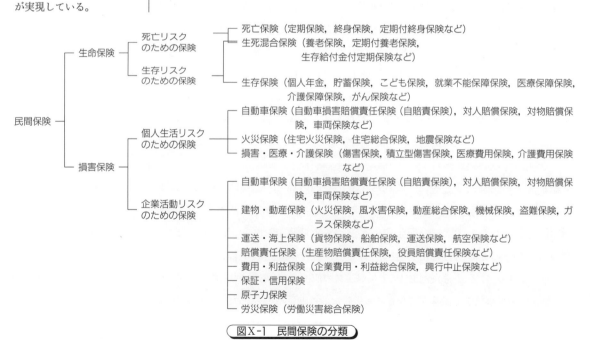

図X-1　民間保険の分類

出所：『社会福祉学習双書』編集委員会編『社会福祉学習双書2016（第6巻）社会保障論』全国社会福祉協議会，2016年，103頁。

178

2 生命保険

○生命保険の分類

　生命保険とは，民間保険のうち，人の生存または死亡に関して一定金額の保険金を給付することにより生活を保障する保険商品のことをいいます。

　生命保険の種類は非常に多くあり，個人向け生命保険だけでも300以上あるといわれていますが，一般的に①死亡保険，②生存保険，③生死混合保険，の3つに分類されています（図X-1）。

　死亡保険は，死亡リスクのための保険で，被保険者が死亡した場合に保険金が給付されるものです。死亡保険には，保険期間（保障期間）を定めた「定期保険」，保険期間を定めず一生涯保険期間が続く「終身保険」があります。さらに，定期保険と終身保険を組み合わせた「定期付き終身保険」などもあります。このような死亡保険は，主として遺族の生活保障等を目的として利用されています。

　生存保険は，生存リスクのための保険で，被保険者が一定の保険期間まで生存していた場合に保険金が給付されるものです。生存保険には，老後の生活資金を保障する「個人年金」，子どもの教育資金を準備する「こども保険（学資保険）」などがあります。

　生死混合保険は，死亡保険と生存保険を組み合わせたもので，保険期間内に死亡した場合には死亡保険金が給付され，保険期間満了時まで生存していた場合には満期保険金が給付されます。

○基本契約と特約

　生命保険は，基本契約（主契約）と特約から構成されています。基本契約は上に述べたような生命保険のベースとなる部分で，特約はこの基本契約に付加して契約することにより，基本契約の保障内容を充実させるものです。基本契約のみの契約は可能ですが，特約のみでの契約はできません。

　特約の種類は，基本契約の種類よりも多種多様ですが，①一定期間の死亡保障を厚くする特約，②不慮の事故による死亡・障害状態に備える特約，③病

表X-1　特約の種類

内　　容	種　　類
一定期間の死亡保障を厚くする特約	定期保険特約，家族定期保険特約など
不慮の事故による死亡・障害状態に備える特約	災害割増特約，傷害特約など
病気・けがの治療全般に備える特約	疾病入院特約，長期入院特約，通院特約など
特定の疾病や損傷の治療に備える特約	成人病入院特約，女性疾病入院特約，ガン入院特約など
その他の特約	障害保障特約，重度慢性疾患保障特約，リビング・ニーズ特約など

出所：筆者作成。

気・けがの治療全般に備える特約，④特定の疾病や損傷の治療に備える特約，などに分類されます（表X-1）。

生命保険は，基本契約とこのような特約を組み合わせることにより，多様なニーズに応えています。

○生命保険と年金保険

民間の年金保険は生命保険に分類されます。しかし，一般的な生命保険と異なり，保険金が一時金ではなく，一定期間にわたって分割して支給されることから，一般的な生命保険とは区別して扱われます。民間の年金保険は，国民年金や厚生年金などの「公的年金」に対して「私的年金」と呼ばれています。

民間の年金保険には，個人年金保険，財形年金保険，団体年金保険などがあります。生命保険会社によっては一般的な生命保険と組み合わせた年金保険など，各種の個人年金保険が販売されていますが，団体年金保険としては，厚生年金基金，適格退職年金などの**企業年金**があります。

③ 損害保険

○損害保険の種類

損害保険とは，一定の偶発的事故によって生ずることのある損害を塡補することにより生活を保障する保険商品のことをいいます。損害保険は，保険期間について1年を原則としていますが，保険期間が1年未満の保険契約もあり，これを短期契約・短期保険といいます。また，保険期間が1年を超える保険契約もあり，これを長期契約・長期保険といいます。

損害保険の種類は，生命保険同様非常に多くありますが，個人生活リスクのための保険と企業活動リスクのための保険に大きく分けることができます（図X-1）。個人生活リスクのための保険としては，火災保険や自動車保険が代表的です。火災保険は，火災によって生じた損害を塡補する保険商品です。住宅火災保険，住宅総合保険など多様な保険商品があり，それぞれ保障される内容が異なっています。近年，地震によって生じた損害を塡補する地震保険も注目されています。

一方，企業活動リスクのための保険としては，海上保険や運送保険が古い歴史をもっています。近年では，**製造物責任**をリスクの対象とする製造物賠償責任保険が注目されています。

○損害保険の動向

1960年代頃までの損害保険の主力商品は，海上保険や運送保険，火災保険で，これらで全体の8割以上を占めていました。また，海上保険，運送保険だけでなく，火災保険も企業が契約者となる場合が多くみられました。したがって，歴史的にみると，わが国の損害保険は，企業活動リスクのための保険としての性格を強くもち発展してきたとみることができます。

▷2　企業年金
⇒X-3を参照。

▷3　製造物責任
1995年に制定された製造物責任法（いわゆる「PL法」）は，製品の欠陥により生命，財産に与えた損害について，製品の生産者がその損害賠償責任を負うことを定めている。

X-1 民間保険の概要

しかし，戦後の経済状況，国民生活の変化に伴って損害保険の主力商品も変化していきました。特に，自動車の普及に伴って自動車保険が発展し，全体の５割以上を占めるようになってきました。一方で，海上保険，運送保険，火災保険の占める割合は急速に低下しました。

このような状況のなかで，損害保険は，個人生活リスクのための保険としての比重が高まってきています。近年は個人向けの賠償責任保険さらにはスポーツ・レジャー関連の保険商品も開発販売されるなど，その種類は多様化してきています。

◯ 自動車保険

自動車保険には，自動車損害賠償責任保険（いわゆる「自賠責保険」）と任意加入の自動車保険があります。自賠責保険は，自動車損害賠償保障法にもとづいて創設された保険で，自動車の保有者に加入が義務づけられています。保険料は，個人のリスクの大きさに応じたものではなく，車種用途別に一律に定められています。

任意加入の自動車保険は，自動車事故に関するリスクを保障するための保険です。その担保内容に応じて，対人賠償保険，対物賠償保険，自損事故保険，搭乗者傷害保険，車両保険などに分けられますが，保険サービスの内容は各保険会社や保険商品によって多岐にわたっています。また，任意保険の保険料は，年齢などの個人の属性やこれまで自動車事故を起こしたことがあるかなどの実績にもとづいて各保険会社によって定められています。

④ 第三分野保険

第三分野保険とは，人の疾病，傷害，介護等の事由に関して，一定額の保険金を給付することにより，またはこれらによって生ずることのある損害を塡補することにより生活を保障する保険商品のことをいいます。

第三分野保険は，生命保険の固有分野と損害保険の固有分野のいずれの分野にも属さないとされてきた，傷害・疾病・介護等に関する分野の保険で，傷害保険や医療保険，介護保険，がん保険などがあります。これらは，生命保険でも損害保険でもなく，両方の性格を帯びている中間的な立場にある保険として急速に発展しています。

1996年12月の日米保険協議の合意により，激変緩和措置として第三分野保険については，生命保険会社，損害保険会社の子会社による参入に制限が設けられていました。しかし，2001年1月からこの措置が解除されて生命保険会社，損害保険会社の子会社による相互参入が実施され，さらに生命保険会社，損害保険会社による第三分野保険への参入も認められました。これにより，販売競争は今後さらに激化していくものとみられています。　　　　　（石田慎二）

X 民間保険制度

2 民間保険と社会保険

1 民間保険と社会保険の性格

　民間保険と社会保険は，いずれも保険の技術・原理を用いて国民生活の安定を図るという点で共通点をもっていますが，表X-2に示しているような相違点もみられます。

　第1に，社会保険は，国民皆年金・皆保険にみられるように原則として強制加入となっていますが，民間保険は原則として任意加入です。ただし，民間保険のうち，自動車保有者には自動車損害賠償責任保険（いわゆる「自賠責保険」）への加入が義務づけられています。

　第2に，社会保険が社会連帯を基本的な理念として運営されているのに対して，民間保険は自助努力，自己責任を基本としています。

　第3に，社会保険は，保険の給付内容について，被保険者の範囲，保険料の拠出，給付水準等がすべて法律で規定されているのに対して，民間保険は保険会社との契約内容によってこれらが定められています。

　第4に，民間保険は，リスクが高い場合は高額の保険料を支払うなどリスクの内容によって保険料が異なるのに対して，社会保険はリスクの内容に関係なく保険料は定額，または所得が高い人ほど保険料が高くなるなど所得に応じて保険料が定められています。

　第5に，社会保険は，社会的な観点から保障することが必要とされる普遍的なニーズを保障するのに対して，民間保険は多様な保険商品を開発販売し，国民の個別的なニーズを保障しています。

　第6に，民間保険には，死亡，疾病，傷害，老齢，障害などの人的リスクを

表X-2　民間保険と社会保険の特徴比較

民間保険	社会保険
原則として任意加入	原則として強制加入
自助努力，自己責任	社会連帯
保険給付の内容は，法律に規定されておらず，契約によって定められる	保険給付の内容は，法律によって規定されている
保険料はリスクの内容によって異なる	保険料は定額，または所得によって異なる
個別的ニーズを保障	普遍的ニーズを保障
人保険，物保険	人保険のみ

出所：筆者作成。

対象とする人保険と物的リスクを対象とする物保険がありますが，社会保険は人保険に限定されています。

❷ 民間保険と社会保険の関係

民間保険と社会保険の関係をみると，わが国の場合は，国民皆年金・皆保険体制が確立されていることにより社会保険が基本的な部分をカバーし，民間保険がそれを補完しています。

たとえば，老後保障としての年金をみると，社会保険である国民年金や厚生年金などの公的年金制度により生活の基本的部分をカバーし，民間保険である個人年金，企業年金などがそれを補完しています。

社会保険に対する民間保険の役割としては，図X-2に示したように，①社会保険の給付水準に上乗せする「上乗せ機能」と，②社会保険がカバーしていない部分の給付を行う「横出し機能」の2つに分けることができます。

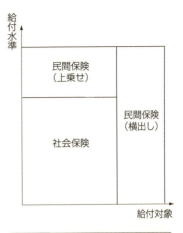

図X-2 民間保険と社会保険の関係

出所：福祉士養成講座編集委員会編『社会保障（第2版）』中央法規出版，2003年，256頁を一部改変。

老後保障では，「上乗せ機能」によって民間保険が公的年金の支給開始後に公的年金の給付水準を補完することで，より充実した老後の生活を保障しています。それに対して「横出し機能」によって退職後から公的年金の支給開始までの期間（一般的には60歳から65歳までの期間）に保険給付を行うことで，その期間の生活を保障しています。

医療保障では，「上乗せ機能」によって民間保険が公的医療保険の自己負担分等を補完し，「横出し機能」によって公的医療保険の給付対象外の医療費・手術費等をカバーしています。

このような民間保険と社会保険の関係は国の政策とも大きく関連しています。つまり，社会保険の給付水準，給付対象が拡大すれば，民間保険が担う部分が縮小し，逆に社会保険が縮小すれば，民間保険が拡大するという関係にあります。

また，社会保険の保険料が引き上げられれば，個人の民間保険の保険料を負担する余力が低下するため，民間保険の発展を阻害する可能性もあります。アメリカのように国民全体をカバーする公的医療保険のない国では，民間医療保険が発達しています。

わが国では，歯止めのかからない少子化と世界でも類をみない高齢化の進行により社会保障の見直しが急務とされています。しかしながら，財政的な問題もあり，社会保険の給付水準などを大幅に拡充していくことが困難な状況にあります。このような状況のなかで，民間保険の役割が注目されてきており，民間保険と社会保険のバランスを政策的にどのように調整していくかが課題となっています。

（石田慎二）

X 民間保険制度

3 企業年金

1 企業年金とは

企業が従業員を対象に実施する年金制度です。わが国の主要な企業年金制度としては厚生年金基金と適格退職年金の2つがあげられます。さらに、中小企業を対象とした**中小企業退職金共済制度**、生命保険会社などが販売している各種団体年金保険、企業が独自に運営管理を行う自社年金などもあります。

2 企業年金の機能

企業年金の機能には、生活保障の観点からみると、退職してから公的年金の支給が開始されるまでの期間の生活を維持する「つなぎ機能」と、公的年金の給付額に付加し、その給付水準を補完する「上積み機能」があげられます。

企業経営の観点からみると、退職金負担の合理化・平準化、税制上の優遇措置を受けるなどの「財務管理的機能」、従業員の勤労意欲の向上、雇用関係の安定、従業員の円滑な採用に資するなどの「労務管理機能」があげられます。

3 厚生年金基金

○厚生年金基金とは

厚生年金基金制度は、1965年の厚生年金保険法改正によって導入された制度です。退職金制度と厚生年金制度との調整を図るものとして「調整年金」と呼ばれることもあります。

この制度は、図X-3に示しているように、老齢厚生年金の一部を代行して支給するとともに、各基金独自の上乗せ給付を行うことによって、従業員に対してより手厚い老後所得を保障することを目的とした制度です。

厚生年金基金制度の改革によって、2014年4月以降は新設は認められず、解散や他の企業年金への移行促進が図られることになりました。

○厚生年金基金の現状

2015年年度末現在、**厚生年金基金**は大企業を中心に256基金設立されています。設立態様別にみると、単独型と連合型をあわせて35基金、総合型が221基金となっています。また、2014年年度末現在の厚生年金基金の老齢年金給付の状況については、受給者が263万人で、その平均年金月額は約4.1万円となっています。

▷1 中小企業退職金共済制度
単独では退職金制度をもてないような中小企業を対象とした制度。相互扶助と国の援助により退職金制度を設けるもので、退職一時金を支給する。

▷2 厚生年金基金
厚生年金基金は、従業員500人以上の企業が単独で設立する単独型と、複数の企業が共同して設立する「連合型」、「総合型」がある。「連合型」は、親会社と子会社による連合設立であり、800人以上の人数要件を満たしていることが必要とされる。「総合型」は、同種同業または工業団地、商店街に所在する企業が設立するもので、3,000人以上の人数要件を満たしていることが必要とされる。

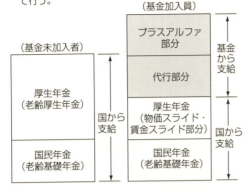

○厚生年金基金は，老齢厚生年金の一部（物価スライド・賃金スライドによる改善部分を除く）を代行するとともに，代行部分の5割を上回る老齢年金給付をあわせて行う。

図X-3　厚生年金基金の給付の仕組み

出所：厚生労働統計協会編『保険と年金の動向 2016/2017』2016年，144頁。

4　企業年金の新たな動向

　厚生年金基金と**適格退職年金**はいずれも確定給付型年金ですが，確定給付型年金は，将来の給付額が確定しているので老後の生活設計を立てやすい一方で，運用リスクによる積立不足が生じた場合には企業が掛金を追加拠出することになっています。

　近年，企業年金は，バブル経済崩壊後の株安・低金利といった厳しい経済環境のもとで，資金運用環境の悪化により発生した積立金不足による穴埋め負担が企業負担の増大をもたらし問題となっています。また，企業倒産などの際に年金資金が十分に確保されていないなどの事例が生じています。

　このような状況のなかで，厚生年金基金の解散，適格退職年金の解約が増加してきています。そのため，確定給付型の企業年金について給付を受ける権利を保護するための措置を講じること，従来の確定給付型年金だけでなく新たな選択肢として確定拠出型年金を導入することなどが求められ，数年に及ぶ論議を経て，2001年6月に**確定給付企業年金法**，**確定拠出年金法**が制定されました。

　確定給付企業年金法は，積立義務を定めるなど受給権保護等を図る観点から，確定給付型の企業年金の統一的な枠組みを再編成したもので，これにより多様かつ柔軟な制度設計が可能となりました。また，厚生年金基金について，新たな確定給付企業年金への移行とそれに伴う代行部分の国への返上（代行返上）が認められました。

　さらに，2016年には，働き方の多様化などに対応し，確定拠出年金制度の普及・拡大を図るとともに，老後に向けた個人の継続的な自助努力を支援するため，確定拠出年金法等の一部を改正する法律が成立し，個人型確定拠出年金の加入者範囲の見直しなどが行われました。

（石田慎二）

▷3　適格退職年金
1962年の法人税法改正によって導入された制度で，一定の適格要件を満たす企業年金について税制上の優遇措置が与えられる。企業負担の掛け金は全額損金に算入できるとともに，加入者負担の掛金は生命保険料控除の対象となるなどの配慮がなされる。2012年までに新たな確定給付型の企業年金等へ移行した。

▷4　確定給付企業年金法
受給権保護等を図る観点から，労使の自主性を尊重しつつ，統一的な枠組みのもとに必要な制度整備が行われ，多様かつ柔軟な制度設計が可能となった。確定給付型の企業年金の新たな形態として「規約型企業年金」と「基金型企業年金」が設けられた。

▷5　確定拠出年金法
⇒X-4 を参照。

X 民間保険制度

4 確定拠出型年金（401k）

確定拠出型年金とは

確定拠出型年金とは，拠出された掛金が個人ごとに明確に区分され，掛金とその運用収益の合計額をもとに給付額が決定される年金のことをいいます。加入者自身が運用方法を選択し，その運用結果にもとづいて給付額が決定されます。つまり，運用リスクは加入者が負うという自己責任にもとづく制度です。表X-3には確定拠出型年金の特徴を確定給付型年金との比較で示しています。

確定拠出年金法の成立

▷1 厚生年金基金，適格退職年金
⇒ X-3 を参照。

従来，わが国の企業年金制度は**厚生年金基金**，**適格退職年金**◁1などの確定給付

表X-3 確定給付型年金と確定拠出型年金の特徴比較

	確定給付型年金	確定拠出型年金
年金額の保証	保証あり（狭義の企業年金）	保証なし（従業員貯蓄制度）
老後所得保障機能	高い	低い
企業の運営責任	大きい（資金追加の必要あり）	小さい（資金追加の必要なし）
加入者の投資リスク	なし	あり
企業の年齢構成による影響	非常に大きい	あまり大きくない
所得再分配効果	あり（大きい）	なし（小さい）
労務管理効果	従業員の定着率を高める	従業員の定着率を低くする
加入者にとってのメリットとデメリット	○将来の受給額が決まっているので，老後生活設計が立てやすい ○運用リスクを負わない ○企業が運用リスクを負うため，運用収益向上への企業の動機づけが強い ●転職に際してのポータビリティが困難 ●加入者ごとの資金残高の把握が困難 ●加入者は，運用方法や資産構成などを選択できない	●将来の受給額が決まっていないので，老後生活設計が立てにくい ●運用リスクを負う ●企業が運用リスクを負わないため，運用収益向上への企業の動機づけが弱い ○転職に際してのポータビリティが比較的容易 ○加入者ごとの年金原資が資産残高として把握が容易 ○加入者は，運用方法や資産構成などを選択できる
企業にとってのメリットとデメリット	○従業員を企業に定着させやすい ○資産運用の効率化等による掛け金軽減ができる ●掛け金の追加拠出（積み立て不足）の可能性がある ●支払保証制度の必要性が高い	●加入者ごとの詳細な資産運用の記録等の管理が必要 ●資産運用状況等が良好でも掛け金軽減ができない ○掛け金の追加拠出義務が生じない ○支払保証制度の必要性が低い

（注）○はメリット，●はデメリットを表す。

出所：『社会福祉学習双書』編集委員会編『社会福祉学習双書2016（第6巻）社会保障論』全国社会福祉協議会，2016年，100頁。

型の年金しか存在しませんでした。しかし，従来の確定給付型の企業年金には，中小零細企業に十分普及していない，転職の際の年金資金の転換が十分に確保されておらず労働移動への対応が困難，などの問題が指摘されてきました。そこで，これらの問題点に対応するために確定拠出型年金の導入が検討され，2001年6月に確定拠出年金法が成立し，同年10月に施行されました。この法律は，**アメリカの401k**を参考にしたもので「日本版401k法」ともいわれています。

▷2　アメリカの401k
アメリカの内国歳入法401条k項に規定されている確定拠出型年金。日本の確定拠出年金法（日本版401k法）は，これを参考にして導入されたが，拠出方法，積立金の払い出し方法などで相違点もみられる。

③ 確定拠出年金法の概要

○ 目　的

この法律は「個人又は事業主が拠出した資金を個人が自己の責任において運用の指図を行い，高齢期においてその結果に基づいた給付を受けることができるようにするため，確定拠出年金について必要な事項を定め，国民の高齢期における所得の確保に係る自主的な努力を支援し，もって公的年金の給付と相まって国民の生活の安定と福祉の向上に寄与すること」を目的としています。

○ 加入者

確定拠出年金には，企業型年金と個人型年金の2種類があります。企業型年金は，企業ごとに実施する制度で企業の従業員がその加入者となり，企業が掛金を拠出します。個人型年金は，国民年金基金連合会が実施する制度で個人が掛金を拠出し，国民年金の第1号被保険者と他の企業年金などの企業の支援がない従業員がその加入者となります。年齢は60歳未満の者で，企業または加入者は，拠出限度額の範囲内で掛金を拠出することとなっています。

○ 運　用

加入者は，年金資金の運用方法を選択し，運用の指図を行います。運用方法は，預貯金，公社債，投資信託，株式，信託，保険商品などを金融商品一般で，運営管理機関は，これらのうち少なくとも3つ以上の運用方法を提示するとともに，必要な情報提供を行うこととされています。

○ 転職の場合の年金資金の移換

掛金とその運用収益の合計額である資産残高は個々の加入者ごとに記録管理されます。したがって，加入者が転職した場合は，転職先の制度に年金資金を移換することができます。

○ 年金給付

年金給付には，老齢給付金，障害給付金，死亡一時金があります。老齢給付金は，通算の加入者期間が10年以上である場合は60歳から支給を請求できますが，10年加入していない場合でも加入者期間によって段階的に受給可能な年齢が定められていて，遅くとも65歳から支給を請求できることとなっています。

（石田慎二）

X 民間保険制度

 民間医療保険と民間介護保険

▷1　第三分野保険
⇒X-1 を参照。

1　民間医療保険

○民間医療保険の役割

　民間医療保険は，民間保険のうち，病気やケガでの入院，所定の手術等に関して一定金額の保険金を給付することにより，生活を保障する保険商品のことをいいます。医療保険は**第三分野保険**[※1]の一つで，生命保険会社が販売する医療保障保険と損害保険会社が販売する医療費用保険があります。

　わが国の医療保障は，医療保険制度と老人保健制度など公的な医療保障制度が中心的な役割を担い，任意加入の民間医療保険がそれを補完する役割を担っています。具体的には，公的な医療保障制度の適用除外となっている医療サービスの負担や公的医療制度の自己負担分などについて民間医療保険で補完しています。

○民間医療保険の種類

　民間医療保険は，主契約として単独に契約する形式と主契約に各種の医療保障特約を付加する形式の2つに分けられます。一般的に支払う保険料は前者より後者の方が割安になっていることが多いですが，後者は保障内容が限られたり，支払われる給付金の水準も低くなっています。

　近年，公的医療保障に対する不安が増大し，民間医療保険のニーズが高まってきています。このような状況のなかで，各保険会社から多種多様な保障内容の医療保険が販売され，保険期間，保険料，契約年齢，各種の保障内容，各種の特約などを組み合わせることによって多様なニーズに対応しています（表X-4）。現在でも公的医療保険の自己負担が大きいですが，高齢化等の影響で公的医療保険の財政は逼迫し，今後さらに自己負担が大きくなることが予想されています。したがって，今後さらに民間医療保険に期待される役割が大きくなっていくと考えられます。

2　民間介護保険

○民間介護保険の役割

　民間介護保険は，民間保険のうち，寝たきりや認知症等による要介護状態等に関して一定金額の保険金を給付することにより，生活を保障する保険商品のことをいいます。介護保険は第三分野保険の一つで，生命保険会社が販売する

X-5　民間医療保険と民間介護保険

（表X-4　民間医療保険の種類）

保険期間	①定期型：一定期間を保障する。年単位で保障される「年満期」（5年，10年など）と，特定の年齢で満了になる「歳満期」（70歳まで，80歳までなど）がある。 ②終身型：保障が一生涯継続する。
保険料	保障内容等により異なるが，一般的な月払い保険料は2,000円～1万円。保険料払込期間には，保険期間を通して支払う，一定年齢まで払い込めばあとの保険料が不要になる，生涯保険料を払い続けるなどがある。
契約年齢	おおよそ0～80歳の間で定められている。
保障内容	入院給付金，手術給付金，通院療養保険金，ガン入院保険金などについて，それぞれ保険給付額が定められている。
保険金給付開始	入院給付金は，入院した日数分について必ず支払われるとは限らない。保険商品によって「1泊2日から」「5日以上初日から」「8日以上初日から」「5日以上5日目から」「病気は8日以上・ケガは5日以上」などが定められている。
支払限度日数	1回の入院限度日数と通算入院限度日数がある。「60日」「120日」「360日」「700日」「1000日」などの型がある。
特　約	成人病入院特約，通院特約，女性疾病入院特約など。

出所：筆者作成。

介護保障保険と損害保険会社が販売する介護費用保険があります。

　わが国の民間介護保険は，公的な介護保障制度の確立に先駆けて1980年代後半から販売されはじめました。しかし，2000年4月の介護保険法の施行により公的な介護保障制度が確立したことによって，民間介護保険にはそれを補完する役割を担うことが期待されるようになりました。具体的には，上乗せサービス（公的介護保険での所定の回数を超えて受けるサービスなど）や横出しサービス（公的介護保険が対象としていないサービス）の負担や，公的介護保険の自己負担分などについて民間介護保険で補完しています。また，公的介護保険では，特定疾病によるものを除いては原則として65歳以上に限定されており，民間介護保険では65歳未満の要介護者に対する介護保障を行うことで公的介護保険を補完しています。

　〇 民間介護保険の種類

　民間介護保険は，主契約として単独に契約する形式と主契約に各種の介護保障特約を付加する形式，終身保険や個人年金から介護保障へ移行する形式の3つに分けられます。給付対象は，寝たきりのみ，認知症のみ，寝たきりと認知症の両方，の3つがあり，また公的介護保険の要介護認定に連動しているタイプと，特に公的介護保険と連動せず保険給付を行っているタイプがあります。民間介護保険は，公的介護保険と比較して要介護度の認定基準が高いとされていますが，近年では比較的軽度の要介護状態もカバーできる保険商品の開発も進められてきています。

　民間介護保険は，これらを組み合わせることによって多様なニーズに対応していますが，今後さらに公的介護保険の補完的機能として期待される役割が大きくなっていくと考えられます。　　　　　　　　　　　　　　　（石田慎二）

▷2　介護保険法では，65歳未満の者については，脳血管疾患，パーキンソン病など16種類の指定された特定疾病が原因で要介護状態になった者がサービスの支給対象とされている。

X 民間保険制度

民間保険の展望と課題

1 民間保険をめぐる近年の動向

○金融業界の再編成

1990年代以降，バブル経済の崩壊に伴う経済不況，不良債権の増加，低金利政策等により，民間保険会社は大きな損失を受けました。とりわけ生命保険会社はその影響を大きく受け，長期にわたる**逆ざや**の発生等により経営破綻に陥る状況が相次いで生じています。

また，金融システム改革による規制緩和，保険自由化等により，銀行，証券，保険の垣根が撤廃され新規の市場参入が増加してきています。その結果，業界内部の競争が激化し，さらに民間保険業界において大規模な業界再編成の動きが進行してきています。

このような状況のなかで，民間保険会社には，競争力の強化，経営の健全性の回復，安定的な保障システムの再構築が求められてきています。

○保険契約者保護機構の設立

保険業界においては，1996年に保険契約者保護基金が設けられ，経営破綻した保険会社の保険契約を引き受ける保険会社（救済保険会社）に資金援助ができることになりました。しかし，この制度については救済保険会社があらわれないと機能しないという問題点が指摘されていました。そこで，1998年の改正保険業法により，保険事業に対する一層の信頼を維持することを目的として，従来の資金援助の機能に加えて，救済保険会社があらわれない場合には自ら保険契約を引き受ける機能をもつ保険契約者保護機構が設立されました（図X-4）。

保険契約者保護機構には，すべての保険会社が加入することになっており，生命保険，損害保険それぞれ別々（生命保険保険契約者保護機構，損害保険保険契約者保護機構）に設立されています。

2 民間保険の展望と課題

民間保険をめぐる近年の動向は，保険市場における政府，保険会社，保険契約者（消費者）の役割にも影響を与えています。公正な保険市場が成立するためには，政府，保険会社，保険契約者が表X-5に示したような役割をお互いに果たしていくことが求められています。

第1に，民間保険といえども公正な保険取引が行われているかを監視する政

▷ 逆ざや

バブル期に販売した生命保険会社の保険商品は予定利率（契約者に約束する利回り）を高く設定していたが，その後の金利低下で運用実績が予定利率に達しない状況が続いている。その負担を逆ざやと呼ぶ。

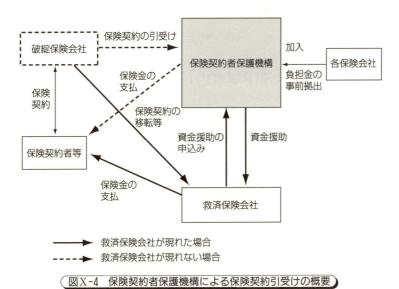

図X-4 保険契約者保護機構による保険契約引受けの概要

出所：財務省ホームページ (http://www.mof.go.jp/index.htm)。

表X-5 保険市場における政府，保険会社，保険契約者の役割

	行動原則	求められる役割
政府	行政責任	公正な自由競争の監視 消費者保護のための諸施策の実施
保険会社	経営責任	個々のニーズに応える保険商品の開発 選択判断のための情報の提供 経営の健全性の回復
保険契約者（消費者）	自己責任	自由な選択に対する自己責任 保険経営に関する情報の収集

出所：筆者作成。

府の役割は大きく，政府には公正な自由競走を監視していくことが必要です。また，保険契約者保護機構の設立などさまざまな施策が実施されていますが，今後さらに行政責任として消費者保護のための諸施策を整備していくことが求められます。

第2に，保険会社には多様なニーズに応えられる保険商品を開発していくことが求められています。しかしながら，個々のニーズに応えるために保険商品が多様化していくと，逆に保険契約者はどの保険商品を選択したらよいかの判断が難しくなります。したがって，保険契約者が自分のニーズに合った保険商品を選択判断できるように保険会社が必要な情報を提供していくことが必要です。さらに，経営が破綻して保険契約者に不利益を与えないように経営責任として経営の健全性を維持していくことが求められています。

第3に，保険契約者は自ら保険商品や保険会社の経営に情報を収集し，自己責任のもとでニーズに合った保険商品を選択していくことが求められています。

(石田慎二)

XI 諸外国の社会保障制度

1 イギリスの社会保障制度

1 戦後の社会保障制度の整備

1945年5月にヨーロッパにおける第二次世界大戦は終結しました。イギリスでは、アトリー労働党が、産業の国有化、**ベヴァリッジ報告**[1]にもとづく全国民加入の社会保険制度の確立と無料医療の実施を掲げ、選挙に大勝しました。1946年に国民保健サービス法、国民保険法、1948年に国民扶助法が制定され、社会保障制度の整備が進んでいきました。

1965年には労働党の政権下において、シーボーム委員会が設置されました。この委員会の報告書は「地方自治体と関連する福祉サービスに関する委員会報告書」、いわゆるシーボーム報告として1968年に提出されています。報告書では、コミュニティ基盤の家族志向のサービスの提供、地方自治体の社会サービス部の設置などが提案されました。この報告書を受け、1970年には「地方自治体社会サービス法」（Local Authority Social Services Act）が制定されました。

2 サッチャー政権とコミュニティ・ケア改革

1979年にはサッチャー政権が樹立し、「小さな政府」へ向けての改革が実施されていくことになりました。新自由主義にもとづくプライバタイゼーション政策は、国営企業の民営化や地方財政支出の制限などさまざまな形で具体化していきましたが、英国病、国民経済の停滞の最大要因と考えられた対人福祉サービスも改革の例外ではありませんでした。

1990年代より始まったコミュニティ・ケア改革のねらいは、できる限り要援護者が在宅で生活できるように、在宅・施設サービスの開発をすすめることを推進し、サービス供給の整備については、コミュニティ・ケア計画の策定を地方自治体に要請し、また、的確にニード・アセスメントし、ケアマネジメントを行うことによって、効果的な質の高いケアの提供を追求しています。

3 「第三の道」と社会サービスの近代化

トニー・ブレアは1997年の総選挙においてイギリスの「近代化」を唱え、サッチャー・メジャー政権から続いた保守党政権に終止符を打ちました。彼は、旧来の社会民主主義が唱えた「揺りかごから墓場まで」の福祉国家路線でもなく、新保守主義が唱える「小さな政府」とも異なる、**「第三の道」**[2]を目指して

▷1　ベヴァリッジ報告
⇒ I-1 を参照。

▷2　第三の道
自由主義や社会主義でもなく、資本主義経済の枠組みを否定することなく、市場原理の利点を活かしながら、社会的公正や平等を実現する考え方。アンソニー・ギデンズによっても近年議論されているが、経済学領域では古くから議論されている。

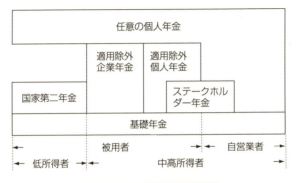

図XI-1　イギリスの年金制度

出所：日本労働研究機構ホームページ・海外労働情報
(http://www.jil.go.jp/jil/kaigaitopic/2002_09/englandP01html)。

いました。1998年11月には白書『社会サービスの近代化（*Modernizing Social Services*）』を公表し，政府の近代化，社会サービスの近代化のために，これまでの政府が抱えてきた負の遺産を一掃しようとしました。現在の保守党政権は，『A Vision for Adult Social Care』という文章を公表し，保健医療と社会福祉の障壁を取り除き，さまざまな権限を個人や実務者に委託することを提案しています。

4　現在の社会保障制度

年金制度としては，退職基礎年金があります。これは2階建てとなっており，1階部分に基礎年金があり，その上に国民保険の国家第二年金があります。2階部分については，国家第二年金以外に一定の基準を満たす職域年金か個人年金を選択することができます。各制度への加入割合（1996年）は，国家第二年金（旧国家所得）比例年金34％，職域年金40％，個人年金26％となっています。被用者は基礎年金と報酬比例年金に強制加入となっていますが，自営業者については基礎年金に強制加入となっています。支給開始年齢は65歳からです。

イギリスの公的年金制度の特徴として，一定の要件を満たした私的年金（企業年金，個人年金）に加入する被用者は報酬比例年金への加入が免除される（適用除外制度）という点があげられます。また，2001年4月から**ステークホルダー年金**[3]が創設され，確定拠出型で加入者本人の運用成績によって老後の給付額が変動する保険を選択肢の一つとして加えられることになりました。

保健医療制度については，NHS（国民保健サービス）によって包括的な医療サービスが提供されています。まずプライマリーケアとして地域の家庭医（GP）に登録し，そこで診療を受けることになっています。さらに専門的な治療が必要な場合は，家庭医の紹介によって専門医の診療を受けることができます。

（岡田忠克）

▶3　ステークホルダー年金
2001年4月より販売開始された確定拠出型個人年金。保険料拠出に制限が設けられており，低コストを特徴としている。

XI 諸外国の社会保障制度

 ## アメリカの社会保障制度

自立自助の国・アメリカ

アメリカはその建国の経緯から，国民の自己責任による自立自助意識が高く，それは行財政のシステムに色濃く反映されており，今日に至っています。世界で初めて「社会保障」の名を冠し1935年に制定された**社会保障法**は，いわゆる低所得者層や高齢者への現金扶助を定めた所得保障を制度化したもので，その後の社会保障政策の根幹として位置づけられていくことになりました。

また，アメリカでは連邦政府が州政府の権限を束縛し，さまざまな施策を押しつけて実施するということはなく，社会福祉分野においても連邦政府による政策目標やガイダンスはあるものの，州政府独自の施策が実施できます。以上の自己責任と州政府の独立性という2つの特色は，アメリカの社会福祉を考える上で留意する必要があります。

大きな政府の批判——補助金の削減と福祉改革

ジョンソン大統領による「貧困への挑戦」は，社会保障制度の拡充をもたらしました。低所得者に対して医療扶助を行うメディケイド（1965年）や高齢者・障害者に対して医療保障を行うメディケア（1966年）は，現在でも実施されています。また，1975年には社会保障法が改正され，タイトルXXが追加されて，現金扶助では対処できない社会福祉サービスが規定されました。その他，高齢者の社会福祉サービスの個別法としては1965年に制定されたアメリカ高齢者法があります。

しかし，これらの制度は連邦政府の財政赤字を次第に増長させ，大きな政府に対する批判を生み出すことになりました。レーガン大統領が1980年に選挙に勝利した後は，予算調整法や福祉予算削減によって，AFDC（要扶養児童家庭扶助）やフードスタンプへの連邦政府による補助金は縮小されていきました。

1992年に医療保険制度を争点に政権を獲得したクリントン政権は，連邦政府の赤字削減に向けて，福祉改革の実施を迫られることになりました。1996年に制定された「個人責任及び就労機会調整法（Personal Responsibility and Work Opportunity Reconciliation Act）」は，アメリカの福祉改革を象徴するもので，「福祉から労働へ」という伝統的な考え方がよりいっそう鮮明となり，諸制度が改革されていきました。AFDCは，貧困家庭一時扶助へと名称変更され，連

> **1 社会保障法**
> 内容は①連邦政府による老齢年金保険，②州営失業保険への連邦補助金，③州営公的扶助・社会福祉サービスへの連邦補助金である。

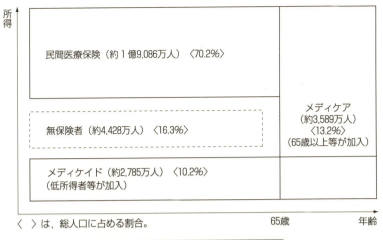

図XI-2　医療保険の加入状況（1998年）

（注）　同一人がメディケア＋メディケイド，メディケア＋民間医療保険といった形で重複する制度に加入していることがあるため，合計人数は，総人口の2億7,174万人を超えている。

資料：US Census Bureau.
出所：経済財政諮問会議（平成13年第5回）配布資料（http://www.keizai-shimon.go.jp より入手）。

邦政府からの補助金支出も定率補助から一括補助となり，州政府の給付に関する裁量も大きくなっています。アメリカにおける一連の福祉改革は，州政府への権限委譲，就労機会の拡大により，財政赤字を解消する中央政府の「小さな政府」指向を一層加速させることになっています。

3　現在の社会保障制度

年金制度については，大部分の有業者に適用される老齢・遺族・障害年金と公務員や鉄道職員等一定の職業に適用される個別制度の2種類が存在しています。前者の老齢・遺族・障害年金は一般に社会保障年金と呼ばれており，連邦政府が管轄しています。この制度は社会保障税を一定期間納めたものに対して給付されるもので，現在65歳が支給開始年齢となっていますが，2027年までに段階的に67歳まで引き上げられることが決まっています。

所得保障制度については包括的な制度はなく，補足的所得保障制度（SSI：Supplemental Security Income），貧困家庭一時扶助（TANF：Temporary Assistance for Needy Families）が個別の対象ごとに分立しています。

医療制度については，わが国のような国民全体を包括する連邦レベルの制度は存在していません。公的医療よりも民間医療保険が発達しており，国民の多くをカバーしています（図XI-2）。現在存在している医療制度は，高齢者・障害年金受給者等を対象とする**メディケア**と低所得者への医療保障を行う**メディケイド**があります。

高齢者介護については，公的介護保障制度は統一したものは存在しておらず，民間部門によるサービス提供が大きな役割を占めています。　　　　（岡田忠克）

▷2　メディケア
⇒III-2 を参照。

▷3　メディケイド
⇒III-2 を参照。

XI 諸外国の社会保障制度

 ドイツの社会保障制度

 ドイツの社会保障の考え方

ドイツは社会保険を世界で初めて制度化した国です。わが国の年金保険や医療保険、最近では介護保険制度もドイツの諸制度を参考にしながら制度化されてきました。なぜドイツでこのような社会保険が発達したのでしょうか。それはドイツの社会政策の背景に2つの考え方があるとされているからです。一つは、連帯性の原理です。この原理は、国家・社会・経済の形成原理で、労働運動・協同組合組織・団体組織・社会保険にとって、イデオロギー的な支柱であるとされています。もう一つは、補足性の原理です。まず自分自身で、できるだけの自助努力を行い、段階に応じて家族、隣人、教会、地域に相談し、それでも解決が出来ない場合に初めて地方自治体、州、連邦政府に相談するというものです。これは社会福祉制度においてもみられており、行政機関は補足的役割を担うとされています。ドイツでは、全国的ネットワークをもつ6福祉団体（①労働者福祉団、②ディアコニー福祉団、③ドイツ・カリタス連合、④パリテティッシュ、⑤ドイツ赤十字社、⑥ドイツ・ユダヤ人中央福祉センター）が社会福祉サービスを担っており、行政機関と連携しながら援助を実施しています。

ドイツの社会保障制度は主として5つの社会保険制度である①疾病保険、②災害保険、③年金保険、④失業保険、⑤介護保険と社会扶助・児童手当等から構成されています。

2 年金制度

年金制度には、労働者（ブルーカラー）が加入する労働者年金保険と職員（ホワイトカラー）が加入する職域年金保険があり、強制加入となっています。自営業については、任意加入となっています。保険料は、労使折半で、現在の保険料率は19.9％です。支給対象は65歳以上となっています。財源は、約30％が国庫負担金で残りが保険料収入です。

2001年の年金改革法によって、ドイツの年金制度は転換していくことになりました。それは、先進諸国に共通する高齢化に対応した持続可能な制度を目指すもので、保険料上昇の抑制と給付水準の引き下げが行われました。改革は、①年金保険料の上昇の抑制、②給付水準の引き下げ、③補足的老後保障制度の創設、④賃金スライド方式の変更、⑤育児期間の年金計算上の優遇を内容とす

▷1 臼井英之「ドイツ社会における社会政策の意味」仲村優一・一番ヶ瀬康子編集委員会代表『世界の社会福祉8 ドイツ・オランダ』旬報社、2000年、72頁。

るものでした。

❸ 医療保険制度

医療保険制度には，一般労働者，職員，年金受給者，学生などが加入する一般制度と自営・農業者が加入する農業者疾病保険があります。一般制度は，強制適用ではなく一定所得以上のものが加入していますが，これらの保険で全国民の90％程度をカバーしています。運営は，地区，企業などを単位として設置されている疾病金庫を保険者として行われています。財源は保険料収入のみで，以前は保険料率は疾病金庫により異なっていましたが，2009年より医療保険基金が創設され15.5％に統一されました。

給付率は，原則10割（被保険者，家族とも），入院・薬剤は一部自己負担が導入されています。給付内容については，医療給付，予防給付，医学的リハビリテーション給付，在宅看護給付があり，原則現物給付となっています。

❹ 公的扶助制度

わが国の生活保護制度に該当する公的扶助制度として連邦社会扶助法（1961年制定）が制定されています。ドイツでは，わが国のように老人福祉・障害者福祉・母子福祉関係の規定はなく，この制度により手当が行われています。業務は市が担当し，費用は自治体が負担することになっています。この制度では，自助が可能なものや必要な援助を他のもの，特に親戚や社会給付運営者から受けることができる者は除外され，先に述べた補足制の原理が貫かれています。扶助の種類には，大きく2つあり，労働扶助等一般衣食住にかかる通常の生活を支える扶助である生活扶助と，特別な生活状態にかかる，すなわち老人援助，医療扶助，障害扶助，介護扶助，家政維持扶助等を内容とした特別扶助があります。

❺ 介護保障制度

ドイツでは，約25年間の議論を経て公的介護保険制度が，1994年に成立しました。もともと自己責任において家族介護が行われていましたが，高齢化問題が深刻化し政策的な対応が求められるようになったのです。

保険者は，介護金庫（医療保険者である「疾病金庫」が行う）となっています。被保険者は原則全国民です。要介護度及び介護給付の決定についてはMDK（疾病金庫が地域に共同で設置し，医師，介護士等が参加）の審査を経て，介護金庫が決定する仕組みとなっています。保険料は現在，労使折半で1.7％となっており，**在宅介護**（①要介護の程度による現物・現金給付，②ショートステイ，③代替介護，④介護用具の支給・貸与〈介護ベッド，車いす〉）と施設介護が給付されます。

（岡田忠克）

▷2 在宅介護
ドイツにおける在宅介護の拠点はソーシャル・ステーションである。介護保険法施行後のその数は13か所以上設置されている。対象は高齢者に限定されていない。

XI 諸外国の社会保障制度

 # スウェーデンの社会保障制度

北欧の福祉国家──ノーマライゼーションと平等の追求

　北欧に位置する福祉国家のモデルとして名高いスウェーデンは，ノーマライゼーションの実現と平等を追求する包括的な社会保障政策によって，わが国でも参考となる制度が充実しています。とりわけ高齢者ケアについてはグループホームによる生活支援，障害者福祉施策では自立生活支援やコンタクトパーソンの制度化など，ノーマライゼーションの具体的実践例としてわが国でも参考にされています。また分権化が進み，高齢者・障害者の社会福祉サービスの提供にかかる行政は，基礎自治体であり自主課税を実施するコミューン（市町村に相当）が主体となっています。わが国の県に相当するランスティングは，保健医療制度を管轄しています。国レベルの社会保障を管轄する機関は，社会省ですが，基本的な役割は法令・政策準備で，実際には社会保険庁・保健福祉庁といった独立機関が主体となっています。社会保障にかかる財源は租税により支出されており，再分配政策にもとづいて児童手当，傷病手当，障害手当等手厚い現金給付が実施されています。

2　エーデル改革

　福祉国家として各種社会保障制度を充実させてきましたが，その充実さゆえに財政システムが危機的な状況を迎えることもありました。1990年代に入り財政赤字の拡大と金融危機が発生しましたが，公的資金の投入によってそれを克服し，福祉国家としての道は放棄することはありませんでした。しかし，限られた資金のなかで効果的なサービスを実施するには制度改革が必要であるとの認識から，1992年にはエーデル改革を実施しました。改革では，高齢者と障害者に対してそれまで実施されていた医療サービスと福祉サービスを統合化し，基礎自治体であるコミューンに移管，財政上また運営上の責任を分権化しました。

3　現在の社会保障制度

　スウェーデンにおける高齢者の所得保障制度には，①公的年金，②協約年金（使用者団体と労働組合との協約に基づく年金。大部分の労働者が加入），③民間個人年金があります。このうち公的年金である老齢年金は，1999年に制度が改正され，所得比例年金（賦課方式）と積立年金（積み立て方式）の2階建て方式と

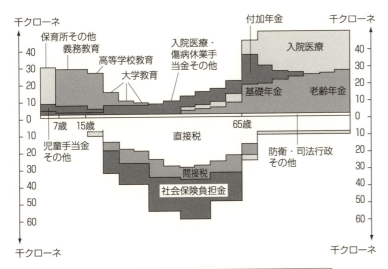

図XI-3 ライフサイクルにおける社会保障と税・社会保険

出所：藤岡純一『分権型福祉社会 スウェーデンの財政』有斐閣，2001年，52頁。

なっています。支給開始年齢は61歳以降選択できることになっており，保険料率は，18.5％（所得比例16％，積立2.5％）と定められています。

保健医療制度については，税方式による公的サービスが中心で，ランスティングが医療施設を設置，運営しています。費用は，ランスティングの税収，患者の一部負担でまかなわれています。

社会福祉制度である障害者保健福祉施策は，社会サービス法にもとづいてコミューンにより実施されています。1982年に制定された社会サービス法は，福祉サービスに関する基本法であり，それまでの公的扶助法や児童保護法，節酒法を統合したもので包括的な福祉サービスを規定しています。障害者施策については個別に機能障害者援助・サービス法（1993年）が制定されています。1994年には障害施策改革によって専属補助者（**パーソナル・アシスタンス**，**コンタクトパーソン**），障害者オンブズマンが設置され，1995年の精神障害施策改革では，グループホームが設置されるようになりました。

高齢者保健福祉施策については，社会サービス法，保健医療サービス法等にもとづいて実施されています。実施主体は，コミューンで自主課税によって財源をまかなっています。財源の内訳は，コミューン税（地方税），利用者負担等，一般交付金となっています。

児童育成制度については，児童手当があります。児童手当は，16歳未満の子どもを養育している親に対して，子ども1人あたり月額950クローナを支給しています（3子目からは多子加算があります）。また16歳以上の子どもに対しても義務教育に相当する学校に通学している場合は延長されます（延長児童手当制度）。その他，育児支援として児童が8歳，もしくは義務教育第1学年終了までの間に休暇が取得できる育児休業制度や両親保険制度があります。

（岡田忠克）

▷1 パーソナル・アシスタンス
機能障害者の自立を支援するための介助者。公費で保障されている。

▷2 コンタクトパーソン
障害者に対して，友人のような立場から生活上のアドバイスや日常生活を共有するボランティア。

XI 諸外国の社会保障制度

5 韓国の社会保障制度

▷1 李蓮花「韓国――「新興福祉国家」の限界と可能性」西村周三・京極髙宣・金子能宏編『社会保障の国際比較研究』ミネルヴァ書房，2014年。

▷2 松江暁子「韓国――IMF 経済危機と社会保障制度の創設」田多英範『世界はなぜ社会保障制度を創ったのか』ミネルヴァ書房，2014年，265頁。

▷3 高安雄一『韓国の社会保障――「低福祉・低負担」社会保障の分析』学文社。

 「低福祉・低負担」社会の韓国

韓国の社会保障制度は，社会保険制度をはじめ公的扶助や社会福祉サービス制度の大枠において日本と類似しています。1948年に大韓民国として国家が成立した後，韓国は経済成長を優先に，「先成長・後分配」による政策をとってきました。その中で，家族によるインフォーマルな福祉が中心となっていました。

1980年代の民主化を機に，社会保険として，1988年国民年金法の施行により導入された「国民年金」，1989年より実施された「国民健康保険」が実施されました。そして，OECD 加盟を控えた1995年には「雇用保険」及び「産業災害補償保険」が導入され，4 大保険が揃うことになります。[1]

しかし，それまでの社会保障制度では対象が限定されていたため，1990年代末のアジア通貨危機によって大量失業・貧困に対処できませんでした。そこで韓国政府は，全国民を対象に保障性を強化した社会保障制度整備に努めました。2008年には日本の介護保険に該当する「老人長期療養保険」が導入され，現在は 5 大保険が施行されています。

公的扶助制度としては，2000年から「国民基礎生活保障法」が施行されています。また，社会福祉サービス制度は，児童福祉，高齢者福祉，障害者福祉などに区分されます。ただし，国民負担率が低いこともあって，依然として給付水準が高いとは言えず，「低福祉・低負担」社会となっています。[2][3]

2 「社会保障基本法」の改定と新たな社会的リスク

韓国では1963年に「社会保障に関する法律」が制定されました。その後，約30年間にわたり社会的・経済的に多くの変化を経験するなかで各種社会保障制度が導入・実施され，国民の福祉増進に向けた統合的な法律として，1995年に「社会保障基本法」が制定されました。その後，全ての国民を対象に，普遍的でかつライフサイクルの特性に合わせたサービス提供や所得保障に向け，2012年に全面的に改定されました。

しかし，今日，韓国は少子高齢化やワーキングプア（勤労貧困層）の拡大など新たな社会的リスクへの対応に迫られており，社会保障体系の在り方が問われています。2017年に高齢社会への進入が予想されており，しかも日本よりも早いスピードで少子高齢化が進んでいるため様々な課題に直面しています。

OECD（2015年）によると，韓国の高齢者貧困率は49.6％と加盟国の中で最も高い水準となっています。その背景には，無年金・低年金問題があります。韓国統計庁（2016年）によると，高齢層（55～79歳）の年金受給率は44.1％で，そのうち約半分の受給額が月10～25万ウォン未満です。

　また，若者のワーキングプアが増え，月の平均給与額を表す「88万ウォン世代」という言葉が生まれました。88万ウォン世代は，恋愛や結婚，出産を諦めざるを得ないとのことから「三ポ（放棄）世代」とも呼ばれています。政府は，若者支援対策として，教育・雇用・生活・健康・居住などの分野にわたって福祉サービスを提供しています。

> 4　88万ウォンは，2018年2月現在のレートで換算すると，約87,500円となります。

❸　公的扶助制度

　1999年9月に制定され，2000年10月に施行された「国民基礎生活保障制度」は韓国の代表的な公的扶助制度として，従来の「生活保護制度」の対象者選定基準や給付方法などが改善されました。当時の金大中政権の生産的福祉という政策理念の影響を受け，韓国独自のものとなっていると言われています。

　しかし，労働能力のある人には「自活」という労働条件が果たされるなど，ワークフェア的な側面が強くなったことへの批判が相次ぎ，国民の最後のセーフティネットとして充分な機能を果たせているのか疑問の声があがりました。

　そこで，2014年12月に国会を通過した改定法において統合給付体系から個別給付体系へと給付体系が改編されました。受給者の特性とニーズに合わせて，生計，医療，居住，教育給付など，4つの給付の異なった選定基準を用いて必要な支援を行います。すなわち，個別のニーズに合わせた「オーダーメイド型支援」として，制度の谷間をなくすことを目指しています。2015年には，受給者が住民登録人口数の3.2％（1,646千名）を占め，前年の2.6％（1,238千名）に比べ増えましたが，給付総額は減り，より多くの国民により少ない予算で支援を行うことが可能となりました。

❹　現在の社会保障制度

　年金制度は，特殊職域年金（公務員，軍人，私学教職員）を除く，全国民が国民年金に加入する一本体制となっています。2014年7月からは高齢者の無年金・低年金問題への対策として，基礎年金制度が導入・試行されています。

　韓国の介護保険は，高齢化率が10.3％の2008年に導入されました。日本の介護保険が17.2％の2000年に導入されたことからすれば，早い段階での導入と言えます。保険者は，国民健康保険公団となっており，健康保険加入者が被保険者となります。介護認定は5段階に分かれており，在宅サービスは15％，施設サービスは20％の自己負担となります。家族への特別現金給付があることが特徴です。

> 5　受給者が僻地などに暮らしているか，身体・精神などの理由で介護事業所でのサービス利用が難しく，家族から訪問介護に相当するサービスを提供される場合，支給されます。

（金圓景）

XI 諸外国の社会保障制度

中国の社会保障制度

▷1 「単位制」とは，広大な社会構成員が国家の設立した各種の谷のなかに組織され，かつさらにそれを仲介として各種の結びつきが生じていく制度体系をさすものでる。「単位制」という概念は，単に党と国家の政治と行政組織を言うのではなく，各種の普遍性を有する機能的組織を言うのであり，例えば工場や学校，文化的機構などのあらゆる組織が，すべて国家が直接に統制・管理する「単位」に属するのである（鄭杭生・奥島孝康編（2002）『中国の社会――解放される十二億の民』早稲田大学出版部，42頁。

▷2 農村五保制度
農村において労働能力がない，生活保障のない人員に対し，衣（服）・食（事）・住（宅）・医（療）及び葬（式）の5つの保障をする制度。

1 中国における社会保障制度の内容

中国の社会保障制度は①社会保険，②社会救助，③社会福祉，④軍人保障，⑤住宅保障の5つに大別されます。社会保険は社会保障体系の核心であり，年金保険，失業保険，医療保険，労災保険および出産保険から構成されています（図XI-4）。

2 計画経済体制時代の中国社会保障制度

1949年10月1日，中華人民共和国が建国後，中国の社会保障は計画経済体制のもと，社会保障制度が確立されました。1958年に戸籍登記条例の制定が始まり，農村部から都市部への戸籍移転を原則禁止しました。中国社会を独特な二元社会となりました。都市部では企業賃金労働者，国家機関および事業単位に分けて，社会保障の制度を設計し，農村部では伝統的な家族扶養に依存した部分が大きかったです。

都市部においては，1951年，「中華人民共和国労働保険条例」が公布されました。これは中国における都市部の労働者向けの社会保障制度の発足を表しています。年金，医療，労災などにわたっていました。1950年代以降，政府機関から集団事業単位まで広がりました。ただ，国営企業などの単位組織に所属することが前提であるため，体制内にいる都市部の住民とその家族が恩恵を受けていました。後に中国社会の経済運営にとり，大きな重荷になったいわゆる単位福祉（中国語の「単位」は勤務先，職場という意味である）が出現し，単位に属する一員とその家族にとって，子どもの保育所入所から住宅の割り当てまでまさに「揺りかごから墓場まで」の保障システムでした。当時，民政部門の管轄による社会救済は主に都市部の三無人員（身寄りがない，労働能力がない，収入源がない）でありました。孤児や障害者などは社会福利院などの施設に保護されました。

農村部においては，農村集団組織および家族扶養が保障の責任を負っていました。集団保障には農村合作医療と**農村五保制度**がありましたが，低い水準です。

社会保障	社会保険：年金保険，失業保険，医療保険，労災保険，出産保険
	社会福祉：高齢者福祉，児童福祉，障がい者福祉，女性福祉
	軍人保障：現役軍人及び家族への特別優待，傷病・死亡軍人遺族への補償，職業軍人の生活補償と退役軍人の就業配置
	社会救助：災害時救済，最低生活保障，ホームレス救済，社会互助，農村社会救済
	住宅保障：住宅積立金制度，廉価住宅賃貸制度

図XI-4 中国の社会保障制度の体系

出所：中華人民共和国国務院新聞弁公室『中国の社会保障状況と政策白書』2004年より一部修正．

③ 改革開放以来の中国社会保障制度

　1978年，中国は中国共産党第11期中央委員会第3回全体会議では，改革開放政策の実施を決定されました。社会主義市場経済体制の移行，国営企業の改革により，中国社会が徐々に競争社会に入り，都市部において，失業，リストラの現象が起きて，年金，医療費なども社会プールの方式を取り入れられました。1993年に中国共産党第第十四期中央委員会第3回全体会議では，市場経済の枠組みが具体的に系統立てて提示されました。ここでは多層的な社会保障システムの構築に言及し，社会保険，社会救助，社会福祉，優遇配置，社会互助，「個人貯蓄による保障」を含めています。以下，主に社会保険，医療保険と社会救済の内容を紹介します。

　社会保険は年金保険，労災保険，失業保険および出産保険があります。現在，中国の年金制度には大きく分けて4種類あります。都市従業員基本年金保険，都市住民社会年金保険，新型農村社会年金保険と公務員年金保険です。2010年10月，「社会保険法」が制定されました。そのうち，年金保険に関するカバー範囲，納付費用の管理および口座管理が具体的に定められています。中国政府が都市企業従業員年金保険と新型農村年金保険に併せ，基本年金制度がすべての国民をカバーし，いわゆる中国版皆年金を実現する狙いです。2014年2月，国務院が「統一した都市・農村住民基本年金保険制度の構築に関する意見」を公布し，これまで実施した「新型農村社会年金保険」と「都市住民社会年金保険」の統合を定めました。2015年1月，国務院は「官庁，政府系事業単位の年金保険制度改革に関する決定」を公布し，都市従業員基本年金保険制度と同様の仕組みとする新たな公務員年金保険を開始しています。

　医療保険においては1980年代から1990年代にかけて，中国政府は計画経済時代の公費医療制度を改革し，「全民医療保障」（日本語では国民皆保険）の目標を掲げ，医療保障制度の一連の改革により都市従業員基本医療保険，新型農村合作医療保険，都市住民基本医療保険および公務員医療補助制度が確立されました。2016年1月，国務院が都市住民基本医療保険と新型農村合作医療保険の統合を決めました。

　社会救助に関しては，1990年代より，国有企業，集団企業の改革で，レイオフ人員や失業人員が大量発生された背景のもと，1997年，「全国の都市部において最低生活保障制度の確立に関する国務院の通知」が公布されました。また1999年に「都市住民最低生活保障条例」が10月1日より実施されるようになりました。2007年，都市部の最低生活保障制度の実施をベースに農村最低生活保障性も実施され始めました。現在では，災害時救済，最低生活保障，ホームレス救済，社会互助および農村社会救済が社会救助の主な内容となっています。

（包　敏）

さくいん

あ行

アウトリーチ *153*
アカウンタビリティ *29*
アクティビティケア *39*
朝日訴訟 *6,26*
アセスメント *132*
アダルトチルドレン *33*
アメリカの401k *187*
アメリカ連邦社会保障法 *2*
育成医療 *125*
移送費 *112*
遺族基礎年金 *81,96*
遺族厚生年金 *82,101*
1.57ショック *32*
一般会計 *72*
医療 *73*
医療計画 *123*
医療扶助 *129*
医療法 *123*
医療保険給付 *108*
医療保険制度 *102*
インフォーマル部門 *149*
ウエッブ夫妻 *16*
運営適正化委員会 *167*
AFDC *194*
エーデル改革 *198*
役務給付 *143*
エスピン-アンデルセン，G. *21*
エリザベス救貧法 *4,52*
エンパワメント *132*
恩給制度 *58*

か行

介護サービス計画（ケアプラン）
　　138,139
介護認定審査会 *133*
介護の社会化 *38*
介護保険審査会 *131*
介護保険制度 *128*
介護保険の目的 *128*
介護予防ケアマネジメント *138*
介護老人保健施設 *121*
外部性 *24*
学生納付特例制度 *97*
確定給付型年金 *15*
確定給付企業年金法 *185*

確定拠出型年金 *15,185,186*
確定拠出年金法 *185*
過去の報酬の再評価 *59*
可処分所得スライド *88*
家族移送費 *110*
家族出産育児一時金 *110*
家族埋葬料 *110*
家族療養費 *109*
合算対象期間（カラ期間） *93,*
　　94
加藤訴訟 *27*
神の見えざる手 *22*
完全雇用 *20*
完全失業者数 *42*
完全失業率 *42*
感染病床 *120*
企業年金 *180,184*
基準及び程度の原則 *151*
基礎年金番号 *90*
逆ざや *190*
救急医療 *124*
旧救貧法 *4*
求職者給付 *171*
旧生活保護法 *62*
級地 *151*
給付基礎日額 *173*
協会けんぽ *71,103,114*
行政型供給組織 *148*
強制加入 *128*
行政訴訟制度 *79*
共通番号制度 *77*
拠出制 *128*
居宅介護サービス *134*
居宅介護支援事業所 *138*
禁治産・準禁治産制度 *164*
区分支給限度基準額 *136*
組合管掌健康保険 *103,114*
グループホーム *157*
ケアプラン→介護サービス計画
　　（ケアプラン）
ケアマネジメント *143*
経過の加算額 *99*
経過的寡婦加算 *101*
ケイパビリティ *25*

軽費老人ホーム *156*
ケインズ理論 *20*
現金給付 *14*
健康保険制度 *56*
現物給付（サービス給付） *14*
憲法第16条 *69*
憲法第25条 *6,26,66*
高額療養費 *109*
後期高齢者医療広域連合 *118*
後期高齢者医療制度 *57,118*
公共財 *23*
公共職業安定所 *170*
公共哲学 *29*
合計特殊出生率 *32*
厚生医療 *124*
厚生経済学 *23*
厚生年金基金 *184,186*
厚生年金保険 *81*
厚生年金保険の被保険者 *98*
厚生年金保険法 *58*
厚生労働省 *70*
公費負担医療制度 *124*
公費負担方式 *13*
高齢化社会 *34*
高齢社会 *34*
高齢者世帯 *10*
国民医療費 *36*
国民皆年金 *80*
国民皆保険 *56,80*
国民健康保険 *103,112*
国民所得 *46*
国民年金 *12,81,94*
国民年金基金 *86*
国民年金基金連合会 *87*
国民年金特別会計（基礎年金勘
　　定） *82*
国民負担率 *46,74*
国民保健サービス（NHS）法 *54*
国民保険法 *4*
国家公務員共済組合 *81,103,116*
コミットメント *25*
雇用安定事業 *174*
雇用継続給付 *171*
雇用調整助成金 *175*

さくいん

雇用保険　170
コンタクトパーソン　199

さ行

災害時医療　122
在職老齢年金　100
在宅医療　107
在宅介護　197
サッチャー政権　54
参加型供給組織　148
GPIF　83
シーボーム報告　54
ジェンダー　44
市場型供給組織　148
施設介護サービス　134
施設サービス計画　121
施設の社会化　156
慈善組織化協会　52
市町村国民健康保険　112
自動安定装置　11
指導管理料　107
児童虐待防止法　60
自動車保険　181
児童相談所　154
児童手当　155
児童福祉審議会　144
児童扶養手当　155
ジニ係数　18
社会サービス　65
社会事業　60
社会資源　138
社会政策　28
社会的排除　48
社会福祉関係8法の改正　63
社会福祉基礎構造改革　63
社会福祉協議会　145
社会福祉の主体　142
社会福祉法人　146
社会扶助　64
社会復帰促進等事業　169
社会保険　64
社会保険審査会　78
社会保険審査官　78
社会保険審査官及び社会保険審査
　　会法　78
社会保険方式　12
社会保障基本法（韓国）　200
社会保障審議会　71
社会保障制度審議会　49
社会保障制度審議会勧告　49

社会保障制度の体系　64
社会保障と憲法　66
社会保障の権利　7
社会保障の財源　72
社会保障の体系　4
社会保障の法律　66
社会保障法　194
周産期医療　122
就職促進給付　171
住民参加型サービス　142
受益者負担　130
出産育児一時金　110
出産手当金　110
準公共財　23
準市場　130
障碍　60
障害基礎年金　81,85,95
障害厚生年金　82,100
障害手当金　100
償還払い　136
小児医療　122
小児慢性特定疾患に関わる医療費
　　助成　125
傷病手当金　110
職域年金相当部分　84
職業安定局　71
所得再分配　9,18
所得制限　95
私立学校教職員共済　81
私立学校教職員共済組合　103
私立学校教職員共済制度　116
自立支援医療　124
自立助長　150
新救貧法　4
申請保護の原則　150
診療所　120
診療報酬　100
診療報酬価格　37
診療報酬点数表　105,106
SCAPIN775　62
ステークホルダー年金　193
ストレングス視点　167
スライド制　86
生活困窮者自立支援制度　153
生活習慣病　122
生活の質（QOL）　157
生活福祉資金　31
生活保護　30,150
成熟度　81

精神通院医療　125
製造物責任　180
生存権　16
生損保兼営の禁止　178
生命保険　179
セーフティネット　2,8,17
世帯単位の原則　151
積極的な改善措置　45
船員保険法　58
潜在的国民負担率　74
ソーシャルアクション　142
措置制度　63,146
損害保険　180

た行

第1号被保険者　86,94
第2号被保険者　94
第3号被保険者　94
第三者委員制度　167
第三の道　192
第三分野保険　188
退職者医療制度　57
タイトルXX　55
宅老所　157
単位制　202
男女共同参画社会基本法　44
地域医療　122
地域医療支援病院　121
地域雇用開発助成金　175
地域包括支援センター　138
地方厚生局　71
地方公務員共済組合　81,103,116
地方自治　29
中高齢寡婦加算　101
中小企業退職金共済制度　184
長期債務残高　76
超高齢社会　34
通年雇用助成金　76
積立方式　15
ティトマス，R.　21
適格退職年金　185,186
出来高払い方式　37
等価可処分所得　35
特定機能病院　120
特定求職者雇用開発助成金　175
特定疾患治療研究事業　125
特定疾病　129
特別支給の老齢厚生年金　88,99
特別児童扶養手当　155
特別養護老人ホーム　156

205

さくいん

独立行政法人高齢・障害・求職者
　　雇用支援機構　174
年越し派遣村　152
トライアル雇用助成金　175

な行

中嶋訴訟　27
ナショナルミニマム　16
ナショナルミニマム（セーフティ
　　ネットとしての）　17
7つの共済制度　90
難病医療助成制度　125
二事業　174
2014年度診療報酬　107
2016年度診療報酬　107
日常生活自立支援事業　164
日本型福祉社会　21
日本年金機構　71
入院時食事療養費　109
任意設置　144
年金　73
年金局　70
農村五保制度　203
能力開発事業　174
ノーマライゼーション　164,198

は行

パーソナル・アシスタンス　199
パートタイム労働者　40
ハイエク，F.A.　50
ハローワーク→公共職業安定所
必要即応の原則　151
被扶養配偶者　81
被保険者　118
病院　120
被用者　103
標準年金　85
貧困　48
貧困家庭一時扶助　194

貧困の再生産　153
貧困ビジネス　152
ブース，C.　53
賦課方式　14,84
福祉国家　20
福祉国家の危機　51
福祉社会　21
福祉その他　73
普通税・目的税　13
物価スライド制　59
不服申立　78
不服申立制度　131
プライバタイゼーション　54
フリードマン，M.　50
振替加算　95
ベヴァリッジ報告　3,53,192
へき地・離島医療　123
報酬比例年金　82
法定代理受領　135
方面委員制度　61
訪問看護療養費　109
ホームレス　35
保険局　70
保険料納付期間　83
保険料の減免制度　130
保険料免除制度　97
保護の補足性の原理　150
母子世帯　10
ボランティア活動　35

ま行

埋葬料　110
マクロ経済学　22
マクロ経済スライド　83
ミシュラ，R.　51
民間医療保険　188
民間介護保険　188
民間非営利組織　148

民間保険　178
民主主義　28
無過失責任の原則　172
無差別曲線　23
無差別平等の原理　150
メディケア　55
メディケイド　55
モデル　22
モデル世帯　99
モラルハザード　13

や・ら・わ行

要介護認定　132
養護老人ホーム　156
養老院　156
ヨーク調査　53
ライフコース　30
ライフステージ　30
ラウントリー，B.S.　53
リスク分散　10
リプロダクティブ・ヘルス／ライ
　　ツ　45
療養給付　109,120
両立支援等助成金　175
レスパイトケア　38
劣等処遇の原則　52
労働移動支援助成金　175
労働基準局　70
労働者災害補償保険（労災保険）
　　12,59,169,172
労働者年金保険法　58
老齢・遺族・障害年金　195
老齢基礎年金　81,94
老齢厚生年金　82,98
老齢福祉年金　86
65歳超雇用推進助成金　175
ワンデル報告書　3

執筆者紹介 （氏名／よみがな／生年／現職／主著／社会保障を学ぶ読者へのメッセージ）　＊執筆担当は本文末に明記

坂口正之（さかぐち　まさゆき／1943年生まれ）

大阪市立大学名誉教授
『日本健康保険法成立史論』（単著，晃洋書房，1985年）『社会保障読本（第3版）』（共著，東洋経済新報社，2004年）
社会保障は私たちに身近な制度です。制度の内容を知らされる権利はありますが，私たちも積極的に知る意欲も必要です。

岡田忠克（おかだ　ただかつ／1970年生まれ）

関西大学人間健康学部教授
『社会福祉概論』（共著，ミネルヴァ書房，2000年）『社会福祉の理論と政策』（共著，中央法規出版，2000年）
社会保障制度の学びを通して，もう一度自身の生活全体を考えてみましょう。何かが見えてくるはずです。

梓川一（あずさがわ　はじめ／1963年生まれ）

東大阪大学短期学部教授
『高齢者福祉論』（共著，建帛社，2004年）『これからの高齢者福祉論』（共著，保育出版社，2004年）
社会全体・法制度を理解することは大切です。さらに，法制度の谷間に生きる方の生活や人生をわかろうとすることも大切にしてください。

石田慎二（いしだ　しんじ／1975年生まれ）

帝塚山大学現代生活学部准教授
『保育所経営への営利法人の参入』（単著，法律文化社，2015年）『社会福祉（第2版）（新プリマーズ）』（共編著，ミネルヴァ書房，2012年）
一人でも多くの人たちが社会保障に興味を持ち，自分自身の問題として考えていってもらえればと思います。

金子充（かねこ　じゅう／1971年生まれ）

立正大学社会福祉学部教授
『入門貧困論』（単著，明石書店，2017年）『問いからはじめる社会福祉学』（共著，有斐閣，2016年）
知識の詰め込みや暗記ではない勉強の楽しさをぜひ発見していってください。

金圓景（きむ　うぉんぎょん／1982年生まれ）

筑紫女学園大学専任講師
『ソーシャルワーク事例管理の理論と実際』（共著，中央法規出版，2014年）
社会保障制度の国際比較を通して，日本の社会保障制度への理解を深めることができると思います。

神島裕子（かみしま　ゆうこ／1971年生まれ）

立命館大学総合心理学部教授
『ポスト・ロールズの正義論』（単著，ミネルヴァ書房，2015年）
皆さんの理想の社会保障と合致する経済学はどのようなものですか。ぜひ想像してみてください。

齋藤立滋（さいとう　りゅうじ／1972年生まれ）

大阪産業大学経済学部准教授
『グローバル化経済の構図と矛盾』（共著，桜井書店，2011年）『参加と連帯のセーフティネット』（共著，ミネルヴァ書房，2010年）
高校までの「勉強」に加えて，大学では「学問」に精進してください。「問」うことを「学」ぶのが「研究」への第一歩です！

栄セツコ（さかえ　せつこ／1962年生まれ）

桃山学院大学社会学部教授
『よくわかる障害者福祉（第6版）』（共著，ミネルヴァ書房，2016年）『社会福祉用語辞典（第9版）』（共著，ミネルヴァ書房，2013年）
知識はものごとを柔軟にみる力となります。時には鳥の目のように，時には虫の目のように，実践ではまさにその力が求められます。是非この本を実践に活かしてください。

澤田有希子（さわだ　ゆきこ／1976年生まれ）

関西学院大学人間福祉学部准教授
『ソーシャルワーク』（共著，弘文堂，2016年）『社会調査の基礎』（共著，ミネルヴァ書房，2010年）『高齢者に対する支援と介護保険制度』（共著，学文社，2012年）
社会保障は，私たちの暮らしを支える身近な制度です。実際の社会を見つめながら，学びを深めていってください。

執筆者紹介（氏名／よみがな／生年／現職／主著／社会保障を学ぶ読者へのメッセージ）　＊執筆担当は本文末に明記

玉井良尚（たまい　よしひさ／1971年生まれ）

玉井クリニック院長
みなさんの力が、社会の現場で発揮できることを期待しています。

寺本尚美（てらもと　なおみ／1962年生まれ）

梅花女子大学心理こども学部教授
『社会保障［第2版］(新・基礎からの社会福祉)』（共著、ミネルヴァ書房、2018年）
現代社会において社会保障の役割はますます増大しています。今後の社会保障のあり方について一緒に考えましょう。

西川知亨（にしかわ　ともゆき／1975年生まれ）

関西大学人間健康学部准教授
『〈オトコの育児〉の社会学』（共編著、ミネルヴァ書房、2016年）『映画は社会学する』（共著、法律文化社、2016年）
社会保障を学ぶことは、自分のためだけでなく、次世代も含めたさまざまな人々の「くらし」を豊かにすることにつながると思います。

西村貴直（にしむら　たかなお／1976年生まれ）

関東学院大学社会学部准教授
『貧困をどのように捉えるか』（春風社、2013年）
社会保障は大きな転換期にさしかかっていますが、その方向性についてはよく注意を払っておいてください。

狭間直樹（はざま　なおき／1977年生まれ）

北九州市立大学法学部准教授
『新・プリマーズ社会福祉（第2版）』（共著、ミネルヴァ書房、2012年）

平野寛弥（ひらの　ひろや／1977年生まれ）

目白大学人間学部専任講師
このテキストが、社会保障に関心を持つ皆さんのお役に少しでも立てればと思っています。

藤澤宏樹（ふじさわ　ひろき／1969年生まれ）

大阪経済大学経営学部教授
『新・社会保障法講座第3巻　ナショナルミニマムの再構築』（共著、法律文化社、2012年）『人権としての社会保障』（共著、法律文化社、2013年）
社会保障について勉強を深めながら、関連分野についてもぜひ学んでください。

包敏（ほう　びん／1966年生まれ）

東京医科歯科大学教養部教授
『ポスト改革期の中国社会保障』（共著、ミネルヴァ書房、2016年）『アジアの社会保障』（共著、法律文化社、2015年）
グローバル時代の社会保障制度の学習は日本国内の制度だけではなく、海外の社会保障制度にも目を向けてください。

松本しのぶ（まつもと　しのぶ／1975年生まれ）

京都光華女子大学こども教育学部講師
『よくわかる子ども家庭福祉（第8版）』（共著、ミネルヴァ書房、2012年）
難しく考えず、まず自分を取り巻く環境に目を向けることが、社会保障制度を学ぶ第一歩だと思います。

山縣文治（やまがた　ふみはる／1954年生まれ）

関西大学人間健康学部教授
『よくわかる子ども家庭福祉（第8版）』（編著、ミネルヴァ書房、2012年）『社会福祉用語辞典（第8版）』（共編、ミネルヴァ書房、2010年）
その人らしい生活とは何か、そのために社会福祉制度がどのような役割を果たしていくべきなのか、考え続けましょう。

涌井忠昭（わくい　ただあき／1961年生まれ）

関西大学人間健康学部教授
『現代人にとって健康とはなにか』（共著、書肆クラルテ、2011年）『改訂　生活援助のための介護手引』（共著、中央法規出版、2001年）
常に「なぜ」「どうして」と考える習慣は、探究心の向上につながることでしょう。

やわらかアカデミズム・〈わかる〉シリーズ
よくわかる社会保障 ［第5版］

2006年 4 月10日	初 版第1刷発行
2007年 2 月20日	第2版第1刷発行
2007年10月20日	第2版第2刷発行
2009年 4 月25日	第3版第1刷発行
2010年12月25日	第3版第3刷発行
2012年11月10日	第4版第1刷発行
2016年 3 月20日	第4版第3刷発行
2018年 5 月10日	第5版第1刷発行
2020年 1 月20日	第5版第2刷発行（一部改訂）

〈検印省略〉

定価はカバーに
表示しています

編 者	坂 口 正 之
	岡 田 忠 克
発 行 者	杉 田 啓 三
印 刷 者	田 中 雅 博

発行所　株式会社　ミネルヴァ書房
〒607-8494　京都市山科区日ノ岡堤谷町1
電話代表　（075）581-5191
振替口座　01020-0-8076

©坂口・岡田ほか，2018　創栄図書印刷・新生製本

ISBN978-4-623-08043-4
Printed in Japan

やわらかアカデミズム・〈わかる〉シリーズ

教育・保育

よくわかる学びの技法
田中共子編　本体　2200円

よくわかる卒論の書き方
白井利明・髙橋一郎著　本体　2500円

よくわかる教育評価
田中耕治編　本体　2600円

よくわかる授業論
田中耕治編　本体　2600円

よくわかる教育課程
田中耕治編　本体　2600円

よくわかる教育原理
汐見稔幸・伊東　毅・髙田文子
東　宏行・増田修治編著　本体　2800円

よくわかる教育学原論
安彦忠彦・児島邦宏・藤井千春・田中博之編著　本体　2600円

よくわかる生徒指導・キャリア教育
小泉令三編著　本体　2400円

よくわかる教育相談
春日井敏之・伊藤美奈子編　本体　2400円

よくわかる障害児教育
石部元雄・上田征三・高橋　実・柳本雄次編　本体　2400円

よくわかる特別支援教育
湯浅恭正編　本体　2500円

よくわかるインクルーシブ教育
湯浅恭正・新井英靖・吉田茂孝編著　本体　2500円

よくわかる肢体不自由教育
安藤隆男・藤田継道編著　本体　2500円

よくわかる障害児保育
尾崎康子・小林　真・水内豊和・阿部美穂子編　本体　2500円

よくわかる保育原理
子どもと保育総合研究所
森上史朗・大豆生田啓友編　本体　2200円

よくわかる家庭支援論
橋本真紀・山縣文治編　本体　2400円

よくわかる子育て支援・家庭支援論
大豆生田啓友・太田光洋・森上史朗編　本体　2400円

よくわかる社会的養護
山縣文治・林　浩康編　本体　2500円

よくわかる社会的養護内容
小木曽宏・宮本秀樹・鈴木崇之編　本体　2400円

よくわかる小児栄養
大谷貴美子編　本体　2400円

よくわかる子どもの保健
竹内義博・大矢紀昭編　本体　2600円

よくわかる発達障害
小野次朗・上野一彦・藤田継道編　本体　2200円

よくわかる子どもの精神保健
本城秀次編　本体　2400円

よくわかる環境教育
水山光春編著　本体　2800円

福祉

よくわかる社会保障
坂口正之・岡田忠克編　本体　2500円

よくわかる社会福祉
山縣文治・岡田忠克編　本体　2500円

よくわかる社会福祉運営管理
小松理佐子編　本体　2500円

よくわかる社会福祉と法
西村健一郎・品田充儀編著　本体　2600円

よくわかる社会福祉の歴史
清水教惠・朴　光駿編著　本体　2600円

新版　よくわかる子ども家庭福祉
吉田幸恵・山縣文治編著　本体　2400円

新版　よくわかる地域福祉
上野谷加代子・松端克文・永田祐編著　本体　2400円

よくわかる家族福祉
畠中宗一編　本体　2200円

よくわかるスクールソーシャルワーク
山野則子・野田正人・半羽利美佳編著　本体　2800円

よくわかる高齢者福祉
直井道子・中野いく子編　本体　2500円

よくわかる障害者福祉
小澤　温編　本体　2200円

よくわかる医療福祉
小西加保留・田中千枝子編　本体　2500円

よくわかる司法福祉
村尾泰弘・廣井亮一編　本体　2500円

よくわかるリハビリテーション
江藤文夫編　本体　2500円

よくわかる障害学
小川喜道・杉野昭博編著　本体　2400円

心理

よくわかる心理学実験実習
村上香奈・山崎浩一編著　本体　2400円

よくわかる心理学
無藤　隆・森　敏昭・池上知子・福丸由佳編　本体　3000円

よくわかる心理統計
山田剛史・村井潤一郎著　本体　2800円

よくわかる保育心理学
鯨岡　峻・鯨岡和子著　本体　2400円

よくわかる臨床心理学　改訂新版
下山晴彦編　本体　3000円

よくわかる臨床発達心理学
麻生　武・浜田寿美男編　本体　2800円

よくわかるコミュニティ心理学
植村勝彦・高畠克子・箕口雅博
原　裕視・久田　満編　本体　2500円

よくわかる発達心理学
無藤　隆・岡本祐子・大坪治彦編　本体　2500円

よくわかる乳幼児心理学
内田伸子編　本体　2400円

よくわかる青年心理学
白井利明編　本体　2500円

よくわかる高齢者心理学
佐藤眞一・権藤恭之編著　本体　2500円

よくわかる教育心理学
中澤　潤編　本体　2500円

よくわかる学校教育心理学
森　敏昭・青木多寿子・淵上克義編　本体　2600円

よくわかる学校心理学
水野治久・石隈利紀・田村節子
田村修一・飯田順子編著　本体　2400円

よくわかる社会心理学
山田一成・北村英哉・結城雅樹編著　本体　2500円

よくわかる家族心理学
柏木惠子編著　本体　2600円

よくわかる言語発達　改訂新版
岩立志津夫・小椋たみ子編　本体　2400円

よくわかる認知科学
乾　敏郎・吉川左紀子・川口　潤編　本体　2500円

よくわかる認知発達とその支援
子安増生編　本体　2400円

よくわかる情動発達
遠藤利彦・石井佑可子・佐久間路子編著　本体　2500円

よくわかるスポーツ心理学
中込四郎・伊藤豊彦・山本裕二編著　本体　2400円

よくわかる健康心理学
森　和代・石川利江・茂木俊彦編　本体　2400円

━━━ ミネルヴァ書房 ━━━
https://www.minervashobo.co.jp/